Gerhard Neuner, Britta Hufeisen,
Anta Kursiša, Nicole Marx, Ute Koithan, Sabine Erlenwein

Deutsch als zweite Fremdsprache

Fernstudieneinheit 26

Fernstudienprojekt
zur Fort- und Weiterbildung
im Bereich Germanistik
und Deutsch als Fremdsprache

Teilbereich Deutsch als Fremdsprache

Kassel · München

Langenscheidt

Berlin · München · Wien · Zürich · New York

Fernstudienprojekt des DIFF, der Universität Kassel und des GI
allgemeiner Herausgeber: Prof. Dr. Gerhard Neuner

Herausgeber dieser Fernstudieneinheit:
Rosemarie Buhlmann, Karin Ende, Bernd Kast, Goethe-Institut, München

Redaktion: Gernot Häublein

Das Fernstudienangebot „Deutsch als Fremdsprache und Germanistik" ist ein gemeinsames Projekt der Universität Kassel und des Goethe-Instituts, München (GI), bis 2005 auch des Deutschen Instituts für Fernstudien an der Universität Tübingen (DIFF), unter Beteiligung des Deutschen Akademischen Austauschdienstes (DAAD) und der Zentralstelle für das Auslandsschulwesen (ZfA).

Das Projekt wurde vom Bundesminister für Bildung und Wissenschaft (BMBW), dem Auswärtigen Amt (AA) und der Europäischen Kommission (LINGUA/SOKRATES) gefördert.

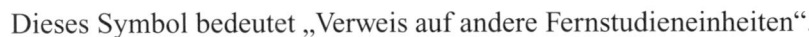 Dieses Symbol bedeutet „Verweis auf andere Fernstudieneinheiten".

* Mit diesem Zeichen versehene Begriffe werden im Glossar erklärt.

In der neuen Rechtschreibung auf der Grundlage des überarbeiteten Regelwerks. Ausnahmen bilden Texte und Realien, bei denen historische, künstlerische, philologische oder lizenzrechtliche Gründe einer Änderung entgegenstehen.

Verlagsredaktion: Manuela Beisswenger, Cornelia Rademacher

Titelfotos: © Goethe-Institut, München
Gestaltung und Zeichnungen: Uli Olschewski
Druck: Heenemann, Berlin
Bindung: Stein + Lehmann, Berlin
Printed in Germany: ISBN 978-3-468-49648-6

Inhalt

Einleitung

Mehrsprachigkeit im schulischen Bereich

Die vorliegende Fernstudieneinheit versucht eine Einführung in die Didaktik und Methodik der *Mehrsprachigkeit* zu geben. Sie beschäftigt sich in diesem Rahmen näher mit der Frage, wie man im *schulischen Bereich* mehrere Fremdsprachen, die angeboten werden, im Prozess des Lehrens und Erlernens so miteinander verknüpfen kann, dass sie sich gegenseitig stützen und ergänzen (Synergie-Effekt).

Konzentration auf Tertiärsprachen: curriculare Mehrsprachigkeit

In der Fachliteratur ist die Begriffsbestimmung im Bereich der Mehrsprachigkeitsdidaktik nicht einheitlich.

In dieser Fernstudieneinheit bezeichnen wir (in Anlehnung an Hufeisen 1991) die

➤ Muttersprache (L1) als *Primärsprache*,

➤ die erste Fremdsprache (L2) als *Sekundärsprache*,

➤ die Folgefremdsprachen (L3, L4, Ln) als *Tertiärsprachen*.

In der vorliegenden Fernstudieneinheit konzentrieren wir uns vor allem auf das Lehren und Erlernen der *Tertiärsprachen*, die im schulischen Curriculum nach der Muttersprache (L1) und nach der ersten Fremdsprache (L2) angeboten werden (sog. curriculare Mehrsprachigkeit). Wir gehen näher auf die Frage ein, wie man Erfahrungen, die man beim Erlernen von L1 und L2 gemacht hat, beim Erlernen von L3 effizient nutzen kann.

Englisch und Deutsch im schulischen Curriculum

Die weltpolitischen Entwicklungen, die fortschreitende wirtschaftliche Globalisierung, aber auch die rasante Entwicklung der neuen Informations- und Kommunikationsmedien (z. B. Satellitenfernsehen, Internet, E-Mail) seit dem Ende der 80er-Jahre des 20. Jahrhunderts haben dazu geführt, dass das Englische sich rund um den Globus unangefochten als die internationale Verkehrssprache durchgesetzt hat.

Das Deutsche hat zwar in einigen Ländern seine Position als erste Fremdsprache behaupten können – vor allem in der unmittelbaren Nachbarschaft zum deutschsprachigen Raum, aber auch in Ländern, in denen es in besonderen Schulformen als Unterrichtssprache oder als erste Fremdsprache etabliert war.

Trotzdem hat die globale Entwicklung die schon vorher in vielen Ländern erkennbare Tendenz, das Englische auch im Schulbereich als erste Fremdsprache anzubieten, noch deutlich verstärkt.

Deutsch als Tertiärsprache

Für den Fremdsprachenunterricht im schulischen Bereich bedeutet dies, dass Deutsch sehr häufig als Folgefremdsprache (*Tertiärsprache*) – in den meisten Fällen nach Englisch als erster Fremdsprache – unterrichtet und erlernt wird.

Am Beispiel dieser Sprachenkonstellation werden wir versuchen, grundlegende Aspekte der Didaktik und Methodik für Deutsch als Tertiärsprache darzustellen.

Wir gehen dabei davon aus, dass Deutschlehrer und Deutschlehrerinnen produktive Englischkenntnisse auf A2-Niveau mitbringen; im rezeptiven Bereich wären Englischkenntnisse auf B1-Niveau nützlich, aber nicht zwingende Voraussetzung (vgl. Trim/North/Coste, *Gemeinsamer europäischen Referenzrahmen für Sprachen*, 2001).

Charakteristisch für den Tertiärsprachenunterricht sind vor allem zwei Aspekte, an die man anknüpfen kann, um den Unterricht und den Lernprozess in der Folgefremdsprache effizienter zu gestalten:

1. Die Schüler bringen vom Unterricht in der Muttersprache (L1) und in der ersten Fremdsprache (L2) Sprachkenntnisse und Sprachbewusstsein in den Deutschunterricht mit; in den meisten Fällen sind dies, wie gesagt, grundlegende Englischkenntnisse. Dieses bereits vorhandene Sprachbewusstsein (*Sprachaufmerksamkeit, language awareness*) gilt es bewusst zu erweitern.

2. Die Schüler haben schon Erfahrungen mit dem Erlernen einer Fremdsprache gemacht. Auch das bereits vorhandene Sprach*lern*bewusstsein wird im Tertiärsprachenunterricht genutzt und erweitert.

Gliederung und Schwerpunktsetzung der vorliegenden Fernstudieneinheit

Wir haben diese Fernstudieneinheit in zwei Bereiche unterteilt:
Teil I: Grundlagen und **Teil II: Anwendung**.

Im **Teil I: Grundlagen** befassen wir uns mit folgenden Schwerpunkten:

➤ Ihre (der Deutschlehrer/innen) eigenen Erfahrungen mit Mehrsprachigkeit (Kapitel 1)

➤ Mehrsprachigkeit und das Lehren und Erlernen mehrerer Fremdsprachen im schulischen Bereich (Kapitel 2)

➤ Sprachenpolitik und Mehrsprachigkeit: das sprachenpolitische Konzept des Europarats (Kapitel 3)

Außerdem gehen wir auf folgende wichtige Themen ein:

➤ Grundlagen der Tertiärsprachendidaktik und -methodik, die linguistische Grundlagen, Grundlagen im Bereich des Lehrens und Lernens und die Entfaltung des Weltwissens umfassen (Kapitel 4)

➤ Prinzipien der Tertiärsprachendidaktik und -methodik (Kapitel 5)
Hier beschreiben wir auch das besondere Profil der Tertiärsprachendidaktik bei der Konstellation „Deutsch nach Englisch".

Im **Teil II: Anwendung** beschäftigen wir uns mit den Brennpunkten des Tertiärsprachenunterrichts und des Tertiärsprachenlernens, indem wir sie am Beispiel der Sprachenkonstellation „Deutsch nach Englisch" erörtern:

➤ Wortschatzarbeit (Kapitel 6)

➤ Grammatikarbeit (Kapitel 7)

➤ Arbeit mit Aussprache und Rechtschreibung (Kapitel 8)

➤ Textarbeit (Kapitel 9)

➤ Selbsteinschätzung (Kapitel 10)

➤ Anfangsunterricht: die ersten Wochen Tertiärsprachenunterricht (Kapitel 11).

In diesem zweiten Teil zeigen wir die Besonderheiten des Tertiärsprachenlehrens und -lernens auf, die wir mit verschiedenen **Beispielen** bis hin zu komplett entworfenen **Arbeitsblättern** zu illustrieren versuchen. Diese können Sie in Ihrem Unterricht direkt einsetzen oder als Ideen für eigene Unterrichtsentwürfe benutzen bzw. in Bezug auf Ihre Lerngruppe verändern.

Mit vielen **Aufgaben** laden wir Sie immer wieder zu aktiver Mitarbeit ein: Entweder finden Sie darin Anregungen zur Reflexion Ihrer eigenen Situation oder Sie können sich mit dem jeweiligen Thema eingehender auseinandersetzen. Für viele dieser Aufgaben finden Sie im **Lösungsschlüssel** (Kapitel 13) unsere Lösungsvorschläge.

Im **Anhang** (Kapitel 12) finden Sie nicht nur einige von uns erstellte Arbeitsblätter, sondern auch andere praktische Hilfen, die Sie für Ihre tägliche Arbeit verwenden können.

Wir haben im Text laufend versucht, die Begriffe zu erklären, die uns in Bezug auf das Tertiärsprachenlehren und -lernen wichtig erscheinen. Einige wesentliche Begriffe finden Sie auch im **Glossar** (Kapitel 14), wo wir sie kurz erläutern.

In den **Literaturhinweisen** (Kapitel 15) finden Sie sowohl die Titel, auf die wir beim Verfassen der Fernstudieneinheit zurückgegriffen haben, als auch andere, die interessant und wichtig für Ihre weiterführende Lektüre sind.

Unter den **Quellenangaben** (Kapitel 16) sind die Bücher, Zeitschriften, Internetseiten und anderen Publikationen genannt, aus denen wir Text-, Bild- und Übungsbeispiele für diese Fernstudieneinheit entnommen haben.

Wir wünschen Ihnen viel Spaß für die Arbeit mit dieser Fernstudieneinheit!

Teil I: Grundlagen

1 Eigene Erfahrungen mit Mehrsprachigkeit

1.1 Ihre eigene Sprachenbiografie und Ihr Fremdsprachenprofil

Als Deutschlehrerin bzw. Deutschlehrer haben Sie beruflich mit Fremdsprachenunterricht zu tun. Wahrscheinlich haben Sie neben Deutsch auch andere Sprachen gelernt.

Aufgabe 1

Ihre eigene Sprachenbiografie

Jeder Mensch hat eine andere „Sprachenbiografie". Dazu gehören die Muttersprache und die Dialekte, die man beherrscht, natürlich auch gelernte Fremdsprachen. Wie sieht Ihre eigene Sprachenbiografie aus? Füllen Sie bitte das Formular aus.

Ihre Muttersprache:	
Sind Sie zweisprachig aufgewachsen?	
Ihre zweite Sprache:	
Fremdsprachen, die Sie – mehr oder weniger – beherrschen:	
Welche der Sprachen haben Sie in der Schule gelernt, welche außerhalb der Schule?	In der Schule: Außerhalb der Schule:
Erinnern Sie sich, in welcher Reihenfolge Sie die Sprachen gelernt haben?	1. .... 2. .... 3. ....

Aufgabe 2

Ihr Sprachenprofil

Nicht alle Sprachen, die man „im Kopf" hat, beherrscht man gleich gut. Unten ist eine Tabelle: Bitte tragen Sie dort immer eine Punktzahl für den Grad Ihrer Sprachbeherrschung ein; für die einzelnen Fertigkeitsbereiche können Sie jeweils bis zu 5 Punkte vergeben.

	Hörverstehen	Leseverstehen	Sprechen	Schreiben
Muttersprache _____:	ʃ	ʃ	ʃ	ʃ
Zweitsprache _____:				
1. Fremdsprache _____:				
2. Fremdsprache _____:				
3. Fremdsprache _____:				
4. Fremdsprache _____:				
...				

Ihre „Sprachgestalt"

1) *Hier sind die Umrisszeichnungen einer Frau und eines Mannes. Tragen Sie in die Zeichnung, die für Sie zutrifft, bei den verschiedenen Körperteilen spontan die Sprachen ein, die Sie beherrschen.*

   Welche Sprache ist z. B. bei Ihnen
   - *die „Sprache des Herzens"?*
   - *die „Sprache des Verstandes" (Kopf)?*
   - *die „Sprache, mit der Sie täglich arbeiten" (Hände)?*
   - *die „Sprache, mit der Sie (z. B. im Urlaub) durch die Welt gehen" (Beine)?*

Die Anregung zu dieser Aufgabe ist Krumm (2001) entnommen

2) *Zu verschiedenen Sprachen – auch solchen, die man nicht beherrscht – kann man jeweils ein ganz unterschiedliches Verhältnis haben. Bitte tragen Sie in die Tabelle ein: Welche Sprache(n) mögen Sie ...*

... ganz besonders gern?	... nicht so gern?	... überhaupt nicht?

1.2 Verwandtschaft von Sprachen: Nähe oder Distanz

Dass Sprachen unterschiedlich eng miteinander verwandt sind und zu unterschiedlichen Sprachfamilien gehören, ist Ihnen sicher bekannt: In Europa gibt es z. B. die germanische, die romanische, die slawische und andere Sprachfamilien.

Verwandtschaft europäischer Sprachen

Ein Satz aus dem „Vaterunser" verdeutlicht die Nähe von Sprachen zueinander, die auf gemeinsame Wurzeln zurückgehen.

1. Gemeinsame Wurzel: Westgermanisch

Deutsch:	Gib uns heute unser täglich Brot.
Englisch:	Give us this day our daily bread.
Niederländisch:	Geef ons heden ins dagelijksch brood.
Dänisch:	Giv os i Dag vort daglige Brød.
Schwedisch:	Giv oss i dag vart dagliga bröd.
Isländisch:	Gef ossi dag vort daglet braud.
Norwegisch:	Gi oss i dag vart daglige brød.

2. Gemeinsame Wurzel: Lateinisch

Lateinisch:	Da nobis hodie panem nostrum quotidianum.
Französisch:	Donne-nous aujourd'hui notre pain quotidien.
Spanisch:	Danos hoy nuestro pan cotidiano.
Italienisch:	Dacci oggi il nostro pane quotidiano.
Portugiesisch:	O pão nosso de cada dia dai-nos hoje.

Störig (1987), 49

1.3 Auswirkungen von Sprachverwandtschaft auf das Erlernen neuer Fremdsprachen und ihren Gebrauch

Sie haben sicher auch die Erfahrung gemacht, dass man manche Sprachen leichter lernt als andere und dass es bei bestimmten Sprachen leichterfällt, sie zu verstehen als bei anderen. Offenbar besteht ein enger Zusammenhang zwischen Sprachverwandtschaft, Erlernbarkeit von Sprachen und ihrer Verstehbarkeit.

Beispiel 1

> **Die Konstellation Dänisch (L1) – Englisch (L2) – Deutsch (L3)**
>
> Man kann sich gut vorstellen, dass z. B. ein Däne, der zuerst Englisch lernt und dann Deutsch, einerseits wegen der verwandtschaftlichen Nähe dieser beiden Sprachen untereinander und zu seiner Muttersprache einiges durcheinanderbringen wird (Wörter, Endungen, Satzbau etc.), wenn er sich z. B. auf Deutsch mündlich äußern will. Andererseits kann ihm aber die Nähe der drei Sprachen auch von großem Nutzen sein, wenn es z. B. um das Verstehen von Wörtern im Deutschen geht, etwa beim Lesen einer Zeitung.

Beispiel 2

> **Die Konstellation Italienisch (L1) – Englisch (L2) – Deutsch (L3)**
>
> Wenn eine Person mit Italienisch als Muttersprache Deutsch lernt und vorher Englisch gelernt hat, wird sie vermutlich gar nicht wenige Wörter im Deutschen entdecken, die ihr bekannt vorkommen:
>
> - Von ihrer eigenen Sprache her sind es vor allem Internationalismen, die häufig auf lateinisch-griechischen Ursprung zurückführen (z. B. dt. *Telefon* – ital. *telefono*; dt. *Taxi* – ital. *taxi*; dt. *Polizei* – ital. *polizia*).
> - Vom Englischen her werden der Person auch Wörter im Deutschen bekannt vorkommen, die auf den gemeinsamen Ursprung des Deutschen und des Englischen zurückgehen (z. B. dt. *Haus* – engl. *house* – ital. *casa*; dt. *Hand* – engl. *hand* – ital. *mano*).
> - Natürlich gibt es viele der Internationalismen auch im Englischen (z. B. *telephone, taxi, police*).

Beispiel 3

> **Die Konstellation Arabisch (L1) – Englisch (L2) – Deutsch (L3)**
>
> Wenn jemand, dessen Muttersprache z. B. Arabisch ist, Deutsch lernt und vorher Englisch gelernt hat, wird er die verwandtschaftliche Nähe der beiden Sprachen Englisch (L2) und Deutsch (L3) besonders deutlich empfinden, da er von seiner eigenen Sprache (L1) her – außer über einige wenige Internationalismen oder arabisches Sprachgut im Deutschen – kaum Anknüpfungspunkte zum Deutschen herstellen kann.

Die enge Verwandtschaft zwischen Englisch und Deutsch erleichtert nicht nur den Einstieg in das Deutsche, wenn man zuerst Englisch gelernt hat, sondern sie trägt selbstverständlich auch dazu bei, den Zugang zum Englischen zu erleichtern, wenn man zuerst mit Deutsch angefangen hat.

So kann es im Schulbereich selbst bei der Konstellation „Deutsch nach Englisch" dazu kommen, dass bei parallel fortschreitendem Unterricht in beiden Sprachen sich auch das Deutsche auf das Englische auswirkt.

Ähnlichkeiten von Sprachen, die Sie beherrschen

Bitte notieren Sie in der Tabelle: Welche Sprachen, die Sie beherrschen, sind Ihrer Meinung nach miteinander verwandt? Welche Ähnlichkeiten sind Ihnen aufgefallen ...

... zwischen Ihrer Muttersprache und anderen Fremdsprachen (z. B. dem Englischen, wenn Sie Englisch gelernt haben)?	
... zwischen Ihrer Muttersprache und dem Deutschen?	
... zwischen dem Englischen (falls Sie Englisch gelernt haben) und dem Deutschen?	

1.4 Mehrere Sprachen im Kopf: Erschwernis oder Hilfe beim Fremdsprachenlernen?

Wenn Sie Deutschlehrer bzw. Deutschlehrerin sind und über Englischkenntnisse verfügen, sind Sie wahrscheinlich dem folgenden Witz schon einmal begegnet:

Ein deutscher Tourist sitzt in einem Gasthaus in England. Er möchte ein Steak bestellen und sagt zum Kellner:
„Can I become a beefsteak?"

Warum schmunzeln wir bei der Frage des deutschen Gastes?

Der Gast hat offenbar das deutsche Wort *bekommen* mit dem sehr ähnlich aussehenden (und klingenden) englischen Wort *become* (= dt. „werden") verwechselt. Seine Absicht war, zu fragen, ob er „ein Steak *bekommen*" kann; durch die Wahl seiner Worte klingt es aber für den Kellner so, als ob er „ein Steak *werden*" möchte.

Wer mehrere Sprachen gelernt hat, macht immer wieder die Erfahrung, dass diese Sprachen im Gedächtnis nicht isoliert voneinander „in Schubladen" gespeichert werden, sondern dass sie dort eng miteinander verbunden sind. Das kann unterschiedliche Auswirkungen haben.

1.4.1 Interferenz

Wenn man sich in einer fremden Sprache ausdrücken will, kann es geschehen, dass sich vor allem beim Sprechen (manchmal auch beim Schreiben, Lesen oder Hören) Elemente oder Strukturen einer anderen Sprache, die man gelernt hat – z. B. Wörter; Endungen von Nomina, Adjektiven oder Verben; Elemente von Aussprache oder Rechtschreibung; manchmal auch Satzstrukturen – „einmischen" und aktiviert werden, ohne dass man es selbst bemerkt. Man nennt dies Interferenz.

<table>
<tr><td>Beispiel 1</td><td>

Wortstellung im Satz

Ein Schüler, dessen Muttersprache Englisch ist (oder der Englisch gelernt hat), schreibt auf Deutsch den folgenden Satz:

*Ich kann nicht besuchen dich, weil ich bin krank.

Offenbar hat er den englischen Satz: *I cannot (come and) see you, because I am ill* im Kopf und bildet, ohne viel nachzudenken, den deutschen Satz analog dem ihm vertrauten Satzmuster.

</td></tr>
</table>

<table>
<tr><td>Beispiel 2</td><td>

Rechtschreibung

Derselbe Schüler schreibt *Hous statt *Haus* in Anlehnung an engl. *house*. Hier hat vermutlich die englische Orthografie die Schreibung des deutschen Wortes beeinflusst.

</td></tr>
</table>

<table>
<tr><td>Aufgabe 5</td><td>

Sicher haben Sie ähnliche Erfahrung mit Interferenzen auch schon selbst gemacht oder Sie kennen diese Erscheinung aus dem Unterricht bzw. aus Äußerungen oder schriftlichen Arbeiten Ihrer Lernenden.

Notieren Sie einige Beispiele für Interferenzen zwischen Deutsch und Englisch oder anderen Sprachen, die Sie selbst beherrschen:

1) im Bereich des **Wortschatzes**	
2) im Bereich der **Grammatik** (z. B. Endungen, Satzstrukturen)	
3) im Bereich der **Rechtschreibung**	
4) im Bereich der **Aussprache**	

</td></tr>
</table>

1.4.2 Transfer

Andererseits macht man auch immer wieder die Erfahrung, dass man in der Sprache, die man neu lernt, z. B. Wörter erkennt, weil sie auch in anderen Sprachen, die man beherrscht, ganz ähnlich vorkommen; deshalb versteht man sie oft, ohne sie vorher bewusst gelernt zu haben.

Beispiel 1

Erkennen von grammatischen Phänomenen

In einer Sammlung von Übungen für das erste Lernjahr Deutsch für norwegische Schüler findet sich eine Aufgabe, bei der ganz bewusst Parallelen zwischen dem Wort in der Muttersprache (Norwegisch), der ersten Fremdsprache (Englisch) und der neuen Fremdsprache, die man lernt (Deutsch), hergestellt werden.

Aufgabe
Vergleichen Sie die drei Listen. Was fällt Ihnen auf?

Norwegisch

drikke	drikker	drakk	drukket
finne	finner	fant	funnet
gi	gir	ga	gitt
holde	holder	holdt	holdt
slå	slår	slo	slått
springe	springer	sprang	sprunget

Englisch

drink	drinks	drank	drunk
find	finds	found	found
give	gives	gave	given
hold	holds	held	held
strike	strikes	struck	struck
spring	springs	sprang	sprung

Deutsch

trinken	trinkt	trank	getrunken
finden	findet	fand	gefunden
geben	gibt	gab	gegeben
halten	hält	hielt	gehalten
schlagen	schlägt	schlug	geschlagen
springen	springt	sprang	gesprungen

Lindemann (2000), 38

Bei der Bearbeitung der Aufgabe erkennen die Lernenden, dass es in den drei Sprachen Wörter mit gleicher Bedeutung gibt und zwischen ihnen Ähnlichkeiten im Schriftbild, bei den Endungen (z. B. Norwegisch -e im Infinitiv, Deutsch -en im Infinitiv) und bei den Stammformen der „starken Verben".

Beispiel 2

Erkennen von Wörtern

Die folgende Aufgabe versucht, den Lernenden schon im Anfangsunterricht deutlich zu machen, dass sie viele Wörter (aus anderen Sprachen) kennen, die auch im Deutschen vorkommen: *Internationalismen*.

Der **Lexmark** Winwriter

Windows öffnen.

Anklicken. *Ausdrucken.*

Mit einem Pentium-Prozessor in Ihrem neuen PC können Sie und Ihre Kinder die Welt der Dinosaurier spielend zum Leben erwecken. Neben der riesigen Fülle von Textinformationen haben Sie auch noch Zugriff auf Hunderte von Photos und Videoclips.

Travel Mate

FASZINATION IN *Farbe* **MIT SOUND**

Die neue Travel-Mate 4000M-Serie: Mehr Leistung, Musik und Movie zu einem erstaunlichen Preis.

österreich
ERRICHTET VIER NEUE NATIONALPARKS ℅

Neue Symbole auf der Autobahn

Musik hilft gegen Stress

Apfel-Bananen Müsli

Alkohol ● und Fahren

Sommerfit
DRINKS FÜR DIE KONDITION

AUFGABEN

1 Läs annonserna och upptäck likheterna mellan tyskan och svenskan. Skriv alla ord du känner igen.

2 Det finns även likheter mellan tyskan, engelskan och svenskan, t.ex.:

TYSKA	ENGELSKA	SVENSKA
Telefon	telephone	telefon
willkommen	welcome	välkommen
Bank	bank	bank

I annonserna finns fler exempel. Skriv ner alla du kan hitta.

Elfving Vogel/Ryden/Mertens (1998), 7

Entfaltung des globalen Leseverstehens

Bei der folgenden Aufgabe, die der ersten Lektion von Band 1 eines Deutschlehrwerks für den Schulbereich entnommen ist, wird „Transfer" zur Entwicklung des globalen Leseverstehens eingesetzt:

B Deutsche Texte lesen

2 Über Fotos sprechen.

3 Internationale Wörter in Texten finden und aufschreiben.

Olympiade eröffnet

Fast 100 000 Zuschauer im neuen Olympiastadion erlebten am Sonntag zu Beginn der 35. Olympiade eine farbenprächtige und dynamische Eröffnungszeremonie. Die perfekt organisierte Parade der über 3000 Athletinnen und Athleten aus mehr als 70 Nationen wurde von zahlreichen Showelementen und folkloristischen Darbietungen begleitet. Am Ende der 3-stündigen Zeremonie erklärte der Präsident des IOC die 35. Olympischen Spiele für eröffnet.

Schneller Schienen-Express

Glück für den 13-jährigen Peter aus dem hessischen Frankfurt. Der Eisenbahnfan durfte in der schnellsten Lokomotive Deutschlands mitfahren. Der neue Intercity-Express (ICE) hat 13 000 PS und fährt mit Tempo 250 quer durch die Bundesrepublik. Wie im Flugzeug gibt es auch im ICE viel Elektronik: Der Lokführer sieht auf einem Bildschirm, ob die Strecke frei ist. Der Zug fährt fast automatisch. Trotzdem gibt es keine Langeweile. Der Mann in der Lok kontrolliert alle Funktionen. Peters Kommentar: „Lokführer ist mein Traumberuf".

Olympia   ICE

Funk/König/Scherling/Neuner (1994), 9

Die Schüler sollen in einem unbekannten Text diejenigen Wörter markieren, die sie erkennen können (Internationalismen, Zahlen etc.) bzw. sie unten auf einen Zettel notieren, und dann – in Verbindung mit dem Foto und der Textüberschrift – in eigenen Worten (in der Muttersprache) ungefähr das wiedergeben, was im Text steht.

Diese Aktivierung von sprachlichem Vorwissen aus anderen Sprachen und seine Anwendung beim Erlernen einer neuen Sprache nennt man *Transfer*.

2 Mehrsprachigkeit und das Lehren und Erlernen mehrerer Fremdsprachen im schulischen Bereich

2.1 Gesteuerter und ungesteuerter Spracherwerb

In fast allen Ländern werden im Schulbereich mehrere Fremdsprachen angeboten, die in einer bestimmten Schulstufe beginnen, aufeinander folgen und dann für einige Schuljahre parallel nebeneinander unterrichtet werden. Man bezeichnet diese Art des Fremdsprachenlernens, bei dem eine Lehrerin bzw. ein Lehrer eine Klasse nach einem festgelegten Stoffverteilungsplan unterrichtet, als *gesteuerten Spracherwerb*.

In vielen Ländern der Welt wachsen die Menschen mit zwei oder mehr Sprachen gleichzeitig auf, die sie vor Beginn der Schulzeit bzw. außerhalb der Schule erlernen. Mit dieser Art des *ungesteuerten (Zweit-)Spracherwerbs* beschäftigt sich die vorliegende Studieneinheit jedoch nicht explizit.

Zum ungesteuerten Spracherwerb finden Sie nähere Erläuterungen in der Fernstudieneinheit 15: *Grundlagen des Erst- und Fremdsprachenerwerbs* von E. Apeltauer.

2.2 Das Angebot mehrerer Fremdsprachen im Schulbereich

Kennzeichen für das Fremdsprachenangebot im Schulbereich, mit dem wir uns in der vorliegenden Fernstudieneinheit näher beschäftigen, ist, dass der Unterricht

➤ anhand von definierten Zielvorgaben erfolgt, die z. B. in Lehrplänen/Curricula vorgegeben sind;

➤ mithilfe von strukturierten und einer bestimmten Progression der Lehrstoffe folgenden Kursen (z. B. Lehrwerken/Lehrmedien) durchgeführt wird;

➤ anhand von vorgegebenen Lehrmethoden gestaltet wird;

➤ durch Lehrerinnen bzw. Lehrer geleitet wird.

Ein weiteres Kennzeichen ist auch die Überprüfung der Lernleistungen, deren Ergebnis in Noten, Punktzahlen o. Ä. dargestellt wird.

Kennzeichen des schulischen Sprachunterrichts sind weiter, dass das Erlernen der ersten Fremdsprache (L2) nicht abgeschlossen ist, sondern weitergeführt wird, wenn die zweite Fremdsprache (L3) und die weiteren Folgefremdsprachen (L4, Ln) einsetzen.

Das bedeutet: Der Unterricht in den einzelnen Fremdsprachen beginnt zwar zeitlich abgestuft in unterschiedlichen Schuljahren nacheinander, es werden jedoch von einer bestimmten Klassenstufe an mehrere Fremdsprachen gleichzeitig nebeneinander auf unterschiedlichen sprachlichen Kompetenzniveaus unterrichtet. Für den Unterricht in den einzelnen Fremdsprachen steht deshalb im Rahmen des schulischen Gesamtcurriculums unterschiedlich viel Zeit (Gesamtzahl der Unterrichtsstunden) zur Verfügung.

Aufgabe 6

> *Die Situation des Fremdsprachenangebots in Ihrem Schulsystem*
>
> *(Im Kapitel 1 haben Sie in den Aufgaben 1 und 2 (S. 8) Ihre eigene Mehrsprachigkeit dargestellt.)*
>
> *1) Machen Sie sich Notizen zum schulischen Fremdsprachenangebot in Ihrem Land.*
>
> *Zur zeitlichen Abfolge: In welchem Schuljahr setzt die erste Fremdsprache ein, in welchen Schuljahren kommen Folgefremdsprachen dazu? Welche Fremdsprache wird in der Regel als erste Fremdsprache angeboten, welche sind Folgefremdsprachen?*
>
> *Tragen Sie bitte die einzelnen Sprachen im folgenden Schema links ein und kreuzen Sie die entsprechenden Schuljahre an:*

Schuljahr:	1.	2.	3.	4.	5.	6.	7.	8.	9.	10.	11.	12.
Muttersprache (L1) _____ :												
1. Fremdsprache (L2) _____ :												
2. Fremdsprache (L3) _____ :												
3. Fremdsprache (L4) _____ :												

2) Wenn Sie selbst unterrichten:

Wie ist das Fremdsprachenangebot konkret an Ihrer Schule?

Welche Sprache wird in welchem Schuljahr als erste Fremdsprache ange-boten?

Welche weiteren Sprachen werden in welchen Schuljahren gelehrt?

Tragen Sie bitte die einzelnen Sprachen in das folgende Schema links ein und kreuzen Sie die entsprechenden Schuljahre an:

Schuljahr:	1.	2.	3.	4.	5.	6.	7.	8.	9.	10.	11.	12.
Muttersprache (L1) _____ :												
1. Fremdsprache (L2) _____ :												
2. Fremdsprache (L3) _____ :												
3. Fremdsprache (L4) _____ :												

2.3 Mehrsprachigkeit: Multilingualität und Plurilingualität

Unter dem Oberbegriff der Mehrsprachigkeit sind zwei ganz unterschiedliche Bereiche zusammengefasst (in Anlehnung an die Begriffsbestimmung des Europarats nach Beacco/Byram 2002), die wir bei unserer Thematik unterscheiden müssen:

➤ **Multilingualität**

Dieser Begriff bezeichnet die Sprachensituation – das Vorhandensein mehrerer Sprachen – in einem Land oder in einer Region, also die in der geografischen Umwelt vorfindbaren Sprachen.

➤ **Plurilingualität**

Darunter versteht man die Mehrsprachigkeit des Individuums, also die Sprachen, die eine Person „im Kopf" hat.

Für die Thematik der vorliegenden Fernstudieneinheit sind beide Aspekte von Bedeutung, wenngleich auf ganz unterschiedliche Weise.

Der **Europarat** wurde 1949 gegründet. Sitz ist Straßburg. Ziele des Europarats sind, die Einheit und Zusammenarbeit Europas auf den Gebieten Wirtschaft, Soziales, Kultur und Wissenschaft zu fördern und einen Beitrag insbesondere zur Demokratisierung und Durchsetzung der Menschenrechte zu leisten. Zum Europarat gehörten im Jahre 2009 48 europäische Staaten.

Eine Fülle von interessanten Materialien für den Unterricht zum Thema „Europa" findet sich im Themenheft „Europa erleben" von *Fremdsprache Deutsch*, H. 28/2003.

2.3.1 Multilingualität: Der sprachenpolitische Aspekt der Mehrsprachigkeit

Multilingualität bezieht sich, wie dargelegt, auf die Sprachensituation in einem Land, in einer Region, in einer Stadt, in einem Stadtteil etc. und kann die Auswahl der Sprachen, die im schulischen Bereich angeboten werden, wie auch den Umfang, die Intensität, aber auch die Art des Unterrichts nachhaltig beeinflussen.

Die einzelnen in einer multilingualen Situation vorfindbaren Sprachen können z. T. ganz unterschiedlichen Status haben und man kann sie nach ganz unterschiedlichen Kriterien klassifizieren, z. B.:

- als **Staatssprache(n)**: z. B. gleichberechtigt nebeneinander bestehende Sprachen in einem Land als übergreifende Amtssprachen, neben denen es z. B. noch unterschiedliche regionale Sprachen gibt;
- als **Minderheitensprache**: die Sprache von bestimmten Gruppen, deren Status anerkannt/nicht anerkannt ist;
- als **Hochsprache** mit regionalen Dialekt- bzw. Soziolektvarianten;
- als **schriftlich kodierte** bzw. **mündlich tradierte Sprachen**.

Diese Sprachen können je nach ihrem Status im schulischen Unterricht als Pflichtsprachen oder als Wahlsprachen erscheinen oder ganz aus dem schulischen Unterricht ausgeklammert bleiben.

Skizzieren Sie die Sprachensituation (Multilingualität) in Ihrem Land.

Welche Sprachen gibt es?	
Welche Sprachen haben welchen Status?	
Welche Sprachen werden im Schulbereich unterrichtet?	

2.3.2 Plurilingualität: Der individuelle Sprachbesitz

Wandruszka hat 1979 in seinem Buch *Die Mehrsprachigkeit des Menschen* ausgeführt, dass in jedem Menschen Mehrsprachigkeit angelegt sei, weil er sich schon in seiner eigenen Sprache in mehreren, oft deutlich voneinander unterscheidbaren Sprachvarianten bewege (Hochsprache, Dialekt, Umgangssprache, Fachsprache, Kenntnis von früheren Beständen der eigenen Sprache, z. B. im Deutschen Kenntnis der Sprache von Luthers Bibelübersetzung bzw. der Kirchenlieder), die aber selbstverständlich miteinander verbunden sind. Er nennt dies die „innere Mehrsprachigkeit". Dazu komme die Fähigkeit des Menschen, im Lauf seiner geistigen Entwicklung über seine eigene hinaus mehrere andere Sprachen dazuzulernen. Dies bezeichnet er als „äußere Mehrsprachigkeit". Immer gehe es dabei um die Entfaltung der einen und grundlegenden menschlichen Sprachfähigkeit. „Fremd" könne dabei allerdings nicht nur die Sprache einer anderen Sprachgemeinschaft sein; nicht weniger „fremd" könnten einem auch Varianten der eigenen Sprache sein, z. B. Dialekte, Soziolekte oder die Fachsprache mancher wissenschaftlicher Disziplinen.

Von *Mehrsprachigkeit* hat man in der Forschung lange Zeit nur dann gesprochen, wenn Menschen durch natürliche Spracherwerbsprozesse (ungesteuerter Spracherwerb) in zwei Sprachen (Bilingualismus*) oder mehr Sprachen eine sehr hohe, der „Muttersprache entsprechende" Sprachkompetenz erreicht hatten.

Die Begriffsbestimmung bei Wandruszka (und in der Mehrsprachigkeitsdidaktik) geht aber von einer anderen Vorstellung von Mehrsprachigkeit aus.

Charakteristisch für dieses neue **Konzept von Mehrsprachigkeit** ist,

- dass man, wenn man mehrere Sprachen lernt, nicht jedes Mal sozusagen „bei null" anfängt, sondern dass der vorhandene Sprachbesitz durch jede neue Sprache immer mehr erweitert wird;
- dass man nicht in jeder neu zu erlernenden Sprache das Ideal der „muttersprache-ähnlichen" Sprachkompetenz erreichen muss;
- dass das Kompetenzniveau und das Fertigkeitsprofil in den einzelnen Sprachen, die man lernt, sehr unterschiedlich sein kann: In der einen Sprache entwickelt man z. B. eine hohe Lesekompetenz, in einer anderen dagegen kann die mündliche Mitteilungsfähigkeit besonders ausgeprägt sein.

Christ (2001, 2 ff.) macht dazu – im Anschluss an die Metapher vom „Schwellen-Niveau/ threshold level" (z.B. Cummins, 1984) – einen interessanten Definitionsvorschlag:

„Mehrsprachig ist eine Person, die in mehreren Sprachen die Schwelle in andere Sprachhäuser zu überschreiten gelernt hat."

3 Sprachenpolitik und Mehrsprachigkeit: Das sprachenpolitische Konzept des Europarats

Aus der Diskussion um ein sprachenpolitisches Konzept in Europa lassen sich Anhaltspunkte für die Beantwortung der Frage gewinnen, von welchen übergreifenden Faktoren das Konzept Mehrsprachigkeitsdidaktik grundlegend beeinflusst wird und wie sich sprachenpolitische Entscheidungen auf das Fremdsprachenangebot im Schulbereich auswirken.

Das gilt zunächst konkret im Bereich der Europäischen Union, lässt sich grundsätzlich jedoch auch auf die weltweite Sprachensituation übertragen, weil in vielen Ländern und Regionen der Welt Mehrsprachigkeit entweder schon lange Alltagsrealität ist oder in den letzten Jahrzehnten stark an Bedeutung gewonnen hat und weiter zunimmt.

3.1 Sprachensituation und Sprachenpolitik

Die Sprachensituation in Europa ist gekennzeichnet durch eine außerordentlich große Vielfalt von Sprachen (im Bereich des Europarats sind es über 80 Sprachen in mehr als 40 Ländern)

- mit ganz unterschiedlichem kulturellen Hintergrund,
- mit unterschiedlichem numerischen Umfang (Zahl der Muttersprachensprecher),
- mit unterschiedlicher geografischer Verbreitung (weltweit/regional) und
- mit unterschiedlichem impliziten „politischen Gewicht" bzw. mit unterschiedlicher „ökonomischer Stärke".

Wenn Europa als wirtschaftliche und politische Einheit zusammenwachsen soll, wenn die Bürger eine „europäische Identität" entwickeln sollen, dann ist es für die gegenseitige Verständigung und das wechselseitige Verstehen ganz entscheidend, dass die Europäer mehr Fremdsprachen lernen und dass dadurch die gegenwärtig noch bestehenden Sprachbarrieren in Europa abgebaut werden.

Vom Europarat in Straßburg sind deshalb seit den 60er-Jahren des 20. Jahrhunderts immer wieder sprachenpolitische Empfehlungen an die Mitgliedsstaaten zur Ausweitung des Fremdsprachenlernens erarbeitet worden.

Eine der grundlegenden **Empfehlungen** des Ministerrats des Europarats (Europarat 2002) lautet sinngemäß:

➤ dass es allein durch die bessere Kenntnis moderner europäischer Fremdsprachen möglich sein wird, die Kommunikation und Interaktion zwischen Europäern verschiedener Muttersprachen zu erleichtern, und dass dadurch wiederum die Mobilität in Europa sowie gegenseitiges Verstehen und die Zusammenarbeit gefördert und Vorurteile und Diskriminierung überwunden werden können;

➤ dass das reiche Erbe der Vielfalt von Sprachen und Kulturen in Europa ein wertvoller gemeinsamer Schatz ist, den es zu schützen und zu entwickeln gilt, und dass es großer Anstrengungen im Bildungs- und Erziehungswesen bedarf, um diese Vielfalt vom jetzigen Hindernis für die Verständigung in eine Quelle gegenseitiger Bereicherung und gegenseitigen Verstehens zu verwandeln.

Nachdrücklich wird das Mehrsprachigkeitskonzept deshalb auch in dem vom Europarat herausgegebenen *Gemeinsamen europäischen Referenzrahmen für Sprachen: lernen, lehren, beurteilen* (Trim/North/Coste 2001) vertreten.

Im Einklang mit den Forderungen des Europarats steht auch die Empfehlung der Europäischen Union (EU) in Brüssel: Jeder Bürger Europas sollte neben seiner Muttersprache zwei weitere europäische Sprachen beherrschen.

Von diesem erklärten Ziel der *Mehrsprachigkeit der Bürger* sind die meisten europäischen Staaten jedoch noch weit entfernt. Der ausgeprägten multilingualen Situation in Europa entspricht nicht die plurilinguale Kompetenz seiner Bürger!

Eine Umfrage vom Ende der 80er-Jahre des 20. Jahrhunderts machte deutlich, dass nur 6 – 7% der Engländer, Franzosen, Deutschen, Spanier und Italiener zwei und mehr Fremdsprachen beherrschten (Deutscher Instituts-Verlag, 30/1988). Nur in den kleineren Ländern der EU wie Luxemburg, Niederlande, Belgien und Dänemark sind die Prozentzahlen deutlich höher.

Eine Umfrage in der EU 2001 ergab allerdings, dass etwa die Hälfte (53%) der Bewohner der EU eine Fremdsprache ausreichend beherrschen (vgl. Standard Eurobarometer 54, 15. Februar 2001).

Aufgabe 8

Die Situation der Fremdsprachenkenntnisse in Ihrem eigenen Land

Wahrscheinlich haben Sie die neuesten Statistiken zur Situation der Fremdsprachenkenntnisse in Ihrem eigenen Land nicht zur Verfügung.

Versuchen Sie zu schätzen:

Wie viele Bewohner Ihres Landes (in %) beherrschen Ihrer Meinung nach *eine* Fremdsprache?	
Wie viele Bewohner (in %) beherrschen *zwei und mehr* Fremdsprachen?	

3.2 Folgen für die Auswahl der Fremdsprachen im Schulbereich

Die Sprachenpolitik beschäftigt sich u. a. mit der Auswahl und Gewichtung der Fremdsprachen, vor allem im Bereich der öffentlichen Schulen. Man sollte annehmen, dass in Europa wegen der großen Sprachenvielfalt im Schulbereich viele unterschiedliche Fremdsprachen angeboten werden. In der Praxis konzentriert sich das Angebot an Fremdsprachen aber mehrheitlich auf einige wenige Sprachen. Oft sind es die weitverbreiteten Sprachen (z. B. Englisch, Französisch, Spanisch) oder die numerisch gewichtigen Sprachen (wie z. B. das Deutsche oder das Russische), gelegentlich auch, vor allem in Grenzregionen, die Sprache des Nachbarlandes.

Insgesamt nimmt das Englische auch in Europa eine dominierende Rolle unter den Schulfremdsprachen ein. Einer der zentralen Aspekte einer auf Mehrsprachigkeit ausgerichteten Sprachenpolitik ist deshalb die Frage, welche Stellung das Englische im Schulcurriculum haben soll. Diese Frage wird in Europa kontrovers diskutiert.

Es gibt viele Gründe, die bei der Auswahl der Fremdsprachen für eine Bevorzugung des Englischen im schulischen Fremdsprachenangebot sprechen: Englisch ist nicht nur in einer Reihe europäischer Länder als Muttersprache verbreitet (z. B. Großbritannien, Irland, Malta) und die Sprache des weltpolitisch führenden Landes (USA), sondern hat auch in den letzten Jahrzehnten weltweit durch die politischen und wirtschaftlichen Entwicklungen seine führende Position als allgemeines funktionales Verständigungsmittel (*Lingua franca*) ausgeweitet. Da das Angloamerikanische auch die Jugendkultur, die Popszene und weite Bereiche von Sport, Mode, Kommunikationstechnologien, Werbung etc. nachhaltig prägt, hat es für Jugendliche eine besonders starke Anziehungskraft. Es ist deshalb für die alltägliche internationale Kommunikation nützlich und wichtig, dass man sich in der „Weltverkehrssprache" Englisch verständigen kann.

Das gilt selbstverständlich auch für Europa. Wenn alle Europäer Englisch beherrschen würden, so lautet die Argumentation der Befürworter des Englischen, gäbe es in Europa keine Verständigungsprobleme mehr.

Im Europarat und in der EU wird jedoch eine andere Position vertreten:
Die ausschließliche Konzentration auf eine Sprache und auf praktisch-nützliche Aspekte der Sprachverwendung führe nicht nur zu einer Verarmung der sprachlichen – und in ihrem Gefolge zu einer Reduktion der kulturellen – Vielfalt in Europa und zu einer Einengung der Kommunikationsbereiche auf banale Alltagsthemen, sondern sie gehe am entscheidenden Ziel der europäischen Integration – dem Abbau von Vorurteilen und der Entwicklung des wechselseitigen Interesses und Verständnisses für die Eigenart der anderen – vorbei, welches die Grundlage für das Zusammenleben und die Zusammenarbeit ganz unterschiedlicher Völker im geeinten Europa sei. Verstehen der anderen werde erst dann wirklich entfaltet und Verständigung werde erst dann ermöglicht, wenn

Fremdsprachen nicht losgelöst von ihrem jeweiligen soziokulturellen Kontext gelernt würden (wie das bei Englisch als *Lingua franca* der Fall wäre), sondern wenn man sich beim Fremdsprachenlernen auch mit dem jeweiligen soziokulturellen Hintergrund der Sprache, die man lernt, und mit den Menschen, die sie sprechen, auseinandersetzt. Das gelte in Europa *auch* für das Englische, das die Muttersprache von Menschen in einigen europäischen Ländern sei.

Aus diesem Grund sollten die europäischen Bürger nicht nur eine, sondern möglichst viele Fremdsprachen lernen. Mindestens zwei Fremdsprachen sollten zum Standardangebot für *alle* Schüler, nicht nur für die Schüler der höheren Schulen, gehören.

Wichtig wäre es bei den vorgegebenen sprachenpolitischen Zielen in Europa, dass nicht nur die weitverbreiteten und numerisch gewichtigen Sprachen angeboten werden (etwa: Englisch, Französisch, Deutsch, Spanisch, Italienisch, Russisch), sondern z. B. auch

- die Sprachen der jeweiligen Grenznachbarn (Nachbarsprachen),
- die Sprachen, die in einem Land als Zweitsprachen/Minderheitensprachen/Migrantensprachen vorhanden sind (Nachbarschaftssprachen),
- Sprachen von kleineren Sprachgemeinschaften,
- nicht europäische Sprachen.

Wie könnte man den Sprachenkonflikt zwischen dem Englischen und den anderen Sprachen lösen und ein „Sprachen-Wettrennen" zwischen den europäischen Sprachen verhindern?

Die Reduktion des schulischen Fremdsprachenangebots auf nur eine Sprache ist aus den genannten Gründen für Europa sicher keine sinnvolle Lösung. Es geht vielmehr darum, das Erlernen mehrerer Sprachen zu fördern und nach Wegen zu suchen, wie man das Lehren und Erlernen mehrerer Fremdsprachen möglichst effizient und attraktiv gestalten kann. Genau dies ist das Anliegen der Mehrsprachigkeitsdidaktik.

Man kann sich eine Reihe von Lösungen zur Integration des Englischen in ein Mehrsprachigkeitskonzept vorstellen:

a) Angebot von Englischunterricht *nach* anderen Fremdsprachen

Dass in der heutigen Welt auch die Europäer über grundlegende Englischkenntnisse verfügen müssen, steht außer Zweifel. Man könnte sich aber gleichzeitig auch vorstellen, dass dies nicht zu einer Dominanz des Englischen im Schulcurriculum führen muss. Da die Motivation für das Erlernen des Englischen offenbar – vor allem bei jungen Leuten – sehr hoch ist und Englisch, zumindest im Elementarbereich, relativ leicht zu erlernen ist, wäre zu überlegen, ob man nicht im Schulbereich zunächst eine andere Sprache als erste Fremdsprache anbietet und Englisch danach als Folgefremdsprache. In Grenzgebieten könnte man z. B. wechselseitig die Sprache der Nachbarn als erste Fremdsprache anbieten.

b) Englisch als „Tür-Öffner" für andere Fremdsprachen

Eine andere Möglichkeit der Entfaltung von Mehrsprachigkeit im schulischen Bereich ist die Entwicklung eines Konzepts des Fremdsprachenlehrens und -lernens, bei dem der Unterricht in den Folgefremdsprachen ganz bewusst die Sprachkenntnisse und -erfahrungen aus dem Unterricht in der ersten Fremdsprache Englisch systematisch aufgreift und erweitert.

Man könnte sich zwei ganz unterschiedliche Konzepte für Englisch als erste Fremdsprache vorstellen:

- Das Englische könnte als „Leit-Fremdsprache", über die gesamte Schulzeit ausgedehnt und mit einer relativ großen Stundenzahl versehen, in seinen (zunächst europäisch-englischsprachigen, später amerikanischen, australischen etc.) soziokulturellen Kontext eingebettet, angeboten werden. Dabei würden relativ hohe Kompetenzen in allen Fertigkeitsbereichen entfaltet, die als Grundlage und Modell für die Unterrichtung und das Erlernen weiterer Fremdsprachen dienen könnten.
- Eine andere Möglichkeit wäre, dass der Unterricht in Englisch als erster Fremdsprache zunächst auf den Erwerb elementarer Gesprächsfähigkeit begrenzt bliebe (Konzentration auf Hören/Sprechen; *Lingua-franca*-Funktion für internationale Alltagskommunikation; *survival in English*) und als „Einstiegsfremdsprache"

mit einer begrenzten Stundenzahl angeboten würde. Die Folgefremdsprachen (und Englisch, falls es über den Elementarbereich hinaus weitergeführt würde) könnten danach breiter, in ihren jeweiligen soziokulturellen Kontext eingebettet, angeboten werden.

c) Viele Sprachen rezeptiv beherrschen

Eine weitere Alternative wäre, dass man möglichst viele Sprachen rezeptiv beherrschen lernt (Hör- und Leseverstehen). Ziel des Fremdsprachenunterrichts wäre dann, dass in internationalen Kommunikationssituationen jeder Gesprächsteilnehmer seine eigene Sprache verwendet und die anderen in ihrer Sprache ausreichend gut versteht.

Literaturhinweis

Hilfestellungen bei sprachenpolitischen Entscheidungen gibt der vom Europarat erarbeitete *Guide for the Development of Language Education Policies in Europe* (Strasbourg 2002).

Im *Gemeinsamen europäischen Referenzrahmen für Sprachen: lernen, lehren, beurteilen* (Trim/North/Coste 2001) wurden für die einzelnen kommunikativen Aktivitäten bzw. Fertigkeitsbereiche jeweils 6 Kompetenzstufen (A1 – A2, B1 – B2, C1 – C2) in Form von sogenannten Kannbeschreibungen entwickelt, die deutlich machen, was man z. B. in den Fertigkeiten des Hörens und Lesens auf den verschiedenen Niveaustufen an sprachlichen Aktivitäten bewältigen können muss.

Aufgabe 9

Die Sprachensituation an Ihrer eigenen Institution/Schule

Versuchen Sie, sich einen Überblick über das Fremdsprachenangebot an Ihrer Schule bzw. in der Institution zu verschaffen, an der Sie tätig sind. Bitte notieren Sie:

Welche Sprachen werden angeboten?	
In welcher Reihenfolge werden sie angeboten?	
Welche Gründe gibt es für die Auswahl und Abfolge dieser Sprachen?	

Aufgabe 10

Ihre „Ideal-Lösung"

*Was würden **Sie** vorschlagen, wenn Sie über die Auswahl und Abfolge der Sprachen im Schulcurriculum entscheiden könnten?*

Sehen Sie sich noch einmal die Möglichkeiten a) – c) auf Seite 22/23 an. Vielleicht können Sie bei Ihrem Vorschlag einzelne Ideen aus diesen Möglichkeiten sinnvoll miteinander kombinieren. Bitte notieren Sie sie:

_____

_____

_____

_____

_____

_____

4 Grundlagen der Tertiärsprachendidaktik und -methodik

Da im Schulbereich die Fremdsprachenkonstellation „Englisch als 1. Fremdsprache/ Deutsch als Folgefremdsprache (Tertiärsprache)" in vielen Ländern Europas, aber auch darüber hinaus, weitverbreitet ist, versuchen wir an diesem *Modell* Grundsätze der Planung und Gestaltung des Lehrens und des Erlernens von Tertiärsprachen zu entwickeln. Diese können auf andere Konstellationen des Fremdsprachenangebots übertragen werden.

Wir gehen in unserem Modell von der Annahme aus, dass die erste Fremdsprache (Englisch) im Schulbereich im Alter von etwa 9–10 Jahren (ggf. schon früher) einsetzt, bis zum Ende der Schulzeit fortgeführt wird und dass die zweite Fremdsprache (Deutsch) etwa 3–4 Jahre später folgt.

➤ Die **Ausgangsfrage** bei der Entwicklung der Tertiärsprachendidaktik lautet:

Wie kann man das sprachliche Wissen und die Sprachlernerfahrungen, die Schüler von ihrer Muttersprache und vom Erlernen der ersten Fremdsprache schon mitbringen, im Unterricht der Folgefremdsprachen (Tertiärsprachen) so nutzbar machen, dass diese effizienter gelernt werden?

➤ Das **Grundkonzept** der Entfaltung der Tertiärsprachendidaktik und -methodik lautet:

Mehrere Fremdsprachen, die im Schulbereich zeitlich nacheinander einsetzen und über längere Zeit parallel angeboten werden, sollten so gelehrt und erlernt werden, dass sie nicht isoliert voneinander bleiben, sondern aufeinander bezogen sind, aufeinander aufbauen und so die sprachliche Kommunikationsfähigkeit der Lernenden insgesamt beständig erweitern.

➤ Das **Fernziel** der Tertiärsprachendidaktik lautet:

Fremdsprachenlernen in der heutigen Welt ist eine *lebenslange Aufgabe*. Der Fremdsprachenunterricht in der Schule soll sich also nicht nur auf die Vermittlung von Sprachsystemen (Wortschatz, Grammatik, Aussprache und Intonation, Rechtschreibung) bzw. von sprachlichen Fertigkeiten (Verstehen und Mitteilung) etc. in den einzelnen Sprachen konzentrieren, sondern er soll die Schüler auch dazu befähigen, dass sie nach Beendigung ihrer Schulzeit Interesse an der Verbesserung und Erweiterung ihrer Fremdsprachenkenntnisse behalten und wissen, wie man selbstständig Fremdsprachen weiterlernen kann.

Drei Aspekte sind deshalb für die Entwicklung der Tertiärsprachendidaktik wesentlich:

1. **Erweiterung des Sprachwissens und des Sprachbewusstseins (deklaratives sprachliches Wissen; Sprachaufmerksamkeit/*language awareness*)**

   Das bedeutet: Anknüpfung an vorhandenes sprachliches Wissen (Sprachsysteme) und an Erfahrungen mit der Verwendung von Sprache (sprachliche Fertigkeiten). Sprachwissen und -erfahrung haben ihre Grundlagen in der Muttersprache, werden in der ersten Fremdsprache erweitert und im Tertiärsprachenunterricht aufgegriffen und weiterentfaltet.

2. **Entfaltung des Sprachlernbewusstseins (prozedurales Wissen: „Lernen lernen"; Sprachlernaufmerksamkeit/*language learning awareness*)**

   Das bedeutet: Anknüpfung an vorhandene Erfahrungen mit
   - dem Unterrichten von Sprachen (Lehrmethoden) und
   - dem Erlernen von Sprachen (Lernprozesse/Lernstrategien).

3. **Begegnung mit einer neuen Soziokultur in der Auseinandersetzung mit der neuen Sprache**

   Das bedeutet: Erweiterung des Wissens- und Erfahrungshorizonts über fremde Welten; Vergleich und In-Bezug-Setzen der L3-Welt mit der Welt, die zur L2 und der Welt, die zur L1 („eigene Welt") gehört. Auch in diesem Bereich – bei der Wahrnehmung der neuen „fremden Welt" und der Auseinandersetzung mit ihr – spielen Aspekte von Transfer und Interferenz eine wichtige Rolle, insbesondere dann, wenn die Soziokulturen von L2 und L3 nahe verwandt sind.

4.1 Die linguistischen Grundlagen der Tertiärsprachendidaktik: Entfaltung des deklarativen sprachlichen Wissens

4.1.1 Zur Einführung: Wie ein Kind seine Muttersprache (L1) erwirbt

Bevor wir uns ansehen, wie Lernende vermutlich an das Deutsche als zweite oder weitere Fremdsprache herangehen, wollen wir uns zuerst klarmachen, wie sie sich die Sprachen vorher angeeignet haben.

Überlegen Sie sich einmal, wie ein Baby eine Sprache entwickelt. Alle Babys lernen ihre Muttersprache (L1), egal ob dies Deutsch, Spanisch, Chinesisch, Georgisch oder Zulu ist, mit scheinbar der gleichen Leichtigkeit und etwa in der gleichen Geschwindigkeit. Selbstverständlich gibt es individuelle Unterschiede – wer kennt nicht die erstaunlich verschiedenen Zweieinhalbjährigen, von denen eines bereits komplexe Sätze produziert und das andere sich noch mit Ein-Wort-Sätzen und Einzellauten verständigt –, aber insgesamt beeinflusst der subjektive oder objektive Schwierigkeitsgrad* einer Sprache nicht den Spracherwerbsprozess von Babys. Daraus können wir schließen, dass vermutlich alle Babys, sofern sie gesund sind und keine physischen oder mentalen Probleme haben, eine „eingebaute", angeborene prinzipielle Spracherwerbsfähigkeit haben. Diese wird im Laufe der ersten Lebensjahre ausgelöst durch das Bedürfnis der Babys, sich mitzuteilen („Ich habe Hunger!", „Ich will nicht allein sein!" oder „Ich will auf den Arm!") und später z. B. durch *Warum*-Fragen zu lernen. Wie gut und wie schnell dieser Prozess verläuft, scheint von der Art und dem Umfang des Inputs* abzuhängen, den das Baby von außen bekommt, und an seiner individuellen Neigung und Fähigkeit, Sprache zu erwerben.

Wenn Sie mehr über diesen faszinierenden Prozess erfahren möchten, empfehlen wir Ihnen die Lektüre von Szagun (2006).

Literaturhinweis

Grafisch stellen wir uns diesen Prozess so vor:

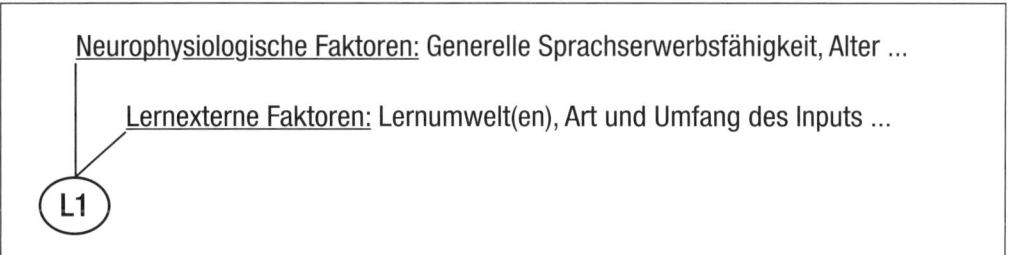

Grafik 1: Faktoren, die den Erstspracherwerb beschreiben

4.1.2 Das Erlernen der ersten Fremdsprache (L2)

Gehen wir nun in der Sprachenbiografie einen Schritt weiter und überlegen uns, was geschieht, wenn ein Kind z. B. im dritten oder fünften Schuljahr eine erste Fremdsprache (L2) angeboten bekommt. Der Erstspracherwerb ist weit fortgeschritten, und das Kind stellt fest, dass es außer der Muttersprache noch eine andere Möglichkeit gibt, Dinge zu benennen, d. h., es ist nicht selbstverständlich, dass ein Tisch *Tisch* heißt, man kann z. B. auch *table* sagen. Immerhin kann das Kind aber bereits auf ein recht breites Repertoire an Wörtern, Satzstrukturen und Kommunikationsformen zurückgreifen; es hat bereits individuelle Lebenserfahrungen gemacht; es kennt aus der Schule schon geregeltes Lernen und hat vielleicht einige eigene Lernstrategien entwickelt.

Hoffentlich ist das Kind auch motiviert, diese neue Sprache zu lernen, denn von seiner Motivation* hängt es stark ab, wie gut es eine Sprache erlernt. Ist es sehr motiviert, so wird es schnell und gut lernen. Aber auch die bereits genannte Neigung bzw. Fähigkeit (engl. *aptitude*) wie auch die Lernumwelten (u. a. Elternhaus, Schule oder Freunde) haben einen Einfluss auf den Lernprozess mit dieser ersten Fremdsprache. Und natürlich wird die L1 immer präsent sein und sich manchmal förderlich, manchmal hinderlich einmischen.

<u>Aufgabe 11</u>

Vergleichen Sie nun die Grafik zum L2-Lernen mit der Grafik zum L1-Erwerb (S. 25): Welche Unterschiede können Sie feststellen?

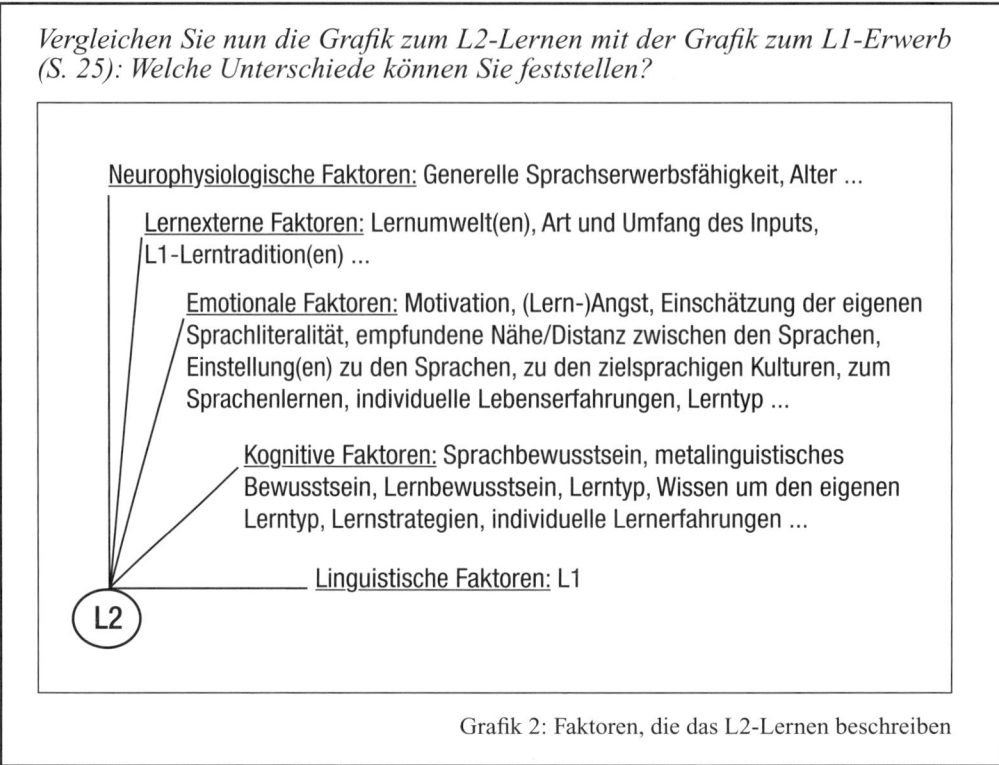

Grafik 2: Faktoren, die das L2-Lernen beschreiben

Sie werden festgestellt haben, dass neue Faktorenkomplexe hinzugekommen sind: emotionale Faktoren, kognitive Faktoren und erfahrungsbezogene Faktoren. Besonders wichtig scheinen uns die Faktoren „Motivation" und „individuelle Lebens- und Lernerfahrungen" und „Lernstrategien". Insbesondere die beiden letzteren Faktoren können beim Baby noch nicht wirksam sein. Motivation ist bei einem Baby natürlich auch gegeben, sie dient ihm jedoch zur Befriedigung der Primärbedürfnisse, während es sich bei der zum L2-Lernen nötigen Motivation um andere Formen der Motivation handelt (Möchte das Kind diese Sprache lernen? Hat es mit den anderen Schulfächern Probleme und stellt die Fremdsprache eine zusätzliche Hürde dar? Hat das Kind Spaß am Sprechen?).

4.1.3   Das Erlernen der zweiten Fremdsprache (L3)

Stellen Sie sich nun bitte die folgenden beiden Jugendlichen Wang und Hong vor, die in der VR China aufwachsen:

Wangs L1 ist Mandarin; er lernt seit der 3. Klasse Englisch als L2 und beginnt in der 5. Klasse mit Deutsch, das nun bereits seine zweite Fremdsprache (L3) ist.

Sein Freund Hong, auch ein guter Schüler, kommt aus einer anderen Gegend, spricht aber auch Mandarin als L1 und hat kein Englisch gelernt, sondern lernt Deutsch als erste Fremdsprache (L2).

Die Lehrerin stellt fest, dass die beiden, obwohl sie in den anderen Fächern sehr ähnliche Leistungen bringen, im Deutschunterricht doch unterschiedlich vorgehen: Wang scheint etwas schneller und leichter zu lernen als Hong, obwohl er manchmal lustige oder auch ärgerliche Interferenzen aus dem Englischen, seiner ersten Fremdsprache, produziert. Diese Fehler unterlaufen Hong natürlich nicht, aber er tut sich insgesamt sehr viel schwerer beim Erlernen des Deutschen.

1) *Überlegen und notieren Sie bitte, wie dieser Unterschied – abgesehen von selbstverständlich vorhandenen individuellen Verschiedenheiten – zu erklären sein könnte.*

Welche Faktoren sind für den Unterschied verantwortlich?	
Welche anderen zusätz- lichen Faktoren gibt es für Wangs Lernprozess?	

2) *Vergleichen Sie Ihre Vermutungen mit der Grafik im Lösungsschlüssel.*

Wir haben für diese Aufgabe folgende **Kriterien** angenommen:

Alle bereits genannten Faktoren spielen wieder eine Rolle beim L3-Lernprozess, aber es kommen für Wang einige L3-spezifische Faktoren hinzu, die für Hong nicht gelten: Wang verfügt nicht nur über seine L1, sondern auch über seine *Interlanguage** Englisch (seine L2), die sich nicht ausschalten lässt und die ihm häufiger im Deutschunterricht hilft (dazu weiter unten mehr).

Manchmal stellt sie ihm aber auch Fallen, sodass er Fehler macht wie „*Ich will ein Maschinenbauingenieur bekommen" – zwei typische Fehler (*ein* Maschinenbauingenieur, *bekommen*), die Hong vermutlich nicht machen wird, weil er Englisch überhaupt nicht gelernt hat.

Außerdem weiß Wang bereits, wie es ist, eine Fremdsprache zu lernen; er hat z. B. beim Englischlernen schon festgestellt, wie er am besten Vokabeln lernt, und macht dies beim Deutschlernen genauso. Er kennt auch das Gefühl, einen neuen Text zu lesen und nicht gleich alles zu verstehen. Das irritiert ihn nicht wie Hong, der dabei ganz unruhig wird und versucht, gleich jedes fremde Wort nachzuschlagen. Wang dagegen überfliegt erst einmal den ganzen Text und versteht dabei ganz grob, worum es geht. Einige Wörter sind im deutschen Text übrigens ganz ähnlich wie solche, die er bereits aus dem Englischunterricht kennt; hier kann er intelligent raten und spart sich Nachschlagearbeit.

Insgesamt kann Wang also die Erfahrungen nutzen, die er im Zusammenhang mit seinem L2-Lernprozess gemacht hat. Vielleicht sind ihm sogar viele seiner dabei gemachten Lernerfahrungen bewusst, und er kann sie gezielt beim Lernen der neuen Sprache einsetzen.

Übrigens: Wenn Hong später einmal beginnt, auch Englisch zu lernen, kann er von seinen vorher erworbenen Deutschkenntnissen in gleicher Weise profitieren, wie Wang das beim Deutschlernen nach Englisch als L2 konnte.

4.1.4 Das Erlernen weiterer Fremdsprachen (L4, Ln)

Eine Mitschülerin der beiden jungen Chinesen, Li, hat auf einer internationalen Schule schon Französisch (als L3) gelernt und für sie ist Deutsch bereits die dritte Fremdsprache (L4). Für ihren Lernprozess gelten die gleichen Faktoren wie für Wang, obwohl natürlich mit dem Hinzukommen der L4 noch mehr Transfermöglichkeiten zwischen ihren verschiedenen *Interlanguages* entstehen. Ihre Fremdsprachenlernerfahrungen sind wahrscheinlich ausgeprägter und möglicherweise kann Li bestimmte Lernstrategien noch bewusster und gezielter einsetzen als Wang, weil sie schon ziemlich sicher weiß, was für ein Lerntyp sie ist.

In der Grafik 3 sehen Sie, dass das L4-Lernen sich im Wesentlichen nur noch quantitativ vom L3-Lernen unterscheidet – es ist noch eine Sprache hinzugekommen –, wohingegen das L3-Lernen vom L2-Lernen durchaus qualitativ verschieden ist.

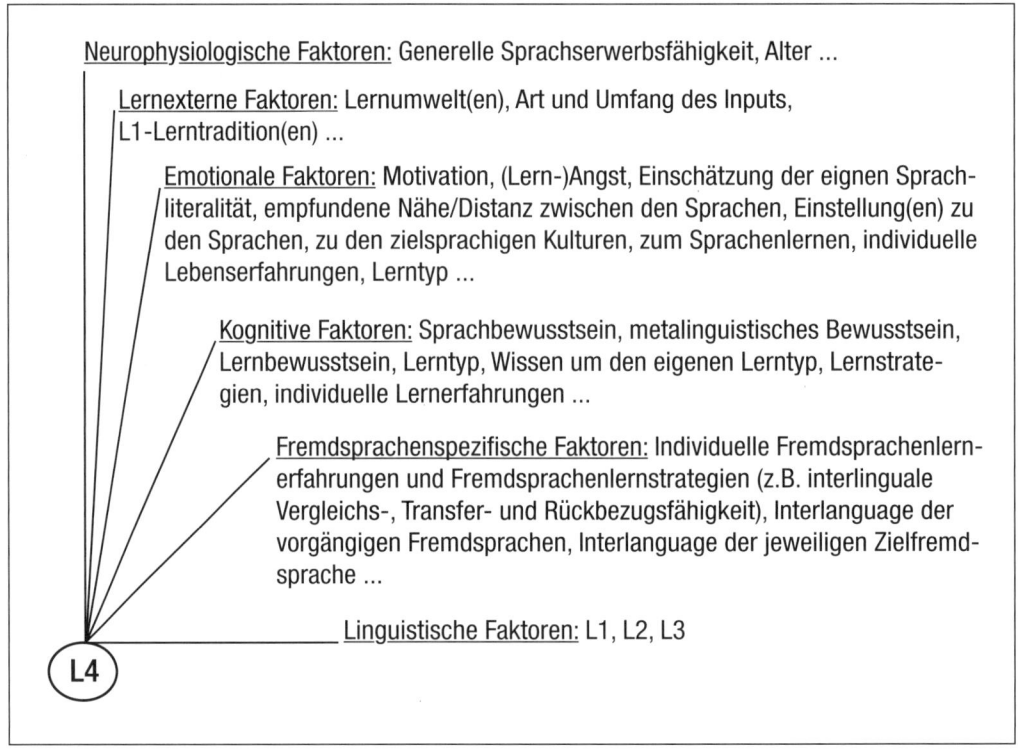

Neurophysiologische Faktoren: Generelle Sprachserwerbsfähigkeit, Alter ...

Lernexterne Faktoren: Lernumwelt(en), Art und Umfang des Inputs, L1-Lerntradition(en) ...

Emotionale Faktoren: Motivation, (Lern-)Angst, Einschätzung der eignen Sprachliteralität, empfundene Nähe/Distanz zwischen den Sprachen, Einstellung(en) zu den Sprachen, zu den zielsprachigen Kulturen, zum Sprachenlernen, individuelle Lebenserfahrungen, Lerntyp ...

Kognitive Faktoren: Sprachbewusstsein, metalinguistisches Bewusstsein, Lernbewusstsein, Lerntyp, Wissen um den eigenen Lerntyp, Lernstrategien, individuelle Lernerfahrungen ...

Fremdsprachenspezifische Faktoren: Individuelle Fremdsprachenlernerfahrungen und Fremdsprachenlernstrategien (z.B. interlinguale Vergleichs-, Transfer- und Rückbezugsfähigkeit), Interlanguage der vorgängigen Fremdsprachen, Interlanguage der jeweiligen Zielfremdsprache ...

Linguistische Faktoren: L1, L2, L3

L4

Grafik 3: L4-Lernprozess

Diese Darstellung zeigt Ihnen eine Möglichkeit, wie man sich den Erstspracherwerb und das Fremdsprachenlernen theoretisch vorstellen kann. Sie geht auf das Modell von Hufeisen (2000 b) zurück, das laufend weiterentwickelt wird. Natürlich gibt es daneben einige andere Modelle, die das Sprachenlernen aus unterschiedlichen wissenschaftstheoretischen Perspektiven betrachten.

Literaturhinweis

Wenn Sie sich zu dieser Fragestellung weiter informieren möchten, empfehlen wir Ihnen das *Dynamische Modell der Mehrsprachigkeit* von Herdina/Jessner (2002) und das *Rollen-Funktions-Modell* von Williams/Hammarberg (Hammarberg 2001) als Beispiele für psycholinguistische Ansätze, das *Ecological Model of Multilinguality* von Aronin/Ó Laoire (2001) als soziolinguistische Sichtweise und das *Foreign Language Acquisition Model* von Groseva (1998) als kontrastiv-linguistische Darstellung. Diese diversen Modelle sind unterschiedlich weit entwickelt, geben aber insgesamt einen umfassenden Einblick in die angenommenen Vorgänge und Mechanismen beim Sprachenlernen.

4.1.5 Zur Entwicklung des Forschungsfeldes „Deutsch als Fremdsprache nach Englisch" (DaFnE)

Wie so oft sind die Impulse für diesen Forschungsgegenstand aus der Praxis gekommen. Denn tatsächlich waren es Fremdsprachenlehrerinnen und -lehrer, die in ihrem Unterrichtsalltag feststellten, dass ihre Lernenden Fehler produzierten, die nicht auf den Einfluss ihrer L1 zurückzuführen waren, sondern auf den der bereits gelernten Fremdsprachen. Deshalb wurden gezielte Untersuchungen dazu angestellt: Astrid Stedje, Professorin für Germanistik und Deutsch in Umeå/Schweden, ließ zwei finnische Lerngruppen Texte auf Deutsch schreiben und verglich deren Fehler. Die eine Gruppe lernte Deutsch als L2 und die andere hatte zuerst Schwedisch (das war ihre L2) und dann Deutsch als L3 gelernt. Nun stellte Stedje fest, dass die zweite Gruppe viele Fehler im Deutschen machte, die auf das Schwedische zurückzuführen waren (Stedje 1976).

Leider konzentrierte man sich anfangs ausschließlich auf die Fehler und sah nur die negativen Seiten des Miteinanders der verschiedenen Sprachen im *mentalen Lexikon** der Lernenden. Erst in den 90er-Jahren des 20. Jahrhunderts bemerkte man, dass sich die Tatsache, dass Lernende mehr als nur eine Fremdsprache sprechen/lernen, auch sehr positiv auswirken kann. Das zeigen wir Ihnen grafisch an einigen Beispielen:

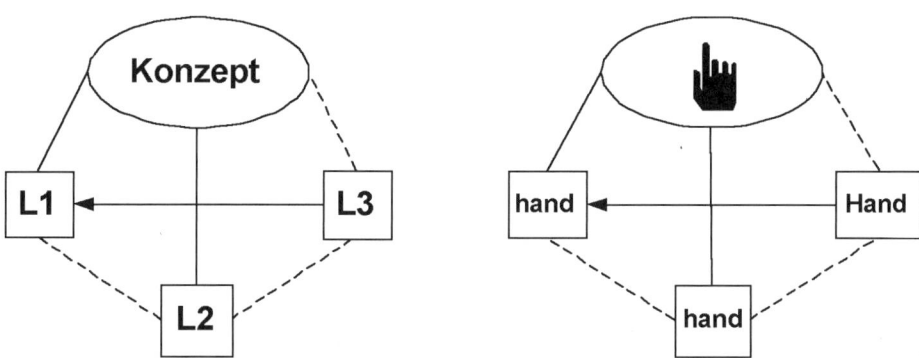

Eine Schwedin, die Englisch als L2 gelernt hat und jetzt Deutsch als L3 lernt, wird wahrscheinlich in der Anfangszeit viele Wortverbindungen zwischen dem Deutschen (L3) und dem Schwedischen (L1) herstellen, weil die beiden Sprachen sich sehr ähnlich sind.

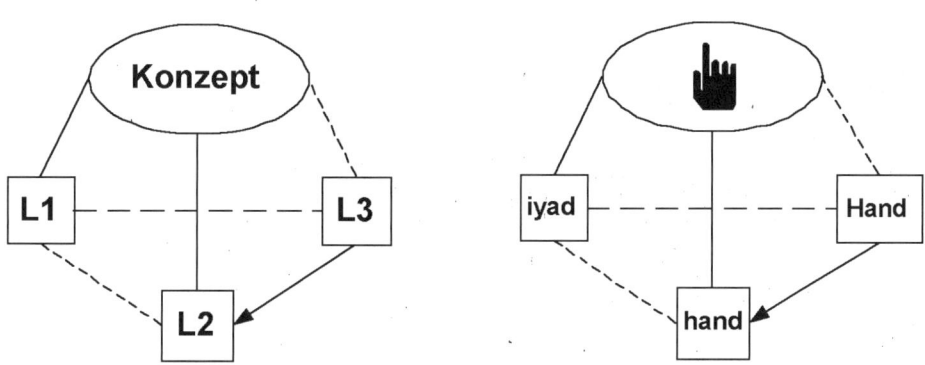

Dagegen wird ein Lernender mit einer arabischen L1 – die dem Deutschen nicht verwandt ist – und Englisch als L2 vermutlich versuchen, neue deutsche Wörter über das Englische zu erschließen, da diese beiden germanischen Sprachen einander ähnlich sind.

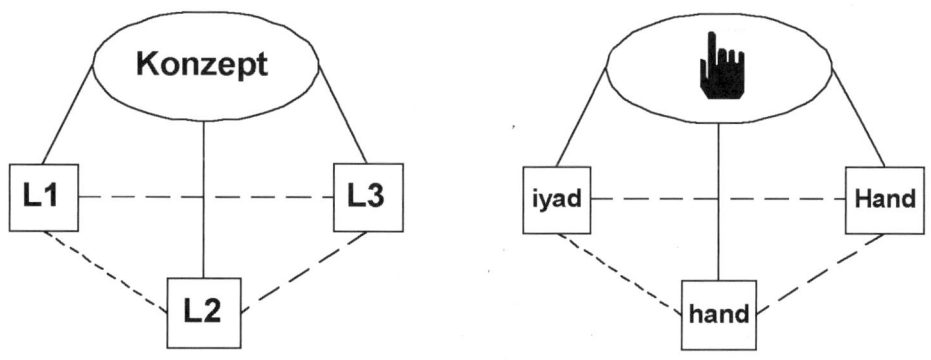

In einem fortgeschrittenen Lernstadium werden später wahrscheinlich zwischen dem jeweiligen Lexem (Wort) in allen drei Sprachen und dem Konzept im mentalen Lexikon direkte Verbindungen bestehen und Umwege über andere, vorher gelernte Sprachen werden nicht mehr nötig sein. Dann ist die Brücke „Englisch" nicht mehr so wesentlich beim Verstehen oder Erlernen neuer deutscher Vokabeln.

Wenn Sie mehr über die Verbindungen von Wörtern aus verschiedenen Sprachen im mentalen Lexikon eines Lernenden wissen möchten, gibt es dazu inzwischen viel Forschungsliteratur aus der Neurolinguistik sowie aus der Psycholinguistik, z. B. Francheschini/Hufeisen/Jessner/Lüdi (2003).

Literaturhinweis

4.1.6 Zu den Sprachsystemen beim L3-Lernen

Wir überlegen nun, wie eine erlernte erste Fremdsprache, z. B. Englisch, das Lernen einer zweiten (Deutsch) beeinflussen oder fördern kann. Diese Überlegungen und ihre Ergebnisse sollen Ihnen als Basiswissen und Hilfestellung für Ihre Unterrichtspraxis dienen, wenn Sie

- sprachliche Parallelen bzw. Kontraste zwischen den zwei Fremdsprachen Englisch und Deutsch aufdecken wollen,
- Übungen zu spezifischen Themen oder (Teil-)Bereichen selbst gestalten möchten.

Aufgabe 13

Überlegen Sie sich jeweils drei Möglichkeiten:

Wie kann Englisch beim Deutschlernen **helfen**?	Wie kann Englisch beim Deutschlernen **stören**?
1)	1)
2)	2)
3)	3)

4.1.6.1 Sprachvergleich L2 (Englisch) und L3 (Deutsch) in der Tertiärsprachendidaktik

Englisch und Deutsch sind „nahe Verwandte", d. h., sie gehören zur gleichen germanischen Sprachenfamilie. Das bedeutet, dass auch viele sprachliche Elemente in beiden Sprachen leicht erkennbare Entsprechungen haben: Der Vergleich der Elemente, Einheiten und Strukturen der Sprachsysteme (Wortschatz, Grammatik, Aussprache/Intonation, Rechtschreibung) lässt diejenigen Bereiche deutlich hervortreten, in denen diese Sprachen ähnlich, nur partiell ähnlich oder gegensätzlich sind.

a) Im Bereich des **Wortschatzes** lassen sich durch den Sprachvergleich mehr als 600 „gemeinsame" Wörter finden, die häufig elementaren Erfahrungsbereichen zuzuordnen sind. Man kann diese Wörter im Deutschen leicht in ihrer Bedeutung erschließen, d. h. *verstehen*, wenn man seine Englischkenntnisse zu Hilfe nimmt. Dagegen sind nur 3% aller Wortpaare im Englischen und Deutschen „falsche Freunde" (s. Kapitel 6.3 *Verstehbarkeit* und Kapitel 6.4.1.1 c *Wortschatzerschließung*).

Hinweis

Beispiel 1

1. Körperteile								
Englisch nose	hair	ear	chin	mouth	shoulder	arm	hand	foot
Deutsch Nase	Haar	Ohr	Kinn	Mund	Schulter	Arm	Hand	Fuß

2. Monatsnamen

Englisch January	February	March	April	May	June	July	etc.
Deutsch Januar	Februar	März	April	Mai	Juni	Juli	etc.

Hinweis

Sie finden eine Liste des „gemeinsamen englisch-deutschen Wortschatzes" im Anhang 2 (S. 136ff.).

b) Im Bereich der **Grammatik** hat die Forschung zum Lernen einer zweiten Fremdsprache zwei Aspekte deutlich herausgearbeitet:

1. Beim Lernen einer weiteren Fremdsprache haben Bi- und Multilinguale aus mehreren Gründen große Vorteile gegenüber Monolingualen.

2. Die spezifische Reihenfolge Muttersprache–Englisch–Deutsch kann wegen der etymologischen Verwandtschaft von L2 und L3 zusätzliche positive Auswirkungen ergeben.

Es gibt hier wie bei der Wortschatzarbeit viele Parallelen, vor allem bei elementaren Satzstrukturen. Dieser ähnliche Satzbau erleichtert zunächst das *Verstehen* deutscher Sätze, wenn man seine Englischkenntnisse zu Hilfe nimmt.

Beispiel 2

Engl.	His name is Fred.	He is 16 years old.	Where were you yesterday?
Dt.	Sein Name ist Fred.	Er ist 16 Jahre alt.	Wo warst du gestern?
Aber:			
Span.	Su nombre es Fred.	Tiene 16 años.	¿Dónde estuviste ayer?
	(Sein Name ist Fred.)	*(Hat 16 Jahre.)*	*(Wo warst gestern?)*

Die bewusste Aktivierung solcher gleichen bzw. ähnlichen Sprachelemente aus L2 (und auch aus L1, wenn dies möglich ist) beim Erlernen von L3 erleichtert den Zugang zur neu zu lernenden Sprache.

Dieser *Transfer* spielt bei der Entwicklung des didaktischen Konzepts der Mehrsprachigkeit eine wichtige Rolle. Wir gehen darauf im folgenden Kapitel näher ein.

c) Erhöhte Aufmerksamkeit erfordern dagegen die Bereiche **Aussprache** und **Rechtschreibung** (s. Kapitel 8).

Hinweis

Beispiel 3

1. **Unterschiedliche Aussprache bestimmter Grapheme:**

   <r>: *hard* – hart (wobei es gerade hier markante Unterschiede zwischen dem britischen und dem amerikanischen Englisch gibt)

   <v> – <w> – <f>: *water* – Wasser, *vat* – Fass

   <s> – <z>: *sea* – See

2. **Wortakzent:**

   engl. *communication* – dt. Kommunikation; engl. *international* – dt. international; engl. *technology* – dt. Technologie; engl. *industry* – dt. Industrie.

   Die korrekte Aussprache der deutschen Wörter wie auch das korrekte Setzen des Wortakzents (vor allem bei Internationalismen) und die korrekte Beherrschung der Intonation/Satzmelodie sind wichtige Elemente des Aussprachetrainings auf dem Weg vom Verstehen eines Wortes zu seinem aktiven Gebrauch. Wenn man diese Phänomene vernachlässigt, kann es leicht zu einem „angloamerikanischen Akzent" im Deutschen kommen!

3. **Rechtschreibung:**

Englisch	English	knee	foot	chin	mouse	apple	interest
Deutsch	englisch	Knie	Fuß	Kinn	Maus	Apfel	Interesse

   Probleme mit der Rechtschreibung im Deutschen entstehen vor allem auch dadurch, dass die Lernenden annehmen, dass man Wörter, die man im Englischen und im Deutschen gleich oder ähnlich ausspricht (/maus/), auch gleich schreibt (*Übergeneralisierung**).

In allen Bereichen gibt es selbstverständlich auch deutliche Unterschiede zwischen dem Englischen und dem Deutschen. Im Unterricht muss man deshalb diese Unterschiede immer wieder besprechen und Übungen so gestalten, dass auf Interferenzbereiche bewusst aufmerksam gemacht wird. Wie dies gemacht werden kann, erfahren Sie in den Kapiteln 6 bis 8.

Hinweis

4.1.6.2 Sprachvergleich L1–L2–L3: Einbeziehung der Muttersprache

Für die Lernenden ist es selbstverständlich, dass sie in ihrem Lernprozess „im Kopf" immer wieder auch auf die Muttersprache zurückgreifen, wenn sie z. B. entdecken, dass Sprachphänomene der neu zu lernenden Tertiärsprache auch Ähnlichkeiten mit Sprachphänomenen der Muttersprache haben (ähnliche Wörter, ähnliche Satzstrukturen, ähnliche Lautung oder Schreibung) oder sich als „falsche Freunde" erweisen, die zu Fehlern führen können.

Auf jeden Fall erweitert die Einbeziehung der Muttersprache in den Sprachvergleich das Bezugsfeld für die neu zu lernende Sprache. Dies trifft auch auf Sprachenkonstellationen zu, in denen L2 und L3 näher miteinander verwandt sind als L1 und L3.

Der Vergleich mit der Muttersprache macht den Lernenden auch die Eigenarten und Besonderheiten ihrer *eigenen* Sprache deutlich und trägt dadurch zur Intensivierung der Sprachaufmerksamkeit bei.

Beispiel

Sprachvergleich L1 Italienisch und L2 Englisch bzw. L3 Deutsch

Bezieht man die Muttersprache Italienisch in diesen Sprachvergleich mit ein, dann wird deutlich, dass Englisch und Deutsch (germanische Sprachen) „mehr miteinander zu tun haben", d. h. enger miteinander verwandt sind als mit dem Italienischen (romanische Sprache), und dass es zwischen Italienisch und Deutsch andere Bezugspunkte (Gemeinsamkeiten und Unterschiede) gibt als zwischen Englisch und Deutsch.

Englisch kann in dieser Sprachenkonstellation in manchen Bereichen – vor allem im Wortschatzbereich – als „Türöffner für Deutsch" verwendet werden, wenn man den italienischen Lernenden bewusst macht, dass viele sprachliche Phänomene im Englischen (das sie schon „im Kopf" haben) und im Deutschen (das sie jetzt lernen sollen) gleich oder ähnlich sind und dass sie diese Sprachphänomene aus dem Englischen in den Prozess des Deutschlernens hinübernehmen können (*Transfer*), um z. B. neue deutsche Wörter oder einen Text schneller zu verstehen.

Anknüpfungspunkte gibt es natürlich auch zwischen dem Italienischen und dem Englischen bzw. Deutschen, vor allem im Wortschatz.

Das betrifft zum einen manche Alltagsbereiche, in denen Bezeichnungen (meist) in allen drei Sprachen aus derselben Wurzel stammen (Ausnahme grau unterlegt).

Ital.	padre	madre	uno	due	tre	quatro	cinque	sei	sette
Engl.	father	mother	one	two	three	four	five	six	seven
Dt.	Vater	Mutter	eins	zwei	drei	vier	fünf	sechs	sieben

Alle drei Sprachen haben aber auch eine große Zahl von Internationalismen gemeinsam, die auf lateinisch-griechischen Ursprung zurückgehen (und deshalb im Italienischen *nicht* als Internationalismen bzw. als „Fremd"wörter empfunden werden).

Ital.	taxi	polizia	metro	televisione	telefono	structura
Engl.	taxi	police	metre	television	telephone	structure
Dt.	Taxi	Polizei	Meter	Television	Telefon	Struktur

Viele Wörter in Fachsprachen (z. B. in der Medizin) wurden ebenfalls auf der Grundlage des Lateinischen bzw. des Griechischen gebildet.

Gerade in diesem Bereich kann man das Italienische mit großem Gewinn bei der Erschließung des Wortschatzes nutzen. Dazu kommt gegenwärtig in manchen Bereichen der große Einfluss des amerikanischen Englisch auf das Deutsche, aber auch auf das Italienische (z. B. in den Bereichen Popkultur, Sport, Technik), was zur Entlehnung derselben angloamerikanischen Wörter in beide Sprachen führt.

Darüber hinaus gibt es im Deutschen eine markante Zahl von Lehnwörtern aus dem Italienischen, z. B. im Bereich des Handels oder des Essens: *Giro, Konto, Bank; Pizza, Spaghetti, Tortellini, Mozzarella, Parmesan, Piment* etc.

Das didaktische Konzept des Tertiärsprachenunterrichts legt vor allem im Anfangs-unterricht den Hauptakzent auf eine Bewusstseinsentwicklung bei den Lernenden, nämlich dass vieles von dem, was sie an sprachlichen Elementen aus den verschiedenen Sprachen (Muttersprache, 1. Fremdsprache) schon „im Kopf" haben, nützlich ist und aktiviert werden kann, wenn sie nun eine weitere Sprache lernen.

Dabei ist sowohl das Bewusstsein von den Ähnlichkeiten (Transfer) als auch das bewusste Zur-Kenntnis-Nehmen der Unterschiede (Vermeidung oder Erklärung von Interferenzen) für das Erlernen der Tertiärsprache hilfreich.

Mit dem Anfangsunterricht befassen wir uns im Kapitel 11.

Hinweis

Aufgabe 14

Einbeziehung Ihrer eigenen Muttersprache

Bearbeiten Sie die folgende Aufgabe nur, wenn Ihre Muttersprache nicht Deutsch oder Englisch ist.

Ist Ihre Muttersprache eng/nicht eng/überhaupt nicht mit dem Deutschen verwandt?	
Welche Gemeinsamkeiten können Sie zwischen Ihrer Muttersprache und dem Deutschen im Bereich der Sprachsysteme feststellen? Nennen Sie ein paar Beispiele (z. B. aus den Bereichen Wort-schatz, Grammatik; Aussprache/Intonation; Rechtschreibung).	
Welche besonders markanten Unter-schiede gibt es? Nennen Sie ein paar Beispiele.	

4.2 Grundlagen im Bereich des Lehrens und Lernens: Entfaltung von prozeduralem Wissen; Entwicklung des Sprachlernbewusstseins

Wer den muttersprachlichen Unterricht durchlaufen hat und eine Fremdsprache lernt, bringt in das Erlernen weiterer Fremdsprachen seine Erfahrungen mit dem Sprachen-lernen und dem Fremdsprachenlernen ein. Auf diese wird er zunächst zurückzugreifen versuchen, wenn er die nächste Fremdsprache zu lernen beginnt.
Die Tertiärsprachendidaktik kann also an Erfahrungen mit dem (Fremd-)Sprachen-lernen anknüpfen und diese ggf. vertiefen und erweitern – oder auch verändern.

Im Folgenden beschreiben wir Arbeitsschritte zur curricularen Planung und zur Ent-wicklung des didaktischen Konzepts.

4.2.1 Die Perspektive des Lehrens: Anknüpfung an früher gemachte Erfahrungen mit Unterrichtsmethoden

Eine L3-Didaktik muss an vorhandene Lehr-Erfahrungen aus dem Unterricht in der Muttersprache und in der ersten Fremdsprache anknüpfen und diese so fortführen bzw. erweitern, dass die Lernenden ein ihnen gemäßes effizientes Lernverhalten entwickeln können. Sie darf die Lernenden nicht durch ein völlig neues oder andersartiges Unterrichtskonzept überfordern und verwirren.

Die genauere Kenntnis der Lehrmethoden, die im L1- und L2-Unterricht eingesetzt wurden, ist deshalb für die Entfaltung der Tertiärsprachendidaktik wichtig.

Um dies zu erläutern, machen wir einen kurzen Exkurs in die historische Entwicklung der Fremdsprachendidaktik und in die Fremdsprachenlehr- und -lernforschung.

Die traditionelle Fremdsprachendidaktik – etwa die Grammatik-Übersetzungs-Methode (GÜM) – befasste sich vorwiegend mit

➤ Fragen des *Lehrstoffs*: z. B. Einteilung des Grammatiklehrstoffs und Entwicklung einer stringenten zielsprachlichen Grammatikprogression; dabei Konzentration auf die Sprachform(en);

➤ Fragen des *Lehrens*: Entwicklung von einheitlichen und verbindlichen Lehrmethoden; Steuerung und Kontrolle des Lernverhaltens der Schüler;

➤ Fragen der *Lernkontrolle*: Überprüfung des vermittelten Lehrstoffs – Vergabe von Noten/Punkten für Lernleistung.

Die empirisch orientierte Sprachlehr- und -lernforschung der letzten 30 Jahre hat sich dagegen immer mehr der Erforschung und Entfaltung der *Lerner*perspektive zugewandt. Ihre Befunde lassen eine Reihe anderer Tendenzen erkennen, die die Konzeption des Fremdsprachenunterrichts insgesamt – insbesondere auch des Tertiärsprachenunterrichts – nachhaltig verändert und zu einem Perspektivenwechsel in der Fremdsprachendidaktik geführt haben:

➤ Konzentration auf den *Sprachgebrauch*, nicht mehr nur auf die Sprachform(en);

➤ Konzentration auf den *Lernprozess*, nicht mehr nur auf den (Sprach-)Lehrstoff;

➤ Konzentration auf das *Lernen* und die Entfaltung von *Lerntechniken* und Lernstrategien**, nicht mehr nur auf die Entwicklung von Lehrmethoden;

➤ Konzentration auf die *Entfaltung des selbstständigen Lernens und der Lernerautonomie*, nicht mehr nur auf die Steuerung und Kontrolle des Lernverhaltens.

Lehrmethoden sind natürlich auch von übergreifenden und z. T. ganz unterschiedlichen Aspekten geprägt. Dazu gehören z. B.:

a) Jeder Lehrmethode liegt auch ein bestimmtes Konzept von Sprache zugrunde

Beispiel 1

> • Die Grammatik-Übersetzungs-Methode (GÜM) basierte auf der am Sprachsystem des Lateinischen orientierten Schulgrammatik.
>
> • Die Audiolinguale Methode (ALM) war vom Strukturalismus geprägt.
>
> • Die Kommunikative Didaktik (KD) integrierte die Pragma- und Textlinguistik.
>
> • Die Interkulturelle Didaktik (ID) geht stärker auf den Vergleich von sprachlichen und soziokulturellen Phänomenen der Ausgangssprache und der Zielsprache ein.

b) Jede Sprachlehrmethode vermittelt ein bestimmtes Bild der Soziokultur der Sprache, die gelehrt wird

Beispiel 2

> • GÜM: Hinführung der Lernenden zu den bleibenden kulturellen Schöpfungen der Zielsprachenwelt (Literatur, Kunst etc.)
>
> • ALM und KD/ID: Orientierung an Phänomenen der Alltagskultur

c) Jede Lehrmethode ist von eigenkulturellen Lehrtraditionen geprägt

Zum Beispiel: Erklärung von (Grammatik-)Regeln, Memorisieren vorgegebener Sprachstrukturen/Auswendiglernen von Texten, *learning by doing*/erfahrungsorientierter Unterricht, Lernen durch Diskutieren, selbstentdeckendes Lernen.

d) Jede Lehrmethode fördert/benachteiligt bestimmte Lerntypen

Beispiel 3

- Die GÜM bevorzugt den kognitiven Lerntyp, während
- die ALM für den über die Sinne Lernenden (Hören und Nachsprechen) besonders geeignet ist.
- Die KD eignet sich besonders gut für jemanden, der im Lernprozess gern „mit anderen zusammen etwas tut" und praktisch ausprobiert, was er gerade lernt.

Nähere Ausführungen dazu finden sie in der Fernstudieneinheit 4: *Methoden des fremdsprachlichen Deutschunterrichts* von G. Neuner und H. Hunfeld.

4.2.2 Die Perspektive der Lernenden: Erweiterung der Sprachlernerfahrungen und Entwicklung effizienter Lernverfahren

Die Beschäftigung mit der Lernerperspektive hat vor allem im lerntheoretischen Bereich einen entscheidenden Perspektivenwechsel bewirkt, der unsere Vorstellungen vom Fremdsprachenlernen nachhaltig verändert.

Im Konzept der behavioristischen Lerntheorie, die den Fremdsprachenunterricht nachhaltig geprägt hat (vgl. Audiolinguale/Audiovisuelle Methode), war die Grundannahme zum Fremdsprachenlernen eine strikte Trennung der sprachlichen Inventare der verschiedenen Sprachen im Gedächtnis. Die Entwicklung eines „geordneten Nebeneinanders" (vgl. Brooks 1960, Lado 1964) galt als das Prinzip der Sprachaufnahme, -speicherung und -verarbeitung beim Fremdsprachenlernen. Daraus wurde u. a. das Prinzip der „Einsprachigkeit des Unterrichts", d. h. der strikten Ausklammerung der Muttersprache beim Fremdsprachenlernen, abgeleitet.

Wenn wir nur uns selbst beim Fremdsprachenlernen beobachten, ergeben sich schon gravierende Zweifel an dieser Theorie. Selbstverständlich lernen wir in einer neuen Sprache z. B. Wörter nicht isoliert, sondern versuchen sie mit Wörtern der Muttersprache bzw. anderer Sprachen, die wir beherrschen, in Beziehung zu setzen. Offenbar ist unser Gedächtnis nicht in „wasserdichte Schubladen" aufgeteilt, sondern es lässt sich viel eher mit einem Netzwerk vergleichen, in dem die einzelnen Wissenselemente wie „Netzknoten" auf vielfältige Weise miteinander verbunden sind.

Diese Vorstellung wird von vielen Seiten unterstützt. Nach den Befunden der Gedächtnisforschung, der Theorie der Informationsverarbeitung, der Wissenspsychologie und der Psycholinguistik (vgl. Spitzer 2006) geschieht Lernen *ganz allgemein* in der Weise, dass neues Wissen nur dann dauerhaft im Gedächtnis gespeichert wird, wenn es in vorhandene Wissensbestände integriert und verankert werden kann. Was keinen Halt findet, verschwindet aus unserem Gedächtnis schnell wieder bzw. es „taucht ab" und wir können darauf nicht mehr unmittelbar zurückgreifen.

Wir können deshalb als gesichert ansehen, dass es *eine* grundlegende menschliche Sprachfähigkeit gibt und deshalb auch in unserem Gedächtnis – bildlich gesprochen – *ein* Netzwerk für Sprache(n) unter vielen anderen miteinander verknüpften Netzwerken zu Wissens- und Erfahrungsbeständen existiert, das im Verlauf unserer Sprachlernprozesse immer weiter differenziert und mit den anderen Wissensnetzwerken enger verwoben wird.

Von dieser Annahme gehen auch die Ausführungen zur Mehrsprachigkeit im *Gemeinsamen europäischen Referenzrahmen für Sprachen* (Trim/North/Coste 2001, 17) aus:

„Mehrsprachigkeit (...) betont die Tatsache, dass sich die Spracherfahrung eines Menschen in seinen kulturellen Kontexten erweitert, von der Sprache im Elternhaus über die Sprache der ganzen Gesellschaft bis zu der Sprache anderer Völker (die er entweder in der Schule oder auf der Universität lernt oder durch direkte Erfahrung erwirbt). Diese Sprachen und Kulturen werden aber nicht in strikt voneinander getrennten mentalen Bereichen gespeichert, sondern bilden vielmehr gemeinsam eine kommunikative Kompetenz, zu der alle Sprachkenntnisse und Spracherfahrungen beitragen und in der die Sprachen miteinander in Beziehung stehen und interagieren."

Diese lerntheoretische Grundannahme von der *einen* Sprachfähigkeit des Menschen, die sich beim (Fremd-)Sprachenlernen entfaltet, hat für unser Konzept des Tertiärsprachenlernens weitreichende Folgen:

➤ Die Muttersprache wird vom Fremdsprachenlernen nicht ausgeschlossen, sie bildet vielmehr die Grundlage und den Bezugspunkt für weiteres Sprachenlernen.

➤ Die Sprachlernerfahrungen in der ersten Fremdsprache erweitern einerseits den Sprachbestand, der durch die Muttersprache angelegt wurde; sie fügen andererseits den Sprachlernerfahrungen, die beim Erwerb der Muttersprache durchlaufen wurden, neue Dimensionen hinzu. Sie öffnen auf diese Weise beim Tertiärsprachenlernen – bildlich gesprochen – das Tor zur Erweiterung des Sprachbesitzes (*deklaratives Sprachwissen*) und des Sprachlernbewusstseins (*prozedurales Wissen*).

➤ Wir können davon ausgehen, dass das grundlegende „Sprachnetzwerk im Kopf" zwar verallgemeinerbare Strukturen aufweist, dass es aber bei jedem Individuum zumindest partiell anders ausgeprägt ist, was die Wissensbestände (bezogen auf Sprachwissen und Sprachlernbewusstsein) und die Art der Verknüpfung angeht. Genauso ist die Art, wie sich die Erweiterung und Differenzierung im Lernprozess gestaltet, sehr deutlich von individuellen Merkmalen geprägt (vgl. Riemer 1997).

Mit anderen Worten: Zwar sollen die Schüler in einer Klasse grundsätzlich alle dasselbe lernen, jeder Schüler bringt aber in den Fremdsprachenlernprozess andere Voraussetzungen und Grundlagen mit. Jeder Schüler lernt zumindest partiell anders – und jeder wird auch etwas anderes „aus dem Unterricht mitnehmen".

Auf diese Aspekte muss die Didaktik der Mehrsprachigkeit eingehen. Die Bereiche der Unterrichtsdifferenzierung und des autonomen, selbstständigen und selbstverantworteten Lernens gewinnen dadurch neue Bedeutung. Bei der Unterrichtsplanung und Ausgestaltung der Tertiärsprachendidaktik werden deshalb insbesondere die *Lernermerkmale* berücksichtigt:

a) **Gruppenspezifische Merkmale**, z. B.:

- Alter (Weltwissen und -erfahrung),
- Geschlecht,
- Lernstile (oft von spezifischen kulturellen Traditionen geprägt),
- Motivation/Erwartung (z. B. freizeitorientiert/berufsorientiert).

b) **Individuelle Merkmale**, z. B.:

- Lerntyp,
- Lernstrategien und -techniken, die individuell ausgeprägt sind,
- Motivation.

Literaturhinweis

Zum Aspekt „Lerntyp" finden Sie weiterführende Hinweise bei K. Aguado (2001).

Zum Aspekt „individuelle Merkmale" finden Sie weitere Ausführungen bei C. Riemer (1997).

Mit dem Thema „Lernstrategien und -techniken" befasst sich die Fernstudieneinheit 23: *Lernerautonomie und Lernstrategien* von P. Bimmel/U. Rampillon.

Daraus ergibt sich die **grundlegende Aufgabe für die Tertiärsprachendidaktik**: nämlich den Unterricht so zu planen und zu gestalten, dass das, was die Lernenden

a) an Kenntnissen,

b) an Erfahrungen,

c) an Lernvoraussetzungen

in den Lernprozess einbringen, im Hinblick auf das Ziel eines effizienten und selbstständigen Fremdsprachenlernens aufgegriffen, gefördert und ausgebaut wird.

> *Überlegungen zu Ihrer eigenen Klasse/Lerngruppe:*
>
> *1) Versuchen Sie, einige gruppenspezifische Merkmale zu skizzieren.*
>
> *2) Konzentrieren Sie sich auf eine Schülerin und einen Schüler in der Gruppe, die Sie unterrichten, und versuchen Sie, sie/ihn unter dem Aspekt „individuelle Merkmale" zu beschreiben.*

4.3 Entfaltung des Weltwissens: Interkulturelles Lernen

Im Tertiärsprachenunterricht entfaltet sich nicht nur eine weitere Sprache, sondern es werden auch die soziokulturellen Phänomene, die mit der neuen Sprache verbunden sind, in den Unterricht einbezogen. Sie lösen zwangsläufig Vergleiche mit der eigenen Welt aus, aber auch mit der Welt, die mit der ersten Fremdsprache verbunden ist. So entsteht beim Tertiärsprachenlernen eine „Beziehung von drei (und ggf. mehr) Welten".

Konstitutiv ist dabei zunächst der „muttersprachlich (von L1) gefärbte Blick" auf die fremden Welten, und zwar sowohl auf die Soziokultur der ersten Fremdsprache (L2) als auch auf die Soziokultur der Folgefremdsprache (L3). Die Lernenden werden zunächst die jeweils fremde Welt unweigerlich immer „durch die eigene soziokulturelle Brille betrachten" und nach den ihnen aus ihrer eigenen Welt vertrauten Maßstäben interpretieren: „Das ist genauso/ähnlich/nicht so wie bei mir zu Hause." Das kann zur Stereotypisierung der Phänomene der fremden Welt („So ist es bei den Engländern/Franzosen.") bzw. zu Vorurteilen bezüglich der fremden Welt führen: zu negativen Urteilen wie etwa „Der Engländer/Franzose etc. ist faul/unzuverlässig" oder zur Aufwertung der fremden Welt als Vorbild.

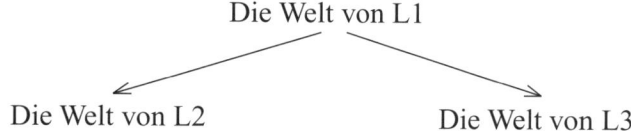

Dieser Vergleich kann aber auch dazu führen, dass die eigene Welt sozusagen aus der Außenperspektive wahrgenommen wird und das, was man bisher als „normal" angesehen hat, auf einmal als verfremdet erscheint. Das führt dann zu Fragen an die eigene Welt, wenn deutliche Unterschiede wahrgenommen werden: „Warum ist das bei uns so und bei denen anders?"

Solche Wahrnehmungen können auf unterschiedlichen Ebenen des fremdsprachlichen Lernens ins Spiel kommen.

> **Sprachenkonstellation: Italienisch (L1), Englisch (L2), Deutsch (L3)**
>
> a) **Einzelelemente der Sprache**
>
> Zum Beispiel unterschiedliche Konnotationen im Wortschatzbereich bei vergleichbarer denotativer Wortbedeutung
>
> *Beispiel:* „Frühstück"
>
> Im Italienischen, Englischen und Deutschen gibt es zwar zum Wort „Frühstück" eine grundlegend gleiche Bedeutung (Denotat) – nämlich „eine Mahlzeit, die man zu Beginn des Tages einnimmt".
>
> In den drei Sprachen verbinden die Menschen aber mit dem Wort „Frühstück" jeweils ganz andere konkrete Vorstellungen (Konnotationen). In jedem der drei Länder besteht das „typische" Frühstück aus z. T. ganz unterschiedlichen Bestandteilen:
>
> Deutschland: Kaffee/Tee, Brot/Brötchen, Butter, Marmelade/Honig; manchmal auch Wurst/Schinken und Käse;

Italien: Espresso und Hörnchen;

USA: Kaffee/Tee, Saft, Toast, Schinken/Speck mit Ei, dazu Bratkartoffeln oder Pfannkuchen.

b) **Komplexere Einheiten: Alltagsroutinen und -rituale**

Beispiele:

1. Alltagsroutinen: „Frühstück"

   In den drei Ländern herrschen auch für das „Einnehmen des Frühstücks" ganz unterschiedliche Konventionen:

   In Deutschland nehmen viele Leute das Frühstück zu Hause ein. Sie lesen dabei oft die Tageszeitung.

   In Italien nehmen die Leute nicht selten (oft auf dem Weg zur Arbeit) ihr Frühstück in einer Bar ein. Dort treffen sie Bekannte, mit denen sie sich unterhalten können.

2. Alltagsrituale:

   - „Kontakt/Begrüßung"

     In den drei Sprachen sind bei der „Begrüßung" ganz unterschiedliche Konzepte von körperlicher Nähe/Distanz vorfindbar (Verbeugung, Händeschütteln, Umarmung etc.).

   - „Gepflegt essen gehen"

     In Deutschland, Großbritannien, den USA und Italien verbindet man mit „gepflegt essen gehen" ganz unterschiedliche Vorstellungen, z. B. was die Auswahl und Abfolge der Speisen und Getränke angeht.

c) **Gesellschaftliche Strukturen:**

   In den genannten Ländern gibt es zum Teil große Unterschiede in den gesellschaftlichen Strukturen, die das Zusammenleben der Menschen regeln, z. B. im Schul- und Bildungssystem, im politischen System, im Kultusbereich etc.

Für die Beschäftigung mit landeskundlichen Phänomenen im Tertiärsprachenunterricht ist noch ein zweiter Aspekt von Bedeutung: Es ist der von der Soziokultur der ersten Fremdsprache (L2) „gefärbte Blick" auf die Soziokultur von L3, der eine „doppelte Brechung" der Wahrnehmung der L3-Welt bewirken kann.

Welt von L1 $\longrightarrow$ Welt von L2 $\longrightarrow$ Welt von L3

Eine Folge davon kann sein, dass bei der Sprachenfolge „Deutsch nach Englisch" die deutschsprachige Welt z. B. in Ländern mit großer geografischer Entfernung und sprachlicher wie auch soziokultureller Distanz (z. B. Japan, Korea) mit der „angloamerikanischen Brille" wahrgenommen wird. Manche Phänomene der Soziokultur deutschsprachiger Länder (insbesondere im Bereich der Alltagskultur) können dann – auch wegen der wahrgenommenen engen sprachlichen Verwandtschaft von Englisch und Deutsch – als „Ableger" der angloamerikanischen Welt erscheinen.

Verstärkt wird diese Tendenz durch die fortschreitende Amerikanisierung des Alltagslebens im Ausgangsland (L1) wie auch des deutschen Alltagslebens (L3) und durch die Globalisierung bestimmter Alltagserscheinungen (z. B. Popkultur, Mode, Fast Food), die man sowohl in der eigenen Welt (L1) als auch in der angloamerikanischen Welt (L2) und in der deutschen Welt (L3) vorfindet.

Für den sprachlichen wie auch den soziokulturellen Bereich gilt, dass die Gefahr von Interferenzen bzw. Missverständnissen nicht bei den sehr deutlich wahrgenommenen Unterschieden besonders groß ist („Fremdheitserwartung/Fremdheitsbewusstsein"), sondern in Bereichen, in denen sich die Lernenden wegen der „ähnlichen Oberfläche" der Sprach- bzw. Kulturphänomene in der eigenen Welt bei der Einordnung und Einschätzung der Phänomene der fremden Sprache/Welt oft irrtümlich „auf sicherem Boden" wähnen.

5 Prinzipien der Tertiärsprachendidaktik und -methodik

Die grundlegenden Ziele der Fremdsprachendidaktik insgesamt gelten auch für den Tertiärsprachenunterricht:

➤ **Kommunikative Zielsetzung**:
Fremdsprachen lernt man, um mit anderen Menschen und ihrer „Welt" in Kontakt zu kommen.

➤ **Interkulturelle Zielsetzung**:
Das Fremdsprachenlernen dient nicht nur der Verständigung in Alltagssituationen, sondern es soll auch zu einem besseren und tieferen Verständnis für die Lebensart und Denkweisen der Menschen des Zielsprachenraums sowie ihres kulturellen Erbes und zugleich der eigenen „Welt" führen.

5.1 Das zweifache Ziel des Tertiärsprachenunterrichts: Erweiterung des deklarativen Sprachwissens und der Sprachlernerfahrungen

5.1.1 Interferenz oder Transfer als Ausgangspunkt?

Bei den Überlegungen zur Entwicklung einer Tertiärsprachendidaktik steht zunächst nicht die Frage nach den Unterschieden zwischen den Elementen, Einheiten und Strukturen der Sprachen im Vordergrund. Diese wurden in den frühen Entwürfen der Kontrastiven Linguistik als Hauptursache für das Entstehen von Fehlern in der neu zu erlernenden Sprache angesehen (*Interferenz*), weshalb man für den Fremdsprachenunterricht forderte, die Sprachsysteme klar voneinander getrennt zu lehren und zu erlernen.

Wenn wir im Mehrsprachigkeitskonzept davon ausgehen, dass es *eine* grundlegende menschliche Sprachfähigkeit gibt (s. Kapitel 4.2.2), die durch das Fremdsprachenlernen entfaltet und differenziert wird, dann kommt dem Aspekt des *Transfers* eine Leitfunktion zu (s. Kapitel 1.4.2): Wo kann man beim Fremdsprachenlernen an schon vorhandenes Sprachwissen, an Erfahrungen mit Sprache(n) und Erfahrungen mit dem Erlernen von Sprachen anknüpfen und diese erweitern?

Transfer bezieht sich deshalb im Mehrsprachigkeitskonzept vor allem auf zwei Dimensionen:

5.1.1.1 Transferbereich 1: Erweiterung des Sprachbesitzes

Ausgangspunkt ist die Frage, wie man zwischen der Muttersprache (L1), der ersten Fremdsprache (L2) und der neu zu erlernenden Sprache (L3) „Transferbrücken bauen" kann (Meissner 2000): Welche Elemente, Einheiten und Strukturen von L1 und L2 können mit vergleichbaren Elementen, Einheiten und Strukturen der Tertiärsprache (L3) in Beziehung gesetzt und verbunden werden? Was löst bei der Beschäftigung mit der neuen Sprache einen „Wiedererkennenstransfer" aus?

Beim Bau dieser „Transferbrücken" spielen zunächst Aspekte der sprachtypologischen Verwandtschaft von L1–L2–L3 eine grundlegende Rolle, im Bereich des Wortschatzes auch Fragen der Intensität des Sprachkontakts (Aufnahme von Internationalismen und Lehnwörtern). Wenn enge sprachtypologische Verwandtschaft und intensiver Sprachkontakt bestehen – wie dies bei Englisch und Deutsch der Fall ist –, dann ergeben sich aufgrund von gleichen oder ähnlichen Sprachphänomenen relativ breit entfaltete, vom Lernenden selbst gut erkennbare *Übergänge zwischen den Sprachen*, die diesen Wiedererkennenstransfer in Form von Hypothesenbildung zu Ähnlichkeiten (in Sprachform und -bedeutung) auslösen.

Diesen „stummen" Prozess der Hypothesenbildung zu erkennbaren sprachlichen Ähnlichkeiten (und in ihrem Gefolge auch zu Unterschieden) „ans Licht zu bringen" und die Lernenden immer wieder anzuregen, über diese Wahrnehmungen an der neu zu lernenden Sprache zu sprechen, ist ein wesentliches Merkmal der Spracharbeit im Tertiärsprachenunterricht.

Dabei scheint es für das Tertiärsprachenlernen relativ unerheblich zu sein, ob diese Transferbrücken zwischen L1 und L3 oder zwischen L2 und L3 gebaut werden können.

Entscheidend ist, dass dadurch in L3 allmählich ein Verstehensspielraum entsteht, den man immer weiter ausbauen kann, indem man Erkennbares und Bekanntes aktiviert, aber auch Unterschiedliches und Gegensätzliches anlagert und integriert.

Nachdrücklich ist anzumerken, dass die Aktivierung von „transferfähigen" Elementen, Einheiten und Strukturen aus den vorher gelernten Sprachen in erster Linie auf die *Entfaltung des Verstehens* (vor allem des Leseverstehens) ausgerichtet ist. Die unmittelbare Übertragung dessen, was man von anderen Sprachen her kennt und verstanden hat, auf den Bereich der Äußerung (mündlich oder schriftlich) in der neuen Sprache ist jedoch nicht ohne Weiteres möglich. Zwischen Verstehen und Äußerung muss ein intensiver Prozess der Besprechung und Bewusstmachung von Ähnlichkeiten und Unterschieden und der Einübung von korrekten Äußerungsmustern (z. B. Redemittel, richtig ausgesprochen) in der neuen Zielsprache erfolgen. Sonst besteht die Gefahr, dass bei der direkten Übertragung viele Fehler gemacht werden (Interferenzen), die die Verständlichkeit einer Äußerung nachhaltig stören können – wenn jemand z. B. die neu zu erlernende Sprache Deutsch mit einem starken muttersprachlichen oder englischen Akzent spricht.

5.1.1.2 Transferbereich 2: Erweiterung des Sprach*lern*bewusstseins durch Besprechung von Sprach*lern*prozessen und Sprach*lern*erfahrungen

Wenn man bei schon vorhandenen Fremdsprachenlernerfahrungen anknüpfen und diese gezielt im Hinblick auf effizientes und selbstverantwortetes Lernen erweitern will, muss man die *Verarbeitungsprozesse beim Fremdsprachenlernen* genauer betrachten.

Um z. B. Hilfen zum effizienten Wortschatzlernen zu entwickeln, muss man sich nicht nur mit linguistischen Fragen des Sprachvergleichs beschäftigen (Ermittlung gleicher/ähnlicher Wortbedeutung und der „falschen Freunde"), sondern nicht weniger intensiv auch mit psycholinguistischen Fragen: Wie ist das mentale Lexikon beschaffen? Wie gehen Aufnahme, Speicherung und Aktivierung von sprachlichen Bedeutungseinheiten vor sich? (S. dazu Kapitel 6.2.)

Hinweis

Transfer bedeutet im Bereich des Tertiärsprachenunterrichts: Sprachlernerfahrungen, die beim Erlernen der Muttersprache und vor allem der ersten Fremdsprache gemacht wurden, aufzugreifen, bewusst zu machen, zu besprechen sowie ggf. zu erweitern und zu differenzieren.

Wenn die Aussage ernst gemeint ist, dass das Lernen in der Schule „auf das Leben vorbereiten" soll, und wenn Fremdsprachenkenntnissen für beruflichen Erfolg und Freizeitgestaltung, aber auch für das Verstehen der „Anderen" und die Verständigung mit ihnen eine grundlegende Bedeutung zukommt, dann bedeutet das für den schulischen Fremdsprachenunterricht, dass er die Grundlagen für das lebenslange selbstständige Weiterlernen von Sprachen schaffen und die Lernenden dazu befähigen muss, ihren eigenen Fremdsprachenlernprozess zu durchschauen und ggf. selbstständig effizient zu gestalten.

Der bewusste Umgang mit

- Lerntechniken und Lernstrategien zur Verbesserung der Effizienz des Fremdsprachenlernens,
- Verstehens- und Kommunikationsstrategien zum effizienteren Einsatz des Gelernten

erweist sich aus dieser Perspektive als ein *eigenständiger und wichtiger Lernzielbereich* des Tertiärsprachenlernens.

Wie man Lernstrategien und Lerntechniken im Tertiärsprachenunterricht konkret üben kann, erfahren Sie in den folgenden Teilen dieser Fernstudieneinheit: zur Wortschatzarbeit (Kapitel 6.4), Grammatikarbeit (Kapitel 7.2.2 und Kapitel 7.2.3), Arbeit mit Aussprache und Rechtschreibung (Kapitel 8), Textarbeit (Kapitel 9.1.3, 9.2.3 und 9.4). Dort sind auch die Unterschiede zwischen der Verstehens- und der Mitteilungsebene aufgezeigt.

Mit der Frage, wie man das selbstständige Lernen im Tertiärsprachenunterricht fördern kann, befasst sich explizit Kapitel 10 zum Thema „Selbsteinschätzung".

Die von P. Bimmel und U. Rampillon erstellte Liste zu „Lernstrategien" und „Lerntechniken" finden Sie im Anhang 7 (S. 156f.).

5.2 Prinzipien der Tertiärsprachendidaktik

Aus den Überlegungen zu den Grundlagen des Mehrsprachigkeitskonzepts wird deutlich, dass es im Tertiärsprachenunterricht nicht darum geht, ein völlig neues didaktisch-methodisches Konzept zu entwickeln, sondern darum, *das fremdsprachendidaktische Gesamtkonzept im Hinblick auf die Besonderheiten des Lehrens und Erlernens von Folgefremdsprachen zu präzisieren und zu differenzieren.*

Bei der Ausgestaltung der Tertiärsprachendidaktik spielen eine Reihe von Faktoren eine Rolle, die für das Erlernen der Folgefremdsprache(n) charakteristisch sind:

a) **Die Besonderheit des sprachlichen und des landeskundlichen Lehrstoffs**

Bei der Konstellation Englisch (L2) und Deutsch (L3) ist es die sprachtypologische Nähe beider Sprachen, deren Berücksichtigung z. B. im Grammatikbereich zu einer Veränderung der Progression und zu einer spezifischen Auswahl und Gewichtung von Wortschatzbereichen führt (vgl. Kapitel 6 und 7).

b) **Die Besonderheit der Lerngruppe: ihre gruppenspezifischen und individuellen Merkmale**

Faktoren wie etwa die Muttersprache, das Lernalter, Lerntyp und Lernstil, Vorkenntnisse, Interessen etc. spielen bei der Entwicklung von Lehrangeboten und Lernverfahren eine wichtige Rolle (vgl. z. B. Kapitel 9 und 11).

c) **Die Lehrsituation**

Dazu gehören

- die geografische Nähe bzw. Distanz zum Zielsprachenraum, die Sprachensituation und die Sprachenpolitik im eigenen Land, die Abfolge der Fremdsprachen, die angeboten werden, und die Zeit, die zur Verfügung steht;
- die im eigenen Kulturkreis ausgeprägten Lehrverfahren und Lerntraditionen;
- die sprachliche und fachliche Kompetenz der Lehrenden sowie die Eignung der zur Verfügung stehenden Lehrmedien (Lehrwerke, technische Medien etc.).

Aus dieser Konstellation ergibt sich die Entwicklung *von angepassten Lehrmethoden und Lernverfahren* für den Tertiärsprachenunterricht und das Tertiärsprachenlernen.

Im folgenden Abschnitt werden fünf didaktische Prinzipien herausgestellt, die vor dem Hintergrund der jeweiligen regionalen bzw. lerngruppenspezifischen Gegebenheiten des Tertiärsprachenunterrichts angepasst werden müssen.

➤ **Prinzip 1: Kognitives Lehren und Lernen – Vergleichen und Besprechen**

Dieses Prinzip bezieht sich auf alle Bereiche des Tertiärsprachenunterrichts:

a) auf den bewussten **Vergleich der sprachlichen Phänomene** von L1–L2–L3, die bewusste Aktivierung der gemeinsamen sprachlichen Basis und die Anregung von Transfer. Das bedeutet: Ähnlichkeiten zwischen den Sprachen bewusst zur Kenntnis nehmen und einsetzen, sich mit den Unterschieden und Interferenzbereichen bewusst auseinandersetzen.

Beispiel:

Für die Sprachenkonstellation Italienisch (L1), Englisch (L2) und Deutsch (L3) steht zunächst der Wortschatz als Anknüpfungsbereich im Vordergrund (vgl. Kapitel 6):

- Über 600 deutsche Wörter kann man vom Englischen her über die gemeinsame Sprachwurzel erkennen. Sie erfassen viele Alltagsbereiche.

- Extensiv in allen drei Sprachen sind auch Internationalismen (lateinisch-griechischen Ursprungs) vertreten.

- Das Deutsche wie auch das Italienische sind in vielen Alltagsbereichen (Technologie, Kommunikation, Lifestyle, Werbung, Mode, Popkultur, Sport etc.) von einer Fülle von Anglizismen durchsetzt.

Darauf kann man z. B.

- bei der Auswahl von Themen eingehen und sich zunächst auf solche Themen konzentrieren, die einen hohen Anteil dieser Wortschatzbestände enthalten;

- bei der Entfaltung des Verstehenswortschatzes und des (globalen) Textverstehens zurückgreifen.

b) auf die bewusste **Wahrnehmung und die Besprechung von Unterschieden**, um Interferenzen zu vermeiden (z. B. „falsche Freunde" im Wortschatzbereich, Unterschiede in den Grammatikstrukturen, in Aussprache und Rechtschreibung.

Hinweis

(Beispiele dazu finden Sie in Kapitel 6.4.1.1, Kapitel 7.2.1 sowie Kapitel 8).

c) auf das bewusste **Besprechen von Lehr- und Lernerfahrungen** und der erwei-terten Möglichkeiten effizienten Sprachenlernens (Lernstrategien und -techniken; Anregung zu „intelligentem Lernen"; Einsatz von „allem, was man im Kopf hat").

Das bedeutet:

1. Besprechung des *Lernprodukts*: Was hast du gemacht? Was ist bei deiner Art von Lernen herausgekommen?

2. Besprechung des *Lernprozesses*: Wie hast du das gemacht? Wie könnte man das auch anders und eventuell effizienter machen?

Hinweis

(Beispiele hierzu finden Sie in den Kapiteln 6 bis 11.)

Dieses Verfahren des Vergleichens und Besprechens (Diskutieren, Anstellen von Vermutungen und Aufstellen von Hypothesen, Interpretieren, Einordnen, Ziehen von Schlussfolgerungen etc.) macht die Lernenden zu aktiven Entdeckern der „Welt der Sprachen", ihrer eigenen „Sprachenwelt im Kopf" und des eigenen Sprachlernprozesses. Die Lust am Entdecken zu aktivieren kann für das Sprachenlernen sehr motivierend sein und nachhaltig zur Belebung des Unterrichts beitragen.

Die immer wieder durchgeführte *Besprechung von Lernergebnis und Lernprozess* ist für den Tertiärsprachenunterricht außerordentlich wichtig, weil sie den Aspekt „Lernen lernen" nachhaltig fördert und auf das selbstständige Weiterlernen von Sprachen nach dem Ende der Schulzeit vorbereitet.

➤ Prinzip 2: Verstehen als Grundlage des Sprachenlernens; vom Verstehen zur Äußerung – Besprechen/Diskutieren

In dieser Fernstudieneinheit wurde bereits dargelegt, wie wichtig der Verstehensaspekt für das Tertiärsprachenlernen ist (vgl. Kapitel 4.1 und Kapitel 5.1). Er ist Grundlage und Ausgangspunkt für das Lernen im Allgemeinen und für das Fremdsprachenlernen im Besonderen. Dabei geht es um Fragen der Informationsaufnahme und -verarbeitung, um die Wahrnehmung, Integration und Verankerung des Neuen (Sprachelemente, Lernverfahren) in die Wissens- und Erfahrungsbestände, welche im Gedächtnis bereits vorhanden sind. Verstehen bedeutet also zunächst, Unbekanntes und Neues wahrzunehmen und mit Bekanntem und Vorhandenem so zu verbinden, dass daraus etwas „Sinnvolles" entsteht.

Verstehensorientierung bedeutet also auf der Ebene der Sprachsysteme, vorhandenes sprachliches Wissen zu aktivieren, Analogien bzw. Unterschiede zu erkennen, einzuordnen und auszuwerten, und neuen sprachlichen Elementen, Einheiten und Strukturen im Gedächtnis Halt zu geben (vgl. Kapitel 6.4.1 und Kapitel 7.2.2.1).

Verstehen bedeutet auf der Ebene der sprachlichen Fertigkeiten von Anfang an auch, sich intensiv und häufig mit Texten, vor allem Lesetexten, auseinanderzusetzen (vgl. Kapitel 9).

Wenn das Verstehen die Grundlage des Lernens ist, dann bedeutet dies, dass zunächst der Verstehensprozess breit entfaltet werden muss und dass der Lernweg vom Verstehen zur Äußerung führt.

Eine der Konsequenzen daraus für die Tertiärsprachendidaktik – wie auch generell für die Sprachdidaktik – ist, dass neben dem „kommunikativen", partnerbezogenen Sprechen (Alltagsdialoge und -situationen durchspielen) auch das „diskursive", sachbezogene Sprechen entfaltet wird: über einen sprachlichen/landeskundlichen Aspekt sprechen, mit dem man sich anhand von Texten auseinandersetzt; über den eigenen Lernprozess sprechen etc. Dieses diskursive Sprechen – das Diskutieren – muss also auch neben dem partnerbezogenen Sprechen im Tertiärsprachenunterricht bewusst geplant und geübt werden. Im Anfangsunterricht geschieht es zunächst in der Muttersprache.

➤ Prinzip 3: Inhaltsorientierung

Im Tertiärsprachenunterricht sind die Lernenden älter als beim Unterricht in der ersten Fremdsprache; in unserem Beispielmodell „Deutsch nach Englisch" sind das in der Regel bereits Jugendliche mit einer erweiterten Lernerfahrung und verändertem Lernverhalten (eher kognitiv als imitativ) und mit anderen Interessen. Es wäre deshalb für sie nicht sehr motivierend, wenn sie auch beim Erlernen der Tertiärsprache(n) immer wieder und vor allem mit denselben Themen „gefüttert" würden, die ihnen schon aus dem muttersprachlichen Anfangsunterricht und dem Anfangsunterricht in der ersten Fremdsprache geläufig sind und die den Erfahrungen jüngerer Lernender entsprechen –, insbesondere dann, wenn die Jugendlichen diese „Kinderthemen" auch noch spielerisch reproduzieren müssten.

Man kann annehmen, dass man Schüler leichter zum Erlernen einer Fremdsprache motivieren kann, wenn sie durch gut aufbereitete Materialien dazu angeregt werden, Themen, die sie selbst interessieren und zu denen sie aus ihrer eigenen Welt Erfahrung mitbringen, in der fremden Welt zu erkunden („Was ist ähnlich?/Was ist anders?") und dadurch auch die eigene Welt unter veränderten Perspektiven sehen lernen: „Woher kommen die Unterschiede zwischen der fremden und der eigenen Welt?"

Weil die Lernenden bei der Konstellation „Deutsch nach Englisch" von Anfang an Texte zu vielen Themen, die ihrem Alter und ihrem Interesse an der fremden Welt entsprechen, bei richtiger Auswahl und Gestaltung wegen des relativ breiten gemeinsamen Wortschatzes global verstehen, kann man mit ihnen schon im Anfangsunterricht andere als die für sie oft banalen „Kindergartenthemen" behandeln. Und man kann mit ihnen angemessene Aufgaben bearbeiten (z. B. Vergleichen/Besprechen/Diskutieren von sprachlichen und landeskundlichen Sachverhalten oder von Lernprozessen), die für sie vermutlich motivierend sind, weil sie zu eigenständigem und selbstentdeckendem Lernen anregen und den oft monotonen Übungsapparat des Fremdsprachenunterrichts (Lückentexte ergänzen/Sätze umformen usw.) nachhaltig erweitern.

➤ Prinzip 4: Textorientierung

Die Textorientierung ergibt sich aus den Prinzipien der Verstehens- und der Inhaltsorientierung, denn eine „fremde Welt" kommt im Fremdsprachenunterricht vor allem mediengebunden ins Spiel: über Lese- und Hörtexte, Bilder, Videos etc. Die Textarbeit – vor allem die Arbeit mit Lesetexten – hat deshalb von Anfang an einen wichtigen Platz gerade auch im Tertiärsprachenunterricht.

Entwickelt werden muss jedoch eine spezifische L3-Textdidaktik. Sie kann ganz unterschiedliche Ziele und Aufgaben erfüllen:

a) **Erarbeitung von Sprachsystemen** (z. B. in der Wortschatz- oder Grammatikarbeit) bzw. von Lesestrategien aus der vergleichenden Analyse von Texten in der Muttersprache (L1), der ersten Fremdsprache (L2) und der neuen Sprache (L3), die für den

L3-Unterricht als „synthetische Paralleltexte" zu bestimmten Sprachphänomenen verfasst werden.

b) **Entwicklung von globalen Lesestrategien** an authentischen Texten, die z. B. aus Themenbereichen genommen werden, in denen viel „gemeinsamer englisch-deutscher Wortschatz", Internationalismen und/oder Anglizismen auftreten.

c) **Entwicklung von selektiven Lesestrategien** an authentischen Textsorten, die einen selektiven Lesestil verlangen und zugleich viele Internationalismen und/oder Anglizismen enthalten.

Hinweis   Im Kapitel 9 finden Sie Beispiele zum Prinzip „Textorientierung".

➤ Prinzip 5: Effiziente Gestaltung des Lernprozesses – Ökonomisierung des Lernprozesses, Aktivierung der Lernenden

Ökonomisierung des Lernprozesses

Weil man in der Schule im L3-Unterricht bei insgesamt weniger zur Verfügung stehender Zeit dennoch annähernd dasselbe Sprachniveau wie in L2 erreichen will, muss man „konzentrierter bei der Sache" sein.
Die traditionelle Antwort der Fremdsprachendidaktik auf diese Anforderung lautet: Beschränkung auf die wichtigen Aspekte des Lehrstoffs (Grammatik), schnellere und kompaktere Durchnahme des Lehrstoffs, weniger Zeit für Übungen, kaum Zeit für Wiederholung. Dies führt aber oft zur Demotivierung der Lernenden und damit nicht zum angestrebten Ziel.

Auch im Tertiärsprachenunterricht, aus den genannten didaktischen Prinzipien entwickelt, muss man „konzentriert bei der Sache" sein. Ziel ist dabei jedoch nicht in erster Linie, den Lehrstoff zu „komprimieren" und „durchzupauken", sondern vielmehr zeitsparende und effiziente Lehr- und Lernverfahren zu entwickeln.

Dazu einige **Beispiele für „Deutsch nach Englisch"**:

a) **Lehrverfahren:**
- Man kann z. B. den ganzen Bereich des „gemeinsamen Wortschatzes" ohne aufwendige Semantisierungsverfahren erarbeiten, indem man für die relevanten Themenbereiche bzw. Wortfelder mit den Lernenden zusammen ein zweisprachig beschriftetes (auch dreisprachig, wenn es sinnvoll ist, L1 einzubeziehen) *Bildwörterbuch* entwickelt. Auf dieses kann man dann immer wieder zurückgreifen und es mit neuen, nur in L3 vorkommenden Wörtern zu den entsprechenden Wortfeldern ergänzen. Dies führt zum effizienten Wortschatzlernen (Einbettung von neuem Wortschatz in einen bekannten Bedeutungskontext).
- Zwischen Englisch und Deutsch gibt es im Grammatikbereich ein großes Feld von Gemeinsamkeiten, vor allem im elementaren Bereich, den man durch bewusste Parallelführung beider Sprachen ohne Schwierigkeiten erarbeiten kann.
- Auch das bewusste Besprechen von Unterschieden und interferenzanfälligen Bereichen (und das anschließende intensive Einüben der Sprachphänomene im zielsprachlichen Kontext, z. B. beim Aussprachetraining) dient dazu, Zeit zu sparen und das Lernen effizienter zu gestalten.

b) **Lernverfahren:**
- Als effizient kann sich das bewusste Besprechen und Erproben von neuen Lerntechniken und -strategien erweisen.
- Wichtig ist in diesem Zusammenhang auch die Anleitung zur selbstständigen Arbeit mit Hilfsmitteln (Wörterbüchern, Nachschlagewerken, Internet etc.).

Aktivierung der Lernenden

Die zuletzt genannten Aspekte machen deutlich, dass es ein ganz wesentliches Ziel besonders auch des Tertiärsprachenunterrichts ist, die Lernenden als „aktiv Handelnde" in das Lehren und Lernen einzubeziehen (und sie nicht als „leere Gefäße zu betrachten, die mit reproduzierbarem Wissen angefüllt werden müssen").

Die Lernenden zu aktivieren bedeutet z. B.,
- sie zum Nachdenken, Vergleichen, Diskutieren, Besprechen, Weiterfragen, Experi-

mentieren und Ausprobieren, zu Selbstständigkeit im Lernen und zur Zusammenarbeit anzuregen (miteinander lernen, Kontakte nach außen knüpfen und reale Erfahrungen mit dem Gebrauch der Fremdsprache machen);

- mit den Lernenden immer wieder *induktive* Verfahren des Lernens an gut vorbereiteten Materialien durchzuführen, z. B. die selbstständige Erarbeitung von sprachlichen Regularitäten, das sogenannte S-O-S-Verfahren: Sammeln, Ordnen, Systematisieren (s. Beispiele dazu in Kapitel 7.2.3.1).

Hinweis

Das alles hat mit Motivation zu tun – Interesse an einer Sache gewinnen und sich ihr widmen.

Die **Gründe für Motivation** können sehr vielfältig sein. Sie können für manche Lernende z. B.

- „in der Sache" liegen: im Interesse an Sprachen/am Lernen und der effizienteren Gestaltung des eigenen Lernprozesses;
- im Wunsch nach guten Noten oder in der Lehrperson begründet sein: der Lehrerin/ dem Lehrer gefallen wollen;
- aus der Unterrichtsgestaltung entstehen: gutes Arbeitsklima, attraktives Lehrmaterial im Unterricht;
- ein Erfolgserlebnis im Unterricht sein: „Ich verstehe die Aufgaben und kann sie bewältigen!" oder eines außerhalb des Klassenzimmers: „Ich kann mich in Geschäften verständlich machen";
- aus der Anregung der eigenen Fantasie entstehen: Die Lernenden können sich in die fremde Welt hineinversetzen/sich mit ihr auseinandersetzen;
- aus eigenen Erfahrungen mit der Zielsprache erwachsen: aus dem Sprachgebrauch im eigenen sozialen Umfeld, einem Aufenthalt im Zielsprachenland, aus persönlichen Kontakten zum Zielsprachenland.

Vor allem mit älteren Schülern ist es möglich,

- den „stummen Lernprozess im Kopf" im Unterricht zur Sprache zu bringen (bewusstes Lernen);
- nicht nur das Lernergebnis ernst zu nehmen, sondern auch den Lernprozess zu besprechen („Lernen lernen");
- anzuregen, dass sie sich das selbst erarbeiten, was wir ihnen sonst oft als „Lernfutter zum Wiederkäuen" vorsetzen. Das gelingt, wenn wir ihnen geeignetes Lernmaterial anbieten und mit ihnen immer wieder besprechen, wie man sich die Sachen selbst erarbeiten kann (induktives Lernen, Nutzung von Hilfsmitteln).

5.3 Das besondere Profil der Tertiärsprachendidaktik bei der Konstellation „Deutsch nach Englisch"

Aus den Überlegungen in Kapitel 5.1 und 5.2 folgt zwingend eine im Vergleich zur ersten Fremdsprache veränderte Planung und Gestaltung des Unterrichts in der Tertiärsprache.

5.3.1 Die veränderte Progression der Lehrstoffe – vor allem im Anfangsunterricht

Wenn man den Begriff „Transfer" ernst nimmt, ergeben sich daraus deutliche Konsequenzen für die Planung und Gestaltung des Unterrichts in Deutsch als zweiter Fremdsprache, vor allem im Elementarbereich. Diese **Auswirkungen auf die Kursplanung, die Lehrmaterialien und die Unterrichtsgestaltung** werden im Folgenden stichwortartig genannt:

- Die Grammatikprogression verändert sich: Gemeinsames vorziehen/Unterschiedliches bewusst machen.

- Semantische Aspekte rücken in den Vordergrund: Nutzung des Potenzials des „gemeinsamen englisch-deutschen Wortschatzes" von Anfang an, vordringliche Erarbeitung dieses Wortschatzbereichs.
- Grundlage des Sprachunterrichts ist die Textarbeit: Schwerpunkt auf Leseverstehen.
- Interessante Themen können von Anfang an angeboten werden.
- Eine andersartige Präsentation und Erarbeitung mancher Lehrstoffe wird möglich, z. B. zweisprachig oder dreisprachig.
- Aktive Einbeziehung der Lernenden: induktive Lernverfahren.
- Charakteristisch ist ein „kognitiver Arbeitsstil": Vergleichen/Besprechen etc.
- Spezifische Aufgaben und Übungen können auf der Grundlage der Mehrsprachigkeit entwickelt werden.
- Die Besprechung des Lernprozesses (Lerntechniken und -strategien) und die Frage nach der effizienten Gestaltung des selbst organisierten und selbst verantworteten Lernens sind ein wesentliches Element.

5.3.2 Veränderung der Profilbildung bei der Entwicklung der sprachlichen Fertigkeiten

- Das Textverstehen – Hörverstehen und Leseverstehen – als Grundlage für die Entfaltung des Sprachlernprozesses
- Diskursives neben partnerbezogenem Sprechen
- Bewusste Schulung der Aussprache mithilfe des „gemeinsamen englisch-deutschen Wortschatzes", um einen „englischen Akzent" im Deutschen zu vermeiden

---

Aufgabe 16

Wenn Sie selbst im Tertiärsprachenbereich unterrichten oder selbst eine 2. oder 3. oder eine weitere Fremdsprache im schulischen Bereich erlernt haben, haben Sie vermutlich auch die Erfahrung gemacht, dass speziell für Ihren Unterricht bzw. für Sie als Lernende/Lernenden einige der genannten Prinzipien eine besondere Rolle spielen.

*Kreuzen Sie bitte unten an, welche der aufgelisteten Stichwörter für **Sie** besonders wichtig sind. Auf diese Weise wird das „spezifische Profil" Ihrer eigenen Lehr- bzw. Lernerfahrungen im Tertiärsprachenbereich deutlich.*

Transfer ☐
(Alles aktivieren, was man schon an Sprachen und an Sprachlernerfahrungen „im Kopf" hat)

Interferenz ☐
(Bewusstsein davon, dass in der neu zu erlernenden Sprache bestimmte Fehler durch die „Einmischung" von Elementen aus schon vorhandenen Sprachen entstehen)

Kognitives Lernen ☐
(Sprachliche Phänomene und Lernprozesse vergleichen und besprechen)

Verstehen als Grundlage des Sprachenlernens ☐

Inhaltsorientierung ☐

Textorientierung ☐

Effiziente Gestaltung des Lernprozesses: Ökonomisierung ☐

Aktivierung der Lernenden ☐

Welche weiteren Aspekte sind Ihnen noch wichtig? Gehen Sie ggf. die Stichwörter im Kapitel 5.2 (S. 41ff.) noch einmal durch.

———————————————————————————

———————————————————————————

———————————————————————————

———————————————————————————

———————————————————————————

Nach der Besprechung der Grundlagen und Prinzipien des Tertiärsprachenlehrens und -lernens wenden wir uns im folgenden Teil II *Anwendung* besonderen „Brennpunkten" der Tertiärsprachendidaktik und -methodik zu:

– der Wortschatzarbeit (Kap. 6)
– der Grammatikarbeit (Kap. 7)
– der Arbeit mit Aussprache und Rechtschreibung (Kap. 8)
– der Textarbeit (Kap. 9)
– der Selbsteinschätzung des Lernprozesses und des Lernerfolgs durch die Lernenden (Kap. 10)
– der Gestaltung des Anfangsunterrichts (Kap. 11).

Teil II: Anwendung

6 Wortschatzarbeit

6.1 Zur Einführung

Wortschatzarbeit im Tertiärsprachenunterricht ist in das Konzept der kommunikativ-interkulturellen Fremdsprachendidaktik und -methodik eingebettet (vgl. Neuner/Hunfeld 1993, Kap. 6 u. 7; Trim/North/Coste 2001).

In der vorliegenden Fernstudieneinheit wird explizit die Konstellation „Deutsch nach Englisch" berücksichtigt. Da es zwischen Englisch und Deutsch vor allem im Wortschatzbereich vielfältige Überschneidungen und Anknüpfungspunkte gibt (vgl. Kapitel 4.1), gehört das Lernen und Behalten neuer Wörter zu den wichtigsten Bereichen, die bei dieser Sprachenkonstellation entfaltet werden können.

Im kommunikativ-interkulturellen Konzept – wie auch in der Tertiärsprachendidaktik – ist die Wortschatzarbeit aber nicht Selbstzweck, sondern

- sie dient der Entfaltung der sprachlichen Kommunikationsfähigkeit (Hören/Sprechen/Lesen/Schreiben) in der Zielsprache und

- sie ist ein grundlegendes Element der Begegnung mit der Welt der Zielsprache Deutsch (interkultureller Aspekt).

In dieser Fernstudieneinheit gehen wir speziell auf das Erlernen einer zweiten Fremdsprache ein. Für allgemeine Informationen zur Wortschatzarbeit empfehlen wir Ihnen auch die Fernstudieneinheit 8: *Wortschatzarbeit und Bedeutungsvermittlung* von B.-D. Müller und die Fernstudieneinheit 22: *Probleme der Wortschatzarbeit* von R. Bohn.

Aufgabe 17

> *Lassen Sie Ihren Wortschatzunterricht Revue passieren und listen Sie bitte die Übungen, Hilfestellungen und Regeln auf, mit denen Sie Ihren Lernenden das Vokabellernen erleichtern. Überlegen Sie, ob Sie dabei die anderen Fremdsprachen Ihrer Lernenden mit einbeziehen, egal ob zum Vergleich von Ähnlichkeiten mit dem Deutschen oder als Kontrast dazu.*

Im Folgenden konzentrieren wir uns auf Aspekte des Anfangsunterrichts, denn es zeigt sich bereits in frühen Erwerbsphasen einer neuen Fremdsprache, wie vielfältig die Zugänge zu dieser über eine früher gelernte Fremdsprache sind.

6.2 Wie wir uns neue Wörter merken, wie wir sie behalten und im Gedächtnis wiederfinden

Aufgabe 18

Sehen Sie sich die folgenden Wörter an. Wie heißen sie auf Deutsch?

	Deutsch?		Deutsch?
la tarta (Ital.)		el bistec (Span.)	
apteka (Poln.)		la confiture (Franz.)	
regal (Poln.)		le médecin (Franz.)	

Wie Aufgabe 18 zeigt, spielt offenbar das Herstellen von Zusammenhängen im Gedächtnis beim Wortschatzlernen (Aufnehmen, Behalten, Aktivieren) eine entscheidende Rolle.

Solche Zusammenhänge können sich auf sehr unterschiedliche Aspekte und Bereiche beziehen. Dabei sind vor allem zu nennen:

- Wir stellen einen Bezug zwischen Wörtern der Zielsprache und Wörtern der Muttersprache oder einer anderen Sprache her, die wir „im Kopf haben": z. B. poln. *apteka* → dt. *Apotheke*.
- Wir verknüpfen typische Wörter mit dazugehörenden Situationen bzw. Handlungszusammenhängen.
- Wir ordnen Wörter einem bestimmten Wortfeld oder einer bestimmten Wortfamilie zu.
- Wir bauen Wörter in bestimmte feste Wortverbindungen ein.
- Wir verknüpfen Abstraktes (z. B. eine Buchstaben- oder Silbenfolge) mit Konkretem (z. B. Bildvorstellungen).
- Wir verbinden neue Wörter mit vorhandenen Erinnerungen und können ihnen z. B. eine emotionale Färbung geben.

Aufgabe 19

Fassen Sie in Stichworten zusammen, was Ihnen bei der Lösung von Aufgabe 18 geholfen hat. Welche Zusammenhänge haben Sie in Ihrem Gedächtnis hergestellt?

la tarta _____

apteka _____

regal _____

el bistec _____

la confiture _____

le médecin _____

Wir nehmen also immer auf schon vorhandene eigenkulturelle, individuell konzeptualisierte und muttersprachlich vorstrukturierte Erfahrungen und Wissensbestände Bezug, wenn wir eine neue Wortbedeutung in der Fremdsprache verstehen und in unserem Gedächtnis verankern wollen.

Damit ein neues Wort einen „Ankerplatz" im Gedächtnis findet, muss es an vorhandene Elemente „angedockt" bzw. in Strukturen und Kontexte eingebunden werden. Wenn es diesen festen Halt (im Langzeitgedächtnis) nicht bekommt, wird es bald wieder (aus dem Kurzzeitgedächtnis) „verloren gehen", d. h. vergessen werden.

Aufgabe 20

Wie kann man die folgenden deutschen Wörter am effektivsten lernen? Können Sie Zusammenhänge/Gruppen o. Ä. herstellen? Schreiben Sie diese in den Schreibkasten. Denken Sie auch daran, wie Ihnen andere Sprachen bei der Lösung der Aufgabe behilflich sein könnten.

Salz	Winter	Mund	schwimmen
Hand	danke	heiß	Pfeffer
Nase	Sommer	kalt	Tomate
Salat	Ohr	bitte	Ski fahren

Salz – Pfeffer – Tomate – . . .

Beim Erlernen mehrerer Sprachen wird ein ganz spezifisch strukturiertes *mentales Lexikon* immer weiterentwickelt und differenziert (s. Kapitel 4.1.5). Dieses mentale Lexikon besteht jedoch nicht aus einzelnen Segmenten für die verschiedenen Sprachen. Vielmehr kann man es sich als ein integriertes Netzwerk „im Kopf" vorstellen, in dem der Wortschatz (und auch die anderen Sprachsysteme) der Muttersprache und anderer Sprachen miteinander verwoben ist. Hier sind Wörter durch unterschiedliche, z. T. sprachenübergreifende Knoten (Strukturen und Kontexte) verknüpft und finden dadurch „Halt".

Wie geschieht die Verankerung eines neuen Wortes im Gedächtnis?

Es gibt viele verschiedene Möglichkeiten, einem neuen Wort im Gedächtnis „Halt" zu geben:

a) Sensorische Merkmale, vor allem Visualisierung

Das sind Merkmale eines neuen Wortes, die unsere *Sinne* ansprechen (Sehen – Hören – Riechen – Schmecken – Fühlen/Tasten), wobei insbesondere visuelle Sinneswahrnehmungen dazu beitragen, dass wir uns von einem neuen Wort ein „Vorstellungsbild" machen.

Aufgabe 21

> *Zeichnen Sie auf ein Blatt Papier einen Baum. Sie haben nur eine Minute Zeit.*
>
> *Bitten Sie anschließend jemand anderen, auch einen Baum zu zeichnen. Zeigen Sie ihr/ihm aber nicht Ihren eigenen Baum!*

Sie haben bestimmt festgestellt, dass die Bäume auf beiden Zeichnungen nicht identisch sind. Die Gestalt dieser „Bilder" ist erfahrungsabhängig – und kann deshalb zu ganz unterschiedlichen kulturspezifischen bzw. individuellen Ausprägungen führen. Wer z. B. in einer tropischen Umwelt lebt, wird ein ganz anderes Vorstellungsbild von einem „Baum" entwickeln als jemand, der sein Leben in Nordeuropa zubringt.

Aufgabe 22

> *1) Was fällt Ihnen zum Begriff „Geburtstag" ein? Sammeln Sie ca. drei Minuten lang Assoziationen und notieren Sie diese hier.*
>
> *2) Beurteilen Sie nun, wie oft welche Sinne bei Ihrer Sammlung von Assoziationen beteiligt waren, z. B. in Prozent (von 100 %).*
>
> Sehen _____ %
>
> Hören _____ %
>
> Schmecken _____ %
>
> Fühlen/ Tasten _____ %
>
> Riechen _____ %

Als grundlegendes Prinzip der Fremdsprachendidaktik gilt die Kombination von Bild und Begriff seit der Formulierung der „Audiovisuellen Methode" (AVM) in den 1960er-Jahren.

Mehr darüber erfahren Sie in der Fernstudieneinheit 4: *Methoden des fremdsprachlichen Deutschunterrichts*. Eine Einführung von G. Neuner und H. Hunfeld.

⟹

b) Beziehungsmerkmale

Oft bezieht sich diese Art der Einbettung auf die systematische Eingliederung in ein Ordnungsschema (z. B. Ober- und Unterbegriffe, Reihen, Antonyme/Synonyme).

- *Hierarchisierung*: Ober- und Unterbegriffe

  Getränke: ohne Alkohol – Wasser, Saft ...
  Getränke: mit Alkohol – Gin, Bier ...

- *Reihengliederung*: Abstufungen

  Mir geht es ausgezeichnet/sehr gut/gut/ganz gut/nicht gut/schlecht/elend/furchtbar.

- *Gegensatzpaare/Antonyme*:

  alt – neu/alt – jung/früh – spät ...

- *Ähnlichkeitsbeziehungen/Synonyme*:

  Haus: Einfamilienhaus, Bungalow, Villa, Bude, Hütte usw.

c) Verhaltens-, Handlungs- und Situationsmerkmale

Diese beziehen sich auf typische Alltagssituationen, Tätigkeiten oder Geschehensabläufe.

Wenn diese so angeordnet und dargestellt sind, wie sie unserer eigenen Erfahrung nach zusammengehören, fällt es uns erheblich leichter, die dazugehörenden fremdsprachlichen Wörter aufzunehmen.

Der folgende Lehrbuchausschnitt enthält zwei voneinander unabhängige Übungen zum Behalten von Wörtern ohne und mithilfe von Erfahrungszusammenhängen.

Beispiel

1.1 Bilden Sie zwei Gruppen. Gruppe A betrachtet Bild A, Gruppe B Bild B. Sie haben zehn Sekunden Zeit. Schließen Sie die Bücher. Sprechen Sie in Ihrer Sprache: Was ist auf dem Bild?

1.2 Jetzt lernen Sie bitte die Wörter. Gruppe A lernt Liste A. Gruppe B lernt Liste B. Welche Gruppe hat mehr Wörter gelernt?

Liste A ....   Liste B ....

Schule	Norden	Verb
Adjektiv	Kurs	Süden
Kursteilnehmer	Osten	Nomen
Westen	Pronomen	Lehrer

Westen	Lehrer	Pronomen
Osten	Kursteilnehmer	Nomen
Süden	Kurs	Adjektiv
Norden	Schule	Verb

Funk/Koenig (1996), 40

Aus Erfahrung wissen wir auch, dass in bestimmten Alltagssituationen eine ganz bestimmte Sprachverwendung vorkommt.

Aufgabe 23

> *Stellen Sie sich vor, Sie wären am Bahnhof. Welche Textsorten würden Sie nach Ihrer Erfahrung erwarten? Notieren Sie hier:*
>
> _____
>
> _____
>
> _____
>
> _____
>
> _____
>
> _____

d) Episodische Merkmale/sprachliche Auffälligkeiten

Auf unser Gedächtnis wirken insbesondere solche Erlebnisse nachhaltig, die uns *emotional* oder *affektiv** angesprochen haben. Wenn wir beim Wortschatzlernen auf ein bestimmtes *Erinnerungssignal* stoßen, werden entsprechende *Erinnerungsgeschichten* aktiviert, in denen das neue Wort „Halt" finden kann.

Es gibt z. T. auch solche sprachliche Merkmale, die dazu führen, dass uns neue Wörter in der fremden Sprache „merkwürdig" vorkommen: ungewöhnliche Laut- oder Buchstabenfolgen oder scheinbare Ähnlichkeiten mit dem Klang eines Wortes in unserer Muttersprache. Oft sind diese „Merkwürdigkeiten" für uns Anlass, sogenannte *Eselsbrücken*, d. h. individuelle Geschichten oder Reime, zu bauen, in denen das neue Wort „Halt" findet.

Beispiel

> „Das türkische Wort für ‚Blumengeschäft' ist *cücük evi* (‚Blumen-Haus'). Im Deutschen gibt es einen Mädchennamen, der ähnlich klingt: *Eva*. Ich kenne ein Mädchen, das Eva heißt und das ich gerne mag. Ich stelle mir immer vor, dass Eva aus dem Fenster eines Hauses mit vielen Blumen herausschaut. So kann ich mir das türkische Wort *cücük evi* ganz leicht merken."

Wir kommen auf diese und andere Gedächtnisphänomene zurück, wenn wir uns mit der Frage beschäftigen, wie wir Wortschatz zum aktiven Sprachgebrauch (*Mitteilungswortschatz*) effizient lehren und lernen können.

6.3 Welcher Wortschatz ist wichtig? – Grundwortschatz und Auswahlkriterien

Grundsätzlich ist aus der Perspektive des Wortschatzbestandes zu unterscheiden zwischen

a) **strukturellem Wortschatz**:
   Artikel, Präpositionen, Pronomina, Zahlwörter, Adverbien, Konjunktionen

b) **Inhaltswortschatz**:
   Beim Inhaltswortschatz unterscheidet man zwischen
   - Wortschatz zu allgemeinen Begriffen wie „Zeit", „Raum", „Quantität", „Qualität", „Relationen";
   - Wortschatz zu spezifischen Begriffen wie „Arbeit", „Freizeit", „Wohnen", „Reisen" usw.

Literaturhinweis

Ausführliche Listen zu beiden Bereichen finden Sie in: Baldegger/Müller/Schneider (1981) und bei Glaboniat u. a. (2005).

Als **Kriterien für die Auswahl des Wortschatzes** werden meistens genannt:

➤ **Häufigkeit (Frequenz)**

Selbstverständlich ist die Häufigkeit eines Wortes in Texten ein wichtiger Indikator für seine Aufnahme in den Grundwortschatz. Es gibt jedoch auch eine Reihe gravierender Einwände dagegen, weil die Frequenz zum einen stark von der untersuchten Textsorte abhängt und das Textverstehen natürlich nicht nur von den stark frequenten Wörtern (z. B. Strukturwörtern), sondern auch vom Inhaltswortschatz mit niedrigerer Frequenz abhängig ist.

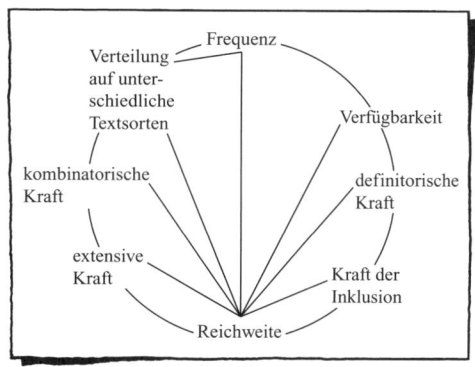

nach: Neuner (1991), 78

➤ **Reichweite**

Von Mackey/Savard (1967) und insbesondere von Savard (1970) wurde deshalb das Kriterium der „Reichweite" eingeführt. Hier spielen weitere Faktoren eine Rolle wie:

- die definitorische Kraft eines Wortes für andere Wörter;
- das Maß, in dem ein Wort andere Wörter ersetzen kann (Kraft der Inklusion);
- die Anzahl der Bedeutungsdefinitionen, die zu dem betreffenden Wort möglich sind (extensive Kraft);
- die Häufigkeit, mit der ein Wort in Komposita und Wortableitungen vorkommt (kombinatorische Kraft), z. B. *Spiel-feld/uhr/en/er/...*;
- die Verfügbarkeit, d. h. die Bindung an konkrete, dem Lernenden vertraute Verwendungszusammenhänge.

Im Begriff der „Reichweite" sind also neben sprachsystemorientierten Aspekten zum ersten Mal auch lernerorientierte Aspekte angedeutet. Aus der Perspektive der Lernenden kommen für die Bestimmung des Grundwortschatzes weitere Kriterien zum Tragen:

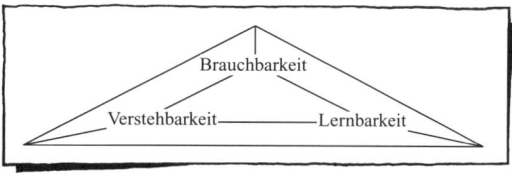

nach: Neuner (1991), 79

➤ **Brauchbarkeit**

Welchen Wortschatz braucht ein Schüler, der Deutsch lernt?

Für den durchschnittlichen Fremdsprachenlerner wurde eine Reihe von Listen mit Themen aus dem Alltag entwickelt. Diese Listen finden sich z. B. in der Beschreibung des *Zertifikats Deutsch* (Goethe-Institut 1999, 94ff.) oder in der *Kontaktschwelle Deutsch als Fremdsprache* (Baldegger/Müller/Schneider 1981, 233ff.).

Der *Gemeinsame Europäische Referenzrahmen für Sprachen* (Trimm/North/Coste 2001) ergänzt diese Publikationen, ohne einen verbindlichen Lernwortschatz vorzugeben. Der Referenzrahmen wurde mit dem Ziel entwickelt, das Lernerniveau in unterschiedlichen Sprachen vergleichbar zu machen. Wer also in Spanien Deutsch auf dem Niveau A2 produktiv beherrscht, der hat die gleichen Kenntnisse und Fähigkeiten wie ein polnischer Lernender auf dem A2-Niveau für Deutsch. Gleiches gilt für alle anderen Sprachen: A2 ist von den sprachlichen Fähigkeiten her gleich beschrieben, ob für Englisch, Türkisch oder Russisch, wobei die Lernenden aktiv in den Prozess der Niveaubestimmung integriert werden. Dabei steht immer die Frage im Mittelpunkt, was die Lernenden bereits können. Dies kann zu der Erkenntnis führen, dass wir für viele Bereiche unseres Lebens nicht alle Aspekte von Sprache brauchen. So muss ein Kellner vor allem die Fertigkeiten Hören und Sprechen in der fremdsprachlichen Kommunikation mit dem Gast einsetzen. Viele Wörter muss er nur verstehen, aber nicht selbst verwenden können.

Des Weiteren gibt der *Referenzrahmen* Auskunft darüber, was Lernende auf einem bestimmten Niveau können müssen. Dieses Sprachkönnen kann dann regional oder europaweit auch in sprachspezifisch entwickelten Tests wie denen zu den DaF-Prüfungen *Start Deutsch 1/2 (z)* oder *Fit in Deutsch* überprüft werden.

Die sog. Kann-Beschreibungen oder *Can-do-Formulierungen* helfen Lernenden, ihr Kenntnisniveau selbstständig einzuschätzen, sowie Lehrenden, die Progression ihres Unterrichts auf den Bedarf ihrer Klientel abzustimmen, und allen an der Entwicklung von Unterrichts- und Testmaterial Beteiligten mit einem für alle gültigen Instrument, das eine lerner- und bedarfsorientierte Zielsetzung des Unterrichts zur Grundlage hat.

Für die Auswahl des Wortschatzes, aber auch für andere Themen, wurde ein Werkzeug entwickelt, das einen leichten Zugriff auf möglichen relevanten Wortschatz auf einem bestimmten Niveau ermöglicht: *Profile Deutsch* (Glaboniat u. a. 2005). Per Computer und CD-ROM ist für die jeweiligen Lernenden Wortschatz auf einem bestimmten Niveau abrufbar. Dabei kann auch zwischen rezeptivem und produktivem Wortschatz unterschieden werden; eine Kontextualisierung der einzelnen Wörter ist stets auch vorhanden. Die entsprechenden Listen zum Wortschatz sind dabei nicht als unumstößliche Größe zu betrachten, sondern vielmehr als Auswahl relevanter Wörter und Ausdrücke, die je nach Bedarf angepasst werden können. Die Listen sind als Leitfaden bei der Wortschatzvermittlung gedacht.

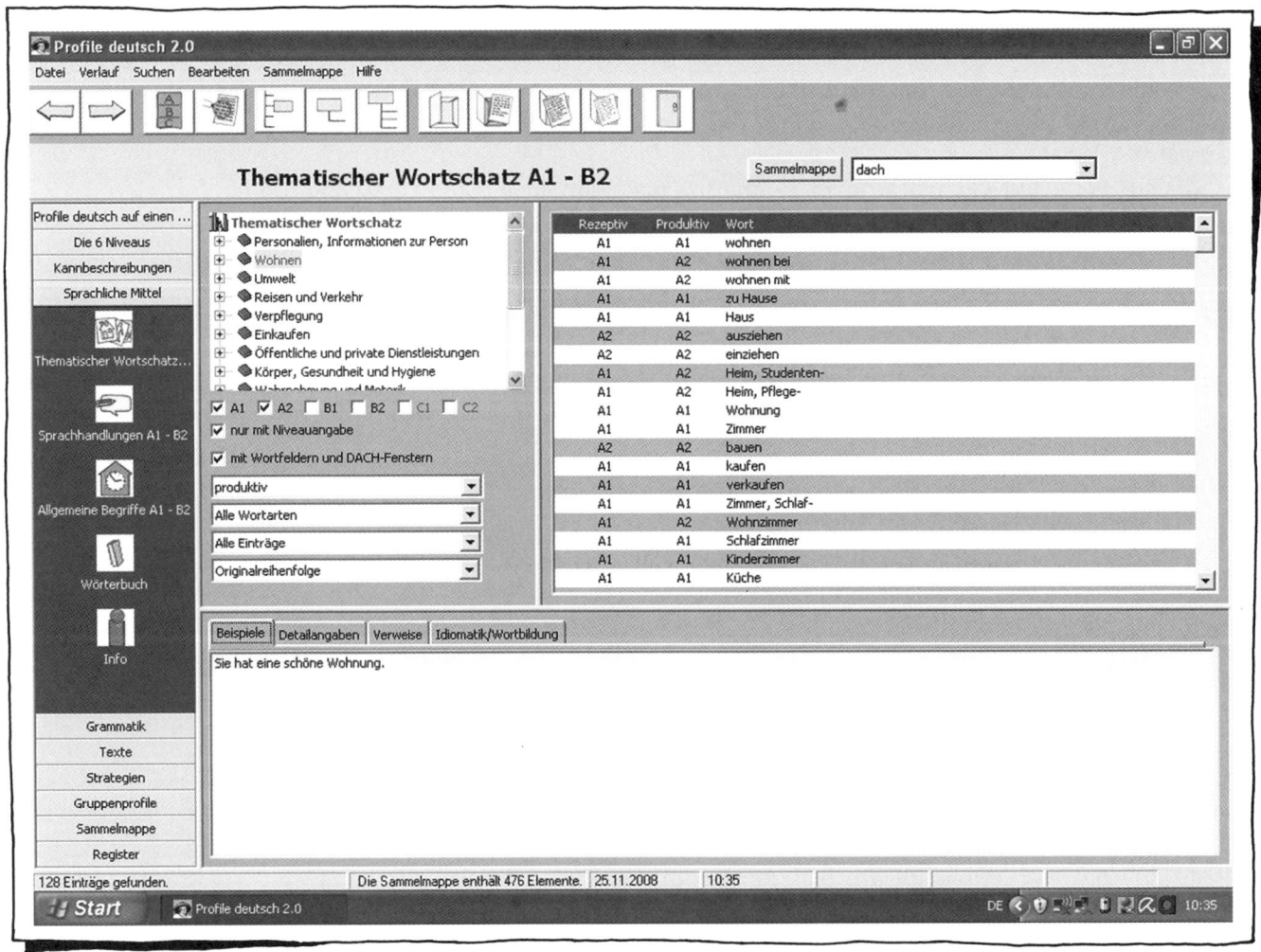

Glaboniat u. a. (2005): Screenshot aus der CD-ROM

➤ Verstehbarkeit: der „gemeinsame Wortschatz" von Englisch und Deutsch

Hier stoßen wir auf ein für den Tertiärsprachenunterricht ganz besonders wichtiges zusätzliches Kriterium. Einige Wörter der Zielsprache können wir von unserer

Muttersprache bzw. von der ersten Fremdsprache (L2) her verstehen. Besonders in den ersten Stunden des Fremdsprachenunterrichts zeigt sich ein sanfter Zugang zur fremden Sprache über eine Reihe von leicht verstehbaren Wörtern als außerordentlich motivierender Faktor.

Dass wir mithilfe englischer Wörter vieles im Deutschen verstehen können – und umgekehrt –, beruht auf verschiedenen Ursachen:

a) **Ähnlichkeiten im Wortschatz aufgrund der Sprachverwandtschaf**t:

Hinweis

Mehr als 600 Wörter umfasst die Liste des sog. „gemeinsamen englisch-deutschen Wortschatzes " (s. Anhang 2, S. 136ff.). Das sind deutsche Wörter, deren Bedeutung man aufgrund der relativ engen Verwandtschaft beider Sprachen von einem ähnlich gesprochenen und/oder geschriebenen Wort im Englischen ausgehend ohne Schwierigkeit erschließen kann.

b) **Internationalismen**:

Es handelt sich hier um Wörter meist lateinisch-griechischen Ursprungs, die außer im Englischen und Deutschen auch noch in anderen Sprachen vorkommen, z. B. *Taxi, Telefon, Start* etc. Viele von ihnen gehören zu den o. g. Bereichen der „Alltagsthemen" (den *spezifischen Begriffen*).

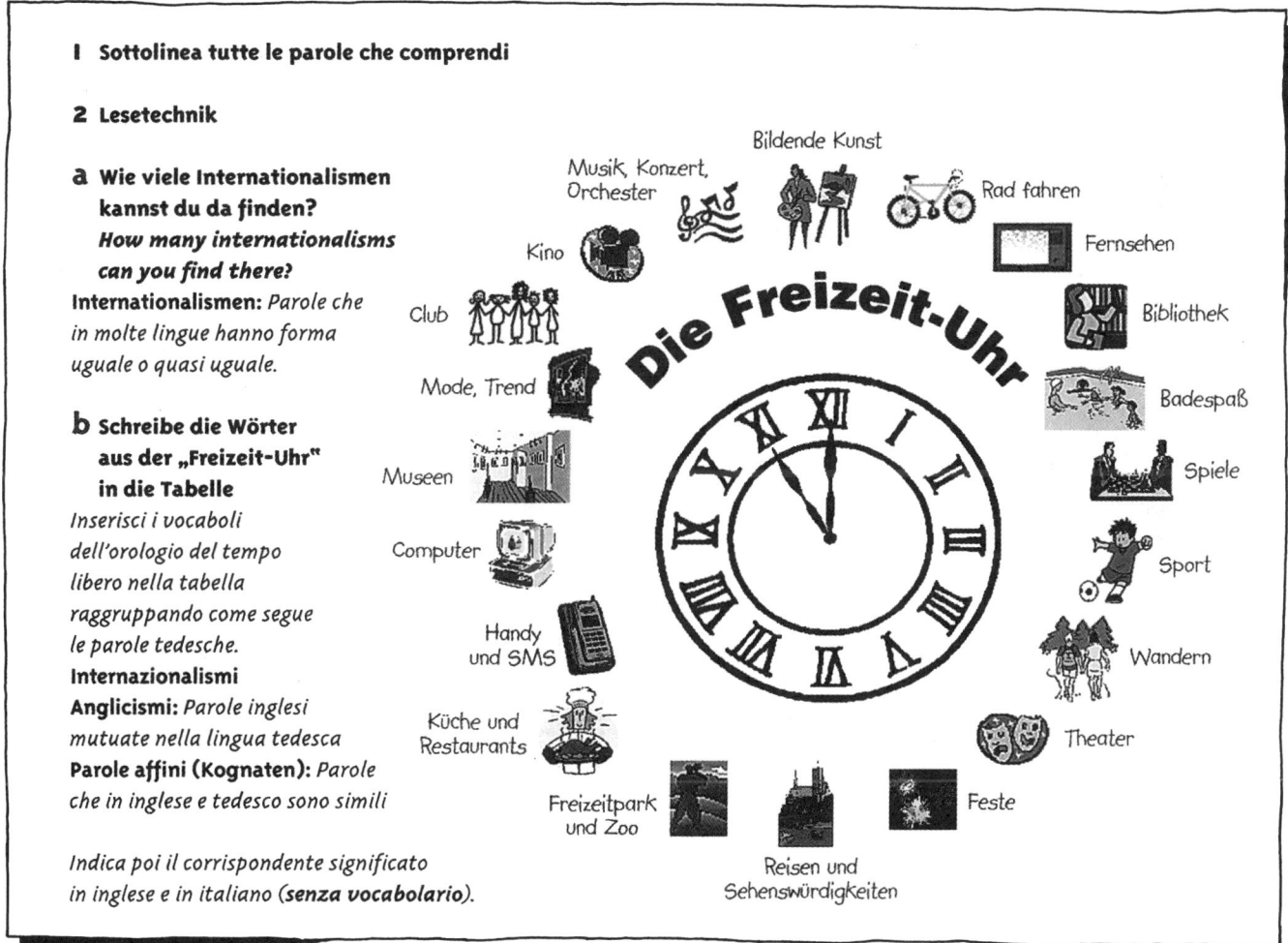

Berger (2003), 19

c) **Lehnwörter**:

Hinzu kommt, dass das Deutsche im letzten halben Jahrhundert sehr viele Einflüsse des Angloamerikanischen aufgenommen hat (sog. Lehnwörter), insbesondere in den Wortschatzbereichen von

- Werbung (*Spot, Discount, Layout ...*)
- Kleidung/Mode (*Jeans, T-Shirt, Pullover, Slip ...*)
- Sport (*Jogging, Fitness, Trainer ...*)

- Jugendkultur (*cool, easy, Freak* ...)
- Popkultur und -musik (*Jingle, Clip, Track, Sound* ...)
- Technik (*Hifi, Interrail, Offroad-, Airconditioning, Flipchart* ...)
- Informationstechnologie (*PC, Internet, Chat, surfen* ...).

Es gibt mittlerweile in diesen Bereichen Hunderte von angloamerikanischen Lehnwörtern, die im alltäglichen Sprachgebrauch im Deutschen benutzt werden. Viele dieser Wörter „kommen und gehen", d. h., sie sind gewissen Modetrends im Sprachgebrauch unterworfen. Besonders interessant erscheint hier, dass oft Begriffe, die dem englischen Fachwortschatz entstammen, in die deutsche Umgangssprache aufgenommen werden. Hierbei spielen die o. g. Faktoren der Frequenz, der Reichweite und Verstehbarkeit eine wichtige Rolle, wenn neuer Wortschatz integriert wird. Wegen der Bedeutung der neuen Medien in unserem Alltag ist z. B. dieser Prozess sehr gut zu beobachten. Lehnwörter werden sehr schnell aufgenommen, allerdings auch genauso schnell dem deutschen (grammatischen) Regelsystem angepasst.

> englisch *chat* (Verb, Nomen)
>
> *der Chat*: Zusatz eines Artikels, Großschreibung
>
> *chatten/ich habe gechattet*: Infinitiv *-en*/Partizip mit *ge-* + *-t*
>
> Gleichzeitig ist genauso beobachtbar, dass sich auch deutschsprachige Fachbegriffe durchsetzen, dass also z. B. immer noch *ausgedruckt* und nicht **geprintet* wird.

Bei der Wortschatzarbeit ist es wegen der dargestellten Verbindungen in der Sprachenfolge Deutsch nach Englisch also sinnvoll, die Lernenden immer wieder zu ermuntern, ihre vorhandenen Englischkenntnisse und die Ähnlichkeiten zwischen dem Deutschen und dem Englischen zu nutzen, um sich Einzelwörter, Sätze und Texte im Deutschen zu erschließen.

6.4 Verstehenswortschatz – Mitteilungswortschatz

Bei der Wortschatzarbeit unterscheiden wir zwischen dem (sog. passiven) Verstehens- und dem (sog. aktiven) Mitteilungswortschatz. Wir können ungleich mehr Wörter in einem Text entschlüsseln, als wir selbst spontan produzieren. Je nachdem, wie wir mit einem Thema, einer Textsorte und dem Kontext vertraut sind, können drei- bis fünfmal mehr Wörter verstanden als aktiv zur mündlichen (und schriftlichen) Äußerung benutzt werden.

6.4.1 Verstehenswortschatz beim Tertiärsprachenlernen entfalten

Der traditionelle Anfangsunterricht konzentriert sich auf die Vermittlung eines aktiv mündlich zu beherrschenden Wortschatzes in „Alltagsdialogen".

Weniger, wenn auch mit zunehmender Tendenz, ist dagegen in Lehrwerken für die Arbeit mit dem Verstehenswortschatz zu finden – z. B. zu Entschlüsselungstechniken und Verstehensstrategien auf der Wort-, Satz-, Text- und Kontextebene.

Gerade in diesem Bereich aber – in der Anleitung zum „Entschlüsseln" von Wörtern und zur Bildung von Hypothesen über ihre Bedeutung – setzt die Tertiärsprachendidaktik einen ihrer Schwerpunkte in der Wortschatzarbeit, um ihrem Ziel, die Lernenden zu selbstständigem Lernen anzuleiten, näherzukommen.

Entscheidend für die Entwicklung solcher Verstehensstrategien ist das gemeinsame Besprechen mit der Klasse: Wie aktivieren wir all das, was wir „im Kopf haben", um die Bedeutung eines unbekannten Wortes herauszufinden? Die Lernenden werden durch diesen aktiven und immer wiederkehrenden Arbeitsprozess laufend dazu ermuntert, „intelligente Hypothesen" auf der Basis ihres bisherigen Wissens zu bilden.

Die Entfaltung dieses *prozeduralen Wissens* ist für die Entwicklung des Wortschatz-verstehens mindestens genauso wichtig wie das regelmäßige Trainieren, Wiederholen und Vertiefen möglichst vieler Wörter!

6.4.1.1 Wortebene

Hier geht es in erster Linie darum, Regelmäßigkeiten in der Wortbildung zu erkennen. Wir möchten Sie an dieser Stelle mit einigen Beispielen vertraut machen, die natürlich um weitere Bereiche erweitert werden können.

a) Komposita-Bildung

Wortzusammensetzungen werden im Deutschen „von rechts nach links" erschlossen. Zunächst müssen jedoch die Wortgrenzen in einem Kompositum erkannt werden.

Schul + bus   *Schul + buch*   *Schul + tasche*

Das Genus der Wortzusammensetzung wird vom *Grundwort* bestimmt, das als letzter Teil im Kompositum ganz rechts steht:

<u>*der* Schul/*bus*</u>   <u>*das* Schul/*buch*</u>   <u>*die* Schul/*tasche*</u>

Die folgende Beispielübung macht deutlich, dass es im Englischen und Deutschen ähnliche Regeln der Kompositabildung gibt. Das deutsche Kompositum kann mithilfe des Englischen gefunden werden:

<u>Beispiel 1</u>

> Wie heißen die Wörter auf Deutsch? Die englischen Wörter helfen:
>
> *der, die, das*
> *Fuß, Aufgabe, Ende, Haus, Ball, Wochen*
>
> *the football*   *the homework*   *the weekend*
>
> _____   _____   _____

Wie man das Thema „Komposita" anhand eines Textes bearbeiten kann, zeigt ein Beispiel in Kapitel 7.2.2.1 (S. 74ff.).

<u>Hinweis</u>

b) Präfix- und Suffixbildung

Vorsilben (Präfixe) und Nachsilben (Suffixe) können Wortbedeutungen in vielfältiger Weise variieren und deshalb auch zum Verstehen zielsprachlicher Wörter beitragen.

So geben Suffixe wie *-heit, -keit, -ung, -(t)ion* immer an, dass es sich bei dem Wort um ein Nomen handelt; damit lässt sich also z. B. leicht von dem Adjektiv *krank* auf das Nomen *Krankheit*, von *gesund* auf *Gesundheit* schließen.

Ähnliche Konzepte finden sich auch im Englischen, z. B. über das Suffix *-able* in *washable* und im Deutschen *-bar* in *waschbar*. Vergleichbares gilt für die Präfixe.

Entscheidend für das Verstehen ist, dass das Präfix/Suffix erkannt, die Wortart ermittelt und der bedeutungstragende Wortstamm identifiziert werden kann.

Auch in diesem Bereich ist eine Gegenüberstellung von Deutsch und Englisch bzw. weiteren Fremdsprachen nützlich, weil dadurch die Besonderheiten der deutschen Sprache kontrastiv klar zutage treten.

c) Wortschatzerschließung durch Wissensaktivierung

Viele unbekannte Wörter kann man erschließen

- mithilfe der Muttersprache, z. B. durch Aktivierung von Internationalismen;
- mithilfe von Wörtern aus anderen Fremdsprachen, die man kennt, z. B. aus dem Englischen.

Dieser „potenzielle Wortschatz" liegt in der traditionellen Wortschatzarbeit meist brach. Es ist jedoch gerade für den Tertiärsprachenunterricht ganz entscheidend und für die Lernenden meist auch motivierend, dass sie von der ersten Unterrichtsstunde an lernen, mit ihrem vorhandenen (mehr-)sprachigen und strategischen Wissen

„intelligente Hypothesen" zur Bedeutung unbekannter, aber erschließbarer Wörter zu entwickeln.

Auf diese Weise kann man die Bedeutung von mehreren Hundert Wörtern im Deutschen ohne Schwierigkeit erschließen (s. die Liste des „gemeinsamen deutsch-englischen Wortschatzes" im Anhang 2, S. 136ff.).

Hinweis

Dabei ist es nützlich, nicht nur vom Schriftbild auszugehen. In einigen Fällen kann auch das laute Vorsprechen der Wörter bei der Bestimmung ihrer Bedeutung hilfreich sein.

Beispiel 2

1 Bilden Sie Paare aus den Wörtern im Kasten. Die englischen Bezeichnungen helfen.

die Mutter · der Onkel · der Cousin · die Kinder · der Großvater
die Nichte · die Cousine · die Enkelkinder · der Neffe · die Tante
der Bruder · die Eltern · die Frau · der Sohn · die Großmutter
die Großeltern · die Schwester · die Tochter · der Vater · der Mann

husband · wife · father
mother · sister · brother
daughter · son · children
parents · uncle · aunt
grandfather · grandmother
grandparents · grandchildren
niece · nephew · cousin

die Mutter — der Vater

Kursisa/Neuner (2006), 34

Vorsicht: „Falsche Freunde"!

Manche Wörter im Englischen und im Deutschen sehen oder klingen einander sehr ähnlich, haben aber in beiden Sprachen völlig unterschiedliche Bedeutungen: die sog. „falschen Freunde". Zwischen Deutsch und Englisch lassen sich etwa 100 solcher *falschen Kognaten* feststellen. (s. die Liste der „falschen Freunde [falschen Kognaten] – false friends – faux amis" im Anhang 3, S. 146ff.).

Hinweis

Wenn man auf „falsche Freunde" stößt, ist es am besten, die Wörter in beiden Sprachen in ihrem jeweiligen Bedeutungskontext zu kontrastieren.

Beispiel 3

Bildliche Darstellung mit Beispielsatz:

Gift ist sehr gefährlich! Man kann sterben!

Would you like to get such a nice *gift*?

In dieser *Mappe* sind Briefe und Briefpapier.

This *map* shows the states of Europe.

Neuner (1999), 20

> *Suchen Sie zwei weitere deutsch-englische „falsche Freunde" und überlegen Sie, wie die deutschen Wörter in ihren Kontextbedeutungen effektiv gelernt werden könnten:*
>
> **Beispiel:** *Bett – bet / Eis – ice*
>
> 1) _____
>
> 2) _____

Sofern man für den Sprachunterricht einen eigenen Raum oder für die Lerngruppe ein festes Klassenzimmer hat, kann man z. B. eine leere Plakatrolle an der Wand/Tafel befestigen und die Lernenden können die „falschen Freunde" zusammen mit ihren Partnern darauf eintragen. Dies könnte so aussehen:

1. Englisches Wort	2. Deutsche Übersetzung zu 1	3. Englischer <u>falscher</u> Freund zu 2	4. Deutsche Übersetzung zu 3
get, receive	bekommen	become	werden
poison	das Gift	gift	das Geschenk
way, type	die Art	art	die Kunst

Diese Liste wird nach und nach erweitert und die Lernenden können sich immer wieder vergewissern, dass bestimmte ähnliche „Wortpaare", die sie kennen gelernt und vielleicht sogar zusammen abgespeichert haben, nicht die gleiche Bedeutung haben.

Auf einer zweiten Plakatrolle kann man nun auch die „guten Freunde" sammeln, und Sie und Ihre Lernenden werden feststellen, dass diese Liste sehr viel schneller wächst als die mit den „falschen Freunden". Unser Beispiel enthält eine dritte Spalte mit Hinweisen:

Deutsches Wort	Englischer <u>guter</u> Freund	Hinweis
das Haus	house	ähnliche Aussprache und Schreibung
alle	all	ähnliche Schreibung

Beide Listen können zum Nachschlagen benutzt werden, auch um gleichzeitig die Lernenden zu ermuntern, Parallelen zwischen den Sprachen aktiv zu suchen und zu benutzen.

6.4.1.2 Satzebene

a) Erschließung eines unbekannten Wortes aus dem Satzkontext

> Die Schulklasse _____ auf der Bustour viele Parks, Museen und historische Plätze.
>
> Die Bedeutung des Lückenworts („sah", „besichtigte", „besuchte") können Lernende aus dem Wort *Bustour* in Kombination mit *Parks, Museen, historisch* erschließen, weil sie die gleichen oder ähnlichen Wörter aus dem Englischunterricht kennen (*bus, tour, park, museum, historical*).

b) Disambiguierung: Mehrdeutigkeit durch Kontextualisierung eindeutig machen

Viele Wörter im Deutschen sind mehrdeutig. Welche Bedeutung eines Wortes gerade zutrifft, wird erst aus dem Satz- bzw. Textzusammenhang deutlich. Lernende müssen deshalb immer wieder dazu angeleitet werden, bei einem unbekannten Wort zunächst das sprachliche bzw. inhaltliche Umfeld im Text zur Bedeutungsbestimmung heranzuziehen.

Beispiel 2

> *Bank*
>
> **Bedeutung 1**: „Unternehmen, das Geldgeschäfte betreibt"
>
> Bei meiner _____ habe ich ein Konto. Da kann ich Geld holen oder einzahlen.
>
> **Bedeutung 2**: „Sitzgelegenheit"
>
> Im Park steht eine Bank. Auf der Bank sitzen oft ältere Leute.

6.4.1.3 Textebene

Texte bilden ein dichtes Netz inhaltlich-sprachlicher Bezüge, das u. a. von der jeweiligen Textsorte geprägt ist – eine Bedienungsanleitung sieht ganz anders aus und verwendet einen anderen Sprachstil als eine Zeitungsanzeige oder ein Kommentar in der Zeitung.

Wortschatzarbeit auf der Textebene kann sich z. B. auf die Ermittlung strukturell-formaler Verknüpfungen beziehen, die in einem Text über die Satzebene hinausgehen (z. B. Analyse der Vor- und Rückverweisungen in einem Text durch Proformen oder Konnektoren).

a) Proformen:

Proformen dienen dazu, die Nennung eines „Themas" im Text in Kurzform zu wiederholen. Dafür verwendet man im Deutschen (wie im Englischen) z. B. Possessivpronomina oder Personalpronomina.

Beispiel 1

> Auf dem Schulhof steht *ein* Junge. Unter <u>seinem</u> Arm hat <u>er</u> einen Fußball. <u>Er</u> wirft <u>seinen</u> Ball zu mir und sagt: „..."

Dieses System der Textverknüpfung ist den Lernenden bereits aus der 1. Fremdsprache Englisch bekannt.

b) Konnektoren:

Sie dienen dazu, Sätze in einem Text inhaltlich-argumentativ zu verknüpfen. Konnektoren (z. B. *aber*, *deshalb*) sind Signale für die spezifische Art dieser Verknüpfung (*aber* = Gegensatz/Einwand; *deshalb* = Begründung/Folge).

Beispiel 2

a)	b)
Ein Mann möchte ein Hemd kaufen.	Ein Mann möchte ein Hemd kaufen.
Er hat kein Geld bei sich.	<u>Aber</u> er hat kein Geld bei sich.
Er geht zur Bank und hebt Geld ab.	<u>Deshalb</u> geht er zur Bank und hebt Geld ab.
Er geht zum Geschäft und kauft das Hemd.	<u>Dann</u> geht er zum Geschäft und kauft das Hemd.
Er geht nach Hause und probiert das Hemd an ...	<u>Danach</u> geht er nach Hause und probiert das Hemd an ...

Im Text b) werden durch den Einsatz der Konnektoren die Zusammenhänge viel deutlicher. Der Text wird in seiner Aussage eindeutig und seine Teilsätze sind logisch miteinander verknüpft.

6.4.1.4 Textumfeld

Zu den wichtigsten Techniken bei der Erschließung von Wörtern gehört im fremdsprachlichen Unterricht der Einsatz von visuellen Hilfen (Fotos, Zeichnungen etc.), die einen Text begleiten. Anschaulichkeit ist bei der Aufnahme, Übung und Anwendung des Wortschatzes eines der wichtigsten Unterrichtsprinzipien.

Weil viele Textsorten, die im alltäglichen Umgang mit der Fremdsprache verwendet werden, durch Elemente der Visualisierung und Besonderheiten des Layouts gekennzeichnet sind, ist es sinnvoll, die Lernenden an den Umgang mit Texten in ihrer Originalform (*authentische Texte*) von Anfang an zu gewöhnen, da dies den Verstehensprozess und die Hypothesenbildung nachhaltig fördern kann (s. hierzu auch Kapitel 9.3.2).

Hinweis

Viele Textsorten sind Schülern bereits aus der Muttersprache bekannt, mit anderen haben sich jüngere Lernende bisher kaum beschäftigt und wieder andere weisen kulturspezifische Merkmale auf. Fahrpläne, Stundenpläne, Werbetexte, aber auch Märchentexte können von Land zu Land und von Sprache zu Sprache sehr verschieden aussehen und strukturiert sein.

Selbst einzelne Wörter können eine kulturelle Prägung besitzen:

Unter so „einfachen" Wörtern wie *Wald* oder *Schule* stellen sich Bewohner von Indonesien oder Kamerun sicher etwas ganz anderes vor als die Menschen in Deutschland. Laden Sie deshalb Ihre Lernenden auch auf dieser Ebene zu interkultureller Arbeit ein. Der Vergleich und die aktive Besprechung von sprachlichen und kulturellen Gemeinsamkeiten sowie Unterschieden steht hierbei im Mittelpunkt. Bei Rückschlüssen vom Englischen auf deutsche Gegebenheiten sollte man jedoch darauf achten, dass interkulturelle Interferenzen vermieden werden. *Freund* und *friend* bedeuten z. T. Unterschiedliches, so wie *Santa Claus* und der *heilige Nikolaus* nur wenige Gemeinsamkeiten aufweisen.

6.4.2 Mitteilungswortschatz entwickeln – auf der Grundlage des „gemeinsamen englisch-deutschen Wortschatzes"

Dass der aktiv verfügbare Wortschatz beim Gebrauch der Fremdsprache erheblich enger begrenzt ist als der Verstehenswortschatz, wurde schon mehrfach betont. Das trifft vor allem auf den Bereich des spontanen Sprechens zu, weniger auf den Bereich des Schreibens, da wir beim Schreiben mehr Zeit zum Überlegen (und Suchen im Gedächtnis) haben.

Viele Wörter aus den elementaren Erfahrungsbereichen finden sich auch im „gemeinsamen englisch-deutschen Wortschatz".

Die Liste des „gemeinsamen englisch-deutschen Wortschatzes" finden Sie im Anhang 2 (S. 136ff.).

Hinweis

Wenn man diese „gemeinsamen Wörter" jedoch für mündliche Mitteilungen verwenden will, muss besonders auf eine korrekte Aussprache geachtet werden: Vor dem aktiven Gebrauch stehen beim „gemeinsamen englisch-deutschen Wortschatz" und bei der Verwendung von Internationalismen Übungen zur Schulung von Artikulation und Wortakzent. Wenn man diesen notwendigen Zwischenschritt nicht beachtet, kann es leicht zu einem störenden „angloamerikanischen Akzent" im Deutschen kommen.

Aufgabe 25

---

*Lesen Sie die folgenden Wortpaare laut. Notieren Sie die Unterschiede in Bezug auf die **fett markierten Teile** der deutschen Wörter. Überlegen Sie auch, welche Aussprachefehler bei den deutschen Wörtern auftreten könnten.*

Information – *information* _____

Finger – *finger* _____

waschen – *wash* _____

Ring – *ring* _____

Gezielter Aufbau des Mitteilungswortschatzes

Viele der Einbettungsverfahren, die in den vorhergehenden Kapiteln beschrieben wurden, lassen sich auch als Übungen zum gezielten Aufbau des Mitteilungswortschatzes einsetzen.

An dieser Stelle gehen wir anhand einiger Beispiele näher auf die Umsetzung im Unterricht für Deutsch als zweite Fremdsprache (nach Englisch) ein.

6.4.2.1 Visualisierung

Viele Aspekte des „gemeinsamen englisch-deutschen Wortschatzes" lassen sich z. B. als Wortfelder bildlich darstellen.

Beispiel: Körperteile

Beispiel

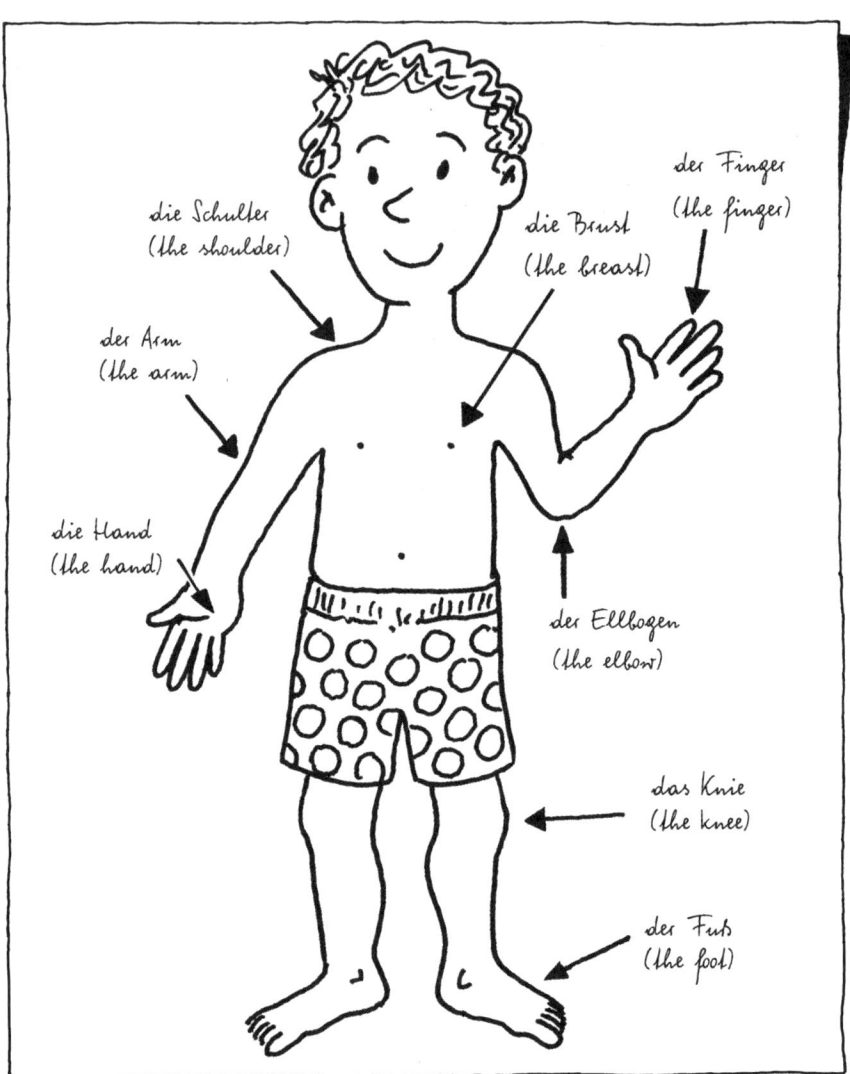

Nach einer Idee von: Neuner (1999), 18

Übungsvorschläge:

- englische Bezeichnung vorgeben, deutsche Vokabeln ergänzen lassen;
- korrekte deutsche Aussprache zuerst hören, dann selbst nachsprechen;
- mit der Zeichnung weiterarbeiten: z. B. diejenigen Bezeichnungen ergänzen, bei denen im Englischen ein anderes Wort gebraucht wird als im Deutschen, z. B. engl. *head* – dt. *Kopf*; engl. *forehead* – dt. *Stirn*; engl. *belly* – dt. *Bauch*; engl. *leg* – dt. *Bein* etc.

Entscheidend ist, dass zunächst die Grundlagen eines neuen Wortfeldes aus der Parallelführung Englisch/Deutsch durch die Visualisierung „vor Augen geführt" und dann ergänzt erweitert werden können.

6.4.2.2 Kontextualisierung

Im zuletzt gezeigten Beispiel wurde als konstitutives didaktisches Element der Arbeit mit dem „gemeinsamen englisch-deutschen Wortschatz" der Vergleich eingeführt.

Vergleichen bedeutet: zwei oder mehrere Elemente miteinander in Beziehung setzen und dabei Ähnliches/Unähnliches feststellen.

Vergleichen ist ein bewusster Denkprozess, der bei der Arbeit mit dem „englisch-deutschen Wortschatz" immer im Spiel ist.

Die folgenden Übungen sind aus der Systematik des Lehrstoffs entwickelt:

a) Klassifizierung

Diese bezieht sich auf die Gruppierung von Wörtern
1. nach inhaltlichen Kriterien (Wortfelder; Ober- und Unterbegriffe) oder
2. nach strukturellen Merkmalen (Wortfamilien).

Übungsvorschläge:

- englische und deutsche Wörter zu einem Wortfeld verwürfelt vorgeben;
- Welche Wörter passen zusammen? Merkmale der Schreibung/Lautung besprechen;
- Unterschiede in der Aussprache Englisch/Deutsch hören und erkennen;
- korrekte deutsche Aussprache einüben;
- die Struktur des Wortfeldes (Oberbegriff – Unterbegriffe) vorgeben: Wörter einordnen lassen;
- besprechen, in welchen Bereichen es Entsprechungen gibt; Wörter, die es nur im Deutschen gibt, visualisieren.

Beispiel zum Wortfeld „Nahrungsmittel":

Beispiel 1

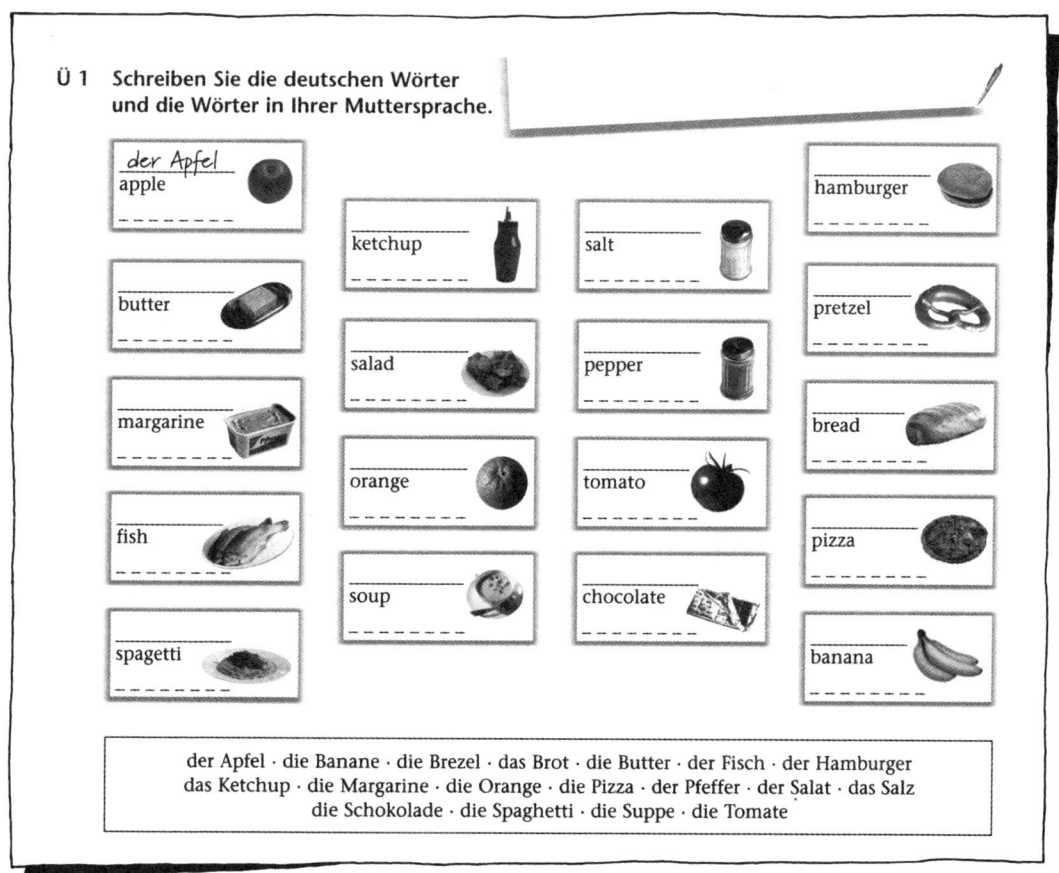

Ü 1 Schreiben Sie die deutschen Wörter und die Wörter in Ihrer Muttersprache.

der Apfel / apple — butter — margarine — fish — spagetti — ketchup — salad — orange — soup — salt — pepper — tomato — chocolate — hamburger — pretzel — bread — pizza — banana

der Apfel · die Banane · die Brezel · das Brot · die Butter · der Fisch · der Hamburger das Ketchup · die Margarine · die Orange · die Pizza · der Pfeffer · der Salat · das Salz die Schokolade · die Spaghetti · die Suppe · die Tomate

Kursisa/Neuner (2006), 30

Wie das Beispiel zeigt, ist es oft lohnend, zu einem Wortfeld zunächst die gemeinsamen englischen und deutschen Wörter nebeneinanderzustellen, weil dadurch die vom Englischen her erkennbaren deutschen Wörter als Wortfeld-Kerne deutlich hervortreten, die dann erweitert und ergänzt werden können.

> **Beispiel zu** *Wortfamilie*
> Wortstamm: dt. *-tanz-*   engl. *-dance-*
> Verb: *tanzen*   *dance*
> Nomen: *der* Tanz; *der* Tänzer/*die* Tänzerin   *dance; dancer*

Die Gegenüberstellung von englisch-deutschen Wortfamilien lässt Differenzen deutlich erkennbar werden. Diese Unterschiede sollten im Unterricht thematisiert werden. Deutsch ist eine sehr produktive Sprache mit vielen differenzierten Bezeichnungen; haben die Lernenden den jeweiligen deutschen Wortstamm erkannt, können sie die „restliche" Bedeutung mithilfe wiederkehrender Endungen oder entsprechender Kontexte leicht erschließen und in das eigene Sprachrepertoire aufnehmen.

b) Reihengliederung

Diese ist überall dort möglich, wo Begriffe in eine Skala oder Rangfolge eingebettet werden können (z. B. Zahlen, Mengenangaben, Zeitangaben, Temperaturangaben, Wetterangaben, Abtönung von Stimmungen, Tätigkeitsabläufe).

Ü 1   Was gehört zusammen?

a) **Wochentage:**
days of the week:

der Montag   _____   _____
Monday   Tuesday   Wednesday

_____   _____   _____   _____
Thursday   Friday   Saturday   Sunday

b) **Monatsnamen:**
names of the months:

der Januar   _____   _____   _____
January   February   March   April

_____   _____   _____   _____
May   June   July   August   September

Kursisa/Neuner (2006), 14

Auch hier lohnt sich oft eine parallele Betrachtung des Englischen und des Deutschen.

Temperatur					
Englisch	icy	cold	lukewarm	warm	hot
Deutsch	eisig	kalt	lauwarm	warm	heiß

Übungsvorschläge:

- in einer verwürfelten Liste die englisch-deutschen Entsprechungen (Wortpaare) finden lassen;
- den Anfang und das Ende einer Reihe vorgeben, die Reihe ausfüllen lassen;
- in verschiedenen Kontexten Äußerungen ergänzen lassen („Puh, 35 Grad, ist das _____!"/„Brr, nur 15 Grad, heute ist es aber _____!").

c) Kontrastierung/Antonyme

Unsere Erfahrungen entfalten und positionieren sich meist zwischen einem negativen und einem positiven Pol. Das Gegensatzpaar *kalt – warm* z. B. lässt sich erfahrungsgemäß zusammen leichter lernen und behalten, als wenn man sich die beiden Wörter *kalt* und *warm* isoliert zu merken versucht.

Auch hier lohnt es sich, zunächst die englisch-deutschen Entsprechungen zusammenzustellen und dann die Gegensatzpaare zu ergänzen.

> *alt/old – jung/young; alt/old – neu/new;*
> *kalt/cold – warm/warm; kalt/cold – heiß/hot*

d) Situationszusammenhänge aktivieren

Einbettung eines Wortes in einen (oft visuell repräsentierbaren) Situations- und Handlungszusammenhang: Viele Wörter sind fest mit bestimmten Situations- oder Handlungszusammenhängen verbunden und finden dadurch im Gedächtnis Halt.

Beispiel 6

Beispiel: Verkehr

- Unterbegriffe: *Fahrzeuge, Verkehrsteilnehmer, Verkehrswege* etc.

- Wörter: *Auto, fahren, Straßenbahn, Straße, Bürgersteig, Fußgänger, Flugzeug, fliegen, gehen* etc.

- Englisch-deutscher Wortschatz: *taxi/das Taxi; automobile/das Automobil; bus/der Bus; ship/das Schiff; ferry/die Fähre; boat/das Boot; transport/der Transport, transportieren; ticket/das Ticket* etc.

Wenn wir uns die Situation „Verkehr" vorstellen, dann aktivieren wir mit der Vorstellung auch eine bestimmte „sichtbare" Ordnung, die sich uns durch Erfahrung eingeprägt hat: Das Flugzeug z. B. ist „oben", das Auto ist auf der Straße, der Bürgersteig ist am Straßenrand etc.

Es gibt außerdem in unserer Erfahrung festgefügte Verbindungen wie: *Straßenbahn + Schienen, Auto + Autobahn, Fahrrad + Radweg, Flugzeug + fliegen, Auto + fahren/hupen/bremsen/beschleunigen* etc., *Straßenbahn + klingeln.*

(Vgl. S. 51)

6.4.2.3 Handlungszusammenhänge: Erfahrungen machen/aktivieren

a) Typische Merkmale/Attribute/Tätigkeiten, die zum neuen Wort gehören

Lernende sollten immer wieder auf ihre individuellen Wissensbezüge aufmerksam gemacht werden. Diese können sie sich beim Erwerb neuer Wörter nutzbar machen. Beim Wortschatztraining können Situationen hergestellt werden, in denen Wörter nicht isoliert, sondern in Handlungszusammenhängen auftreten, z. B. durch Lernen mit Lernkarten.

Mit der Lernkarte wird z. B. das Wort *der Hund* nicht als isoliertes Nomen gelernt. Vielmehr soll die Lernkarte auch immer einen realistischen Kontextsatz enthalten, z. B. *Unser Hund bellt Fremde an.* Dieser Beispielsatz sollte auch in der Muttersprache (oder auf Englisch) auf der Karte stehen.

b) Inszenierung im Klassenzimmer

Manchmal kann man Situationen/Handlungszusammenhänge im Unterricht mit einfachen Mitteln nachstellen und durchspielen. Bleiben wir bei dem bellenden Hund: Wie würden Sie z. B. einen Hund ohne geeignete Wörter darstellen?

Der Hund ist weggelaufen. Was nun? Fragen Sie in der Klasse, suchen Sie Helfer für die Suche.

Aktiviert werden bei diesem Spiel:

- Fragen zu Zeit und Ort

- Fragen zu Aussehen und Größe des Tieres

- Antworten, die sich auf das Tier beziehen

- ...

c) Erfahrungen mit der Realität der Zielsprache aktivieren

Wo immer es von der Unterrichtssituation her möglich ist, sollte man den Unterricht auch „nach draußen" verlegen (das ist besonders bei Unterricht im deutschsprachigen Raum möglich) und die Lernenden selbst aktiv werden lassen. Aber auch in muttersprachlicher Umgebung lassen sich gut „Kontakte mit der Realität" knüpfen:

- Sammlung von englischen/deutschen Ausdrücken in der eigenen Umgebung;

- Kontakt mit Deutschsprachigen im eigenen Alltag;

- Kontakt über das Internet.

6.4.2.4 Assoziieren: Subjektive Bezüge herstellen

a) Assoziogramme

Hier geht es darum, zu einem Wort, einer Situation, einem Handlungsablauf Einfälle zu sammeln und an das „Grundwort" anzulagern (sog. *Wort-Igel*). Assoziogramme sind von individuellen Einfällen geprägt; kein Assoziogramm, das von einem Lernenden erstellt ist, gleicht dem eines anderen.

Assoziogramme zum Thema „Ferien"

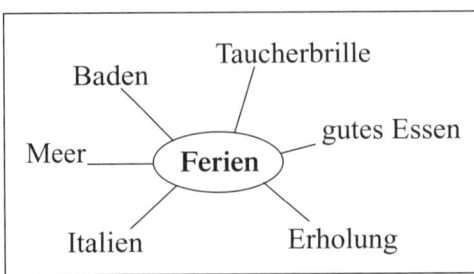
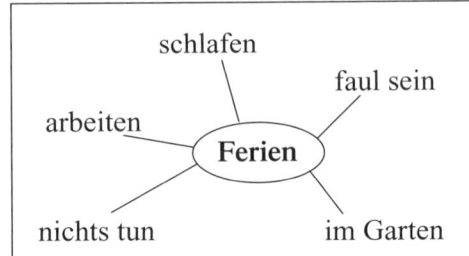

b) Einbettung in episodische Zusammenhänge

Besonders gut kann man Wörtern einen Halt im Gedächtnis geben, wenn es gelingt, sie in individuelle Erinnerungskontexte oder in Geschichten einzubetten. Lassen Sie Ihre Lernenden deshalb gelegentlich „Geschichten zu Wörtern" schreiben oder lassen Sie sie mündlich erzählen, was ihnen zu einzelnen Wörtern einfällt.

c) Eselsbrücken bauen

Ermuntern Sie Ihre Lernenden immer wieder einmal, ihre eigenen „Eselsbrücken" vorzustellen und in der Gruppe zu diskutieren, wie man am besten Eselsbrücken baut.

6.5 Wortschatz effizient lernen – Tipps und Tricks

Es gibt Hinweise darauf, dass wir neuen Wortschatz umso weniger vergessen, je mehr es uns gelingt, ihn nicht nur „kognitiv" zu verankern, sondern ihn mit eigener Erfahrung zu verbinden.

Am intensivsten wird Wortschatz offenbar aufgenommen und behalten, wenn er mit einer positiven affektiven Komponente verknüpft werden kann: Persönliche Erinnerungen können darum das Behalten besonders positiv unterstützen.

6.5.1 Lerntypen und Wortschatzlernen

Jeder Mensch lernt auf seine eigene Weise am besten, d. h., jeder Mensch bevorzugt andere Lernstrategien, um effizient zu lernen.

Manche Menschen lernen besonders gut über die Aktivierung ihrer Sinne, z. B. durch Sehen und Hören; andere brauchen ein „logisches System", um sich etwas zu merken, oder sie können sich nur dann etwas gut merken, wenn sie es geschrieben sehen oder aufschreiben. Wieder andere lernen am besten aus Handlung und Erfahrung. Und andere müssen sich erst einmal entspannen, ehe sie zu lernen anfangen, und lassen beim Wortschatzlernen im Hintergrund Musik mitlaufen.

Deshalb ist es wichtig, sich beim Wortschatzlernen zunächst Gedanken darüber zu machen, welchem Lerntyp man selbst angehört. Besonders häufig sind „Mischtypen".

Wichtig ist aber bei all unseren Überlegungen, dass es für den Erfolg des Wortschatzunterrichts und des Wortschatzlernens ganz entscheidend ist,

➤ ein möglichst vielfältiges Angebot zum Lernen zu entwickeln (die Lernenden „mehrkanalig" anzusprechen);

➤ möglichst viele der genannten Faktoren beim Lernen zu aktivieren und zu kombinieren: mit Verstand und Emotionen, mit „Kopf und Bauch", durch Nachdenken und Handeln lernen.

6.5.2 Kriterien für „Lernbarkeit" von neuem Wortschatz

Leicht zu lernen und zu behalten sind Wörter, die

- sinnfällig gemacht werden können – vor allem durch visuelle Darstellung;
- gut (inhaltlich und formal) durch systematische Erläuterungen und Kombinationen in vorhandene Strukturen (Wissenskontexte) eingebettet werden können;
- in der Erfahrung der Lernenden eindeutige Situations- und Handlungskontexte haben;
- intensive subjektive Erinnerungen und Fantasien auslösen;
- auf möglichst vielen der vorher genannten „Schienen" angeboten und aufgenommen werden können.

Im Anhang 8 (S.158f.) finden Sie eine Liste mit sieben Schritten zum Lernen von Vokabeln, die Rampillon (1987) vorgeschlagen hat.

Hinweis

6.6 Arbeitsblätter zur Wortschatzarbeit erstellen

Zum Wortschatzbereich haben Sie inzwischen sicher viele Ideen, welche Vokabeln Sie mit Ihrer Schülergruppe bearbeiten möchten. Wie bereits häufiger besprochen, bietet es sich an, dafür das Vorwissen und die bestehenden Kenntnisse der Lernenden zu nutzen. Um der Lerngruppe gerecht zu werden, müssen wir deshalb zwangsläufig oft vom Lehrbuch abweichen und zusätzliche Aufgaben und Übungen selbst erstellen.

Wir geben Ihnen deshalb einige Anregungen, wie Sie zu diesem Zweck die besprochenen Prinzipien der Wortschatzarbeit im Tertiärsprachenunterricht umsetzen können.

Hier eine kurze Zusammenfassung wesentlicher **Kriterien für die Aufgabengestaltung**:

- ➤ Nutzen Sie das Vorwissen der Lernenden, z. B. im Bereich Anglizismen/Internationalismen/Lehnwörter oder sonstiger Wortschatzähnlichkeiten zwischen Englisch und Deutsch, um eine Aufgabe zu bearbeiten.
- ➤ Beginnen Sie mit dem Verstehen der fremden Sprache: Erstellen Sie Aufgabentypen, die ein rezeptives Herangehen an neue Wörter und Themen ermöglichen. Gehen Sie erst im Anschluss daran zur Produktion über.
- ➤ Vermitteln Sie den Lernenden, wie Wörter leicht gelernt und behalten werden können: „Was macht mir Spaß beim Lernen und was nützt mir nicht so viel?"
- ➤ Halten Sie durch die Aufgabengestaltung die Kommunikation über das Lernen lebendig. Regen Sie immer wieder dazu an, dass Schüler über ihr eigenes Lernen und Verhalten nachdenken und sprechen.
- ➤ Machen Sie nicht halt vor möglichen Fehlerquellen (z. B. der Aussprache), sondern bieten Sie Hilfen in den Übungen an, um die Unterschiede zwischen den Sprachen deutlich zu machen und zugleich korrektes Deutsch zu trainieren.

Im Anhang 1 (S.134f.) bieten wir Ihnen ein Arbeitsblatt zum Thema „Speisen und Getränke" an: Diese Übungssequenz soll verdeutlichen, wie im Unterricht Wortschatz neu erarbeitet, geübt und gefestigt werden kann. Das Arbeitsblatt ist für den Anfangsunterricht in Deutsch als Fremdsprache gedacht. Zielgruppe sind Kinder und Jugendliche.

Hinweis

Bei Arbeitsblättern im Anfangsunterricht ist generell zu beachten, dass die Arbeitsanweisungen/Aufgabenstellungen in der Muttersprache formuliert werden. Sollte es in der Lerngruppe mehrere Ausgangssprachen geben, kann Englisch (zumeist die erste Fremdsprache der Lernenden) als Vermittlungssprache dienen.

7 Grammatikarbeit

7.1 Grammatikarbeit im Tertiärsprachenunterricht – die wichtigsten Aspekte

In dieser Fernstudieneinheit gehen wir auf das Erlernen einer zweiten Fremdsprache ein. Für allgemeine Informationen zur Grammatikarbeit empfehlen wir Ihnen die Fernstudieneinheit 1: *Grammatik lehren und lernen* von H. Funk und M. Koenig.

Grammatikarbeit im Tertiärsprachenunterricht unterscheidet sich in einigen Aspekten von der Grammatikarbeit im Unterricht der ersten Fremdsprache:

Aufgabe 26

> *Bevor Sie weiterlesen, überlegen Sie sich kurz, warum Deutsch-als-L3-Lernende generell beim Erwerb eines neuen Sprachsystems einen Schritt voraus sind: Welche Vorteile haben sie beim Grammatiklernen, die L2-Lernende nicht haben?*

Aus der Kenntnis einer Fremdsprache ergeben sich für die Lernenden Vorteile, die man im Unterricht der zweiten und weiterer Fremdsprachen gut nutzen kann. Für die Grammatikarbeit im Tertiärsprachenunterricht, in diesem Fall im Unterricht Deutsch als zweite Fremdsprache nach Englisch, sind dabei folgende Aspekte entscheidend:

1. Aufgrund der **Verwandtschaft der beiden germanischen Sprachen Englisch und Deutsch** gibt es zahlreiche parallele und einander ähnliche syntaktische und morphologische Strukturen, die Transfermöglichkeiten anbieten (s. Beispiele im Anhang 4, S. 150f.). Damit wird das Verstehen erleichtert und der Lernprozess effektiver gestaltet.

Hinweis

Beispiel 1

> - Sowohl im Englischen als auch im Deutschen hat ein Nomen einen Artikel. Und man unterscheidet in beiden Sprachen zwischen dem bestimmten und unbestimmten Artikel. Für Lernende, die aus ihrer Muttersprache dieses Phänomen nicht kennen (z. B. die meisten slawischen Sprachen), ist es eine echte Hilfe, wenn man sie an das früher gelernte Englisch erinnert.
> - In beiden Sprachen wird zwischen regelmäßigen und unregelmäßigen Verben unterschieden. In beiden Sprachen gibt es drei Stammformen der Verben und diese lassen sich bei den regelmäßigen Verben nach bestimmten Regeln bilden – im Gegensatz zu den Stammformen unregelmäßiger Verben.

2. **Die Lernenden bringen Erfahrungen mit dem Erlernen der ersten Fremdsprache in den Unterricht der zweiten Fremdsprache mit** – unter anderem ein Wissen über das grammatische System einer (Fremd-)Sprache, das Bewusstsein von sprachlichen Strukturen und das Wissen um bestimmte Lernstrategien und Übungsverfahren.

Beispiel 2

> - Die Lernenden wissen bereits (evtl. aus dem muttersprachlichen Unterricht, auf jeden Fall aber aus dem Englischunterricht), dass es unterschiedliche Wortarten gibt. Diese entsprechen einander im Englischen und Deutschen.
> - Das Deutsche und das Englische haben „Modalverben". Wenn also im Deutschunterricht das Thema „Modalverben" eingeführt wird, ist bereits das Wort *Modalverben* richtungsweisend und ein Signal für die Lernenden: Sie können sich darunter schon etwas vorstellen, bevor sie überhaupt erfahren, welche Modalverben es im Deutschen gibt, welche Bedeutungen diese haben etc.

Aufgabe 27

Denken Sie an Ihren eigenen Fremdsprachenunterricht zurück:

1) Fällt Ihnen ein, ob und wann Sie beim Verstehen oder Einprägen grammatikalischer Phänomene eine andere Fremdsprache als Brücke benutzt haben?

2) Welche erste und zweite Fremdsprache war das?

3) Erinnern Sie sich an bestimmte Grammatikstrukturen, die Sie durch den Vergleich mit der ersten Fremdsprache besser bzw. schneller verstanden haben?

zu 1) _____

zu 2) _____

zu 3) _____

_____

Schon die genannten Beispiele machen deutlich, dass die Einbeziehung der ersten Fremdsprache Englisch beim Deutschlernen neue Möglichkeiten für eine effiziente Grammatikarbeit eröffnet.

Es gibt aber noch andere Aspekte, die für die Grammatikarbeit im Tertiärsprachenunterricht eine bedeutende Rolle spielen:

a) Interferenzgefahr: Inwieweit besteht diese Gefahr und wie kann man ihr aus dem Weg gehen?

Denken Sie an die Komparation der Adjektive. Die Bildung der Komparationsstufen Komparativ (*comparative form*) und Superlativ (*superlative form*) ist im Deutschen und im Englischen prinzipiell ähnlich, deshalb auch vergleichbar.

Beispiel 3

Englisch:	*Deutsch:*
small – small*er* – small*est*	klein – klein*er* – *am* klein*sten*
deep – deep*er* – deep*est*	tief – tief*er* – *am* tief*sten*

Im Deutschen genauso wie im Englischen gibt es auch einige Adjektive, die unregelmäßige Komparationsformen haben:

Beispiel 4

Englisch:	*Deutsch:*
good – *better* – *best*	gut – *besser* – *am besten*
much/many – *more* – *most*	viel – *mehr* – *am meisten*

Bei so viel Ähnlichem kann es leicht passieren, dass auch bei deutschen Adjektiven wie *interessant, wichtig, langweilig* die englischen Formen von 2- und mehrsilbigen Adjektiven (z. B. *more interesting*) übernommen werden. Dadurch entstehen fehlerhafte Formen (die Sie bestimmt schon gehört haben) wie:

*mehr interessant, *mehr wichtig, *mehr langweilig

oder: **mehr interessanter, *mehr wichtiger, *mehr langweiliger.*

Dieses Phänomen wird *Übergeneralisierung* genannt und ist der Grund, warum viele Lehrer und Lehrerinnen solche Vergleiche zwischen den Sprachen im Unterricht lieber überhaupt meiden, weil sie denken, dies könne ausschließlich zu Interferenzen führen.

Die Tertiärsprachendidaktik geht jedoch davon aus, dass gerade diese Bereiche aktiv im Unterricht aufgegriffen, d. h. präsentiert und besprochen werden müssen. Anschließendes intensives Üben korrekter Formen kann die Gefahr, dass die Lernenden Interferenzfehler produzieren, wohl nicht ganz ausschließen, jedoch deutlich reduzieren.

Die Ähnlichkeiten zwischen zwei Fremdsprachen aufzuzeigen und anschließend die Unterschiede hervorzuheben ist auf jeden Fall sinnvoller, als die vorhandenen Kenntnisse der ersten Fremdsprache gar nicht einzubeziehen. In den Köpfen der Lernenden findet dieser Vergleich und das Einordnen der neuen grammatikalischen Phänomene in die bereits bestehenden Strukturen als eine Art „stummer Prozess" früher oder später sowieso statt. Wenn also Interferenz-Fehlerquellen nicht rechtzeitig erklärt und geklärt werden, ist das Produzieren solcher Fehler faktisch programmiert.

Durch regelmäßiges Besprechen im Unterricht kann bei den Lernenden ein geschärftes Bewusstsein für Unterschiede zwischen den einzelnen Sprachen und daraus entstehende Interferenzgefahren entwickelt werden.

b) Wie wichtig ist die Muttersprache im Tertiärsprachenunterricht?

Wir haben festgestellt, dass es wichtig ist, das Vorwissen der Lernenden – „alle Sprachen, die man im Kopf hat" – einzubeziehen. Deshalb gilt es auch für den Grammatikunterricht, die Muttersprache hinzuzuziehen, um zu entscheiden, wie man welche fremdsprachlichen grammatischen Strukturen präsentiert oder erarbeitet, also

- wo sich ein deutsch-englischer Vergleich lohnt und
- wo ein Vergleich mit der Muttersprache effektiver ist.

Beispiel 5

1. Die skandinavischen Sprachen haben mit dem Deutschen mehr Gemeinsamkeiten als mit dem Englischen. Daher ist es für Deutschlernende dieser Muttersprachen oft sinnvoller, direkt auf ihre Muttersprachen zurückzugreifen, wie zum Beispiel bei der Wortstellung im Satz:

Schwedisch	*Deutsch*	*Englisch*
Igår *hade vi* ...	Gestern *hatten wir* ...	Yesterday *we had* ...

2. Selbst wenn die Muttersprache weniger Gemeinsamkeiten mit dem Deutschen als mit dem Englischen aufweist, gibt es auch hier Beispiele, wo die Muttersprache für das Verstehen mehr Hilfe bietet als das Englische. Ein gutes Beispiel dafür ist die Einführung der deutschen Personalpronomina, wenn der Unterschied zwischen *du*, *ihr* und *Sie* erklärt werden muss:

Spanisch	*Deutsch*	*Englisch*
tú	du	you
vosotros, -as	ihr	you
usted (Ud.)	Sie	you
ustedes (Uds.)	Sie	

   Neben dem Spanischen gibt es noch etliche Sprachen, die in diesem Fall den Lernenden eher helfen können als das Englische.

Andererseits können die Lernenden mit nicht indoeuropäischen Muttersprachen aus dem Englischen viel mehr Unterstützung für das Verstehen deutscher grammatischer Phänomene gewinnen, als es den Muttersprachlern der indoeuropäischen Sprachfamilie bewusst ist. Daher sollte der Lehrer oder die Lehrerin bei der Unterrichtsvorbereitung die grammatischen Phänomene immer in folgenden Sprachenkonstellationen vergleichen:

Deutsch – Englisch; Englisch – Muttersprache; Muttersprache – Deutsch.

Aufgabe 28

Vergleichen Sie nun das Deutsche, das Englische und Ihre Muttersprache. Suchen Sie Beispiele, wo Ihre Muttersprache beim Verstehen deutscher grammatischer Strukturen eher hilft als der Vergleich mit dem Englischen. (Notieren Sie auch die englischen Formen, um den Vergleich sichtbar zu machen!)

	L1 _____	Deutsch	Englisch
1)			
2)			
3)			

Außerdem ist die Muttersprache für die Reflexion über die neue Sprache sowie über das eigene Lernen von entscheidender Bedeutung. Gerade im Anfangsunterricht findet diese Reflexion ausschließlich in der Muttersprache (in heterogenen Lerngruppen in der gemeinsamen Fremdsprache Englisch) statt.

Auf die Bedeutung der Reflexion gehen wir in Kapitel 9.2.3 näher ein. Dort wird zwar konkret über die Reflexion im Rahmen der Textarbeit gesprochen; diese Überlegungen können aber auf den gesamten Tertiärsprachenunterricht übertragen werden.

Hinweis

c) Inwieweit hilft uns der Vergleich beider Sprachen (L2 und L3)?

Wir sollten uns aber auch über die Grenzen dieses Konzepts im Klaren sein. Enttäuscht wird sicher, wer erwartet, ständig vom Englischen begleitet zu werden oder jedes Detail auf das Englische zurückführen zu können. Beim Vergleich beider Sprachen kann es nur „ums Prinzip" und nicht um jedes Detail gehen!

Das folgende Beispiel zeigt, wie man in der Praxis vorgehen kann – ein Teil der Unterrichtssequenz zum Thema „Zahlen".

Anmerkung: Die Arbeitsanweisungen werden im Anfangsunterricht in der jeweiligen Muttersprache bzw. auf Englisch abgefasst. Dies bezieht sich auf alle Beispiele, die hier präsentiert werden.

Arbeitsblatt: „Zahlen"

1. **Zählen Sie auf Englisch von 13 bis 19. Was ist diesen Zahlen gemeinsam? Markieren Sie.**

   thirteen, fourteen, ..., seventeen, ...

2. **Ähnlich ist es auch in der deutschen Sprache.**

   13 – dreizehn, ...

   Was meinen Sie, wie heißen diese Zahlen auf Deutsch? Ergänzen Sie.

   14 – _____   18 – _____

   15 – _____   19 – _____

3. **Aber jetzt müssen Sie genau hinsehen/hinhören: Welche Unterschiede erkennen Sie? Markieren Sie.**

   5 – fünf   15 – fünfzehn   6 – sechs   16 – sechzehn   7 – sieben   17 – siebzehn

4. **Zählen Sie wieder auf Englisch: 20, 30, 40, ..., 90. Was ist bei allen Zahlen gleich (ähnlich wie bei 13, 14, ...)?**

5. **Und so ist das auf Deutsch:**

   20 – zwanzig   Die Zahlen 60 und 70: genauso wie 16 und 17

   30 – dreißig (Achtung, Ausnahme!)   (In Übung 3 finden Sie Hilfestellung.)

   40 – _____   Ergänzen Sie:

   50 – _____   60 – _____

   80 – _____   70 – _____

   90 – _____

> *Beantworten Sie nun zwei Fragen zu dem Arbeitsblatt-Beispiel.*
>
> *1) Welches englisch-deutsche Grammatikphänomen wird im Arbeitsblatt ver-*
>   *glichen?*
>
> _____
>
> *2) Welche Details müssen zusätzlich präsentiert bzw. erklärt werden?*
>
> _____

Wie Sie bemerkt haben, besteht die Hilfeleistung darin, dass nach dem Prinzip: „vom Bekannten zum Unbekannten/vom leicht Erkennbaren zum Neuen" vorgegangen wird. So erarbeitet man für das Deutsche möglichst rasch und möglichst viel von dem, was sich vom Englischen her ohne Schwierigkeiten identifizieren lässt.

7.2 Methodisch-didaktische Prinzipien des Tertiärsprachenunterrichts in der Grammatikarbeit

In Kapitel 5 haben wir die didaktisch-methodischen Prinzipien für den Tertiärsprachenunterricht im Allgemeinen erläutert. Für die Grammatikarbeit im Besonderen sind vor allem folgende **Prinzipien** wichtig:

➤ kognitives Lehren und Lernen: Vergleichen und Besprechen,
➤ Verstehensorientierung: vom Verstehen zur Äußerung,
➤ Text- und Inhaltsorientierung.

Was dies konkret bedeutet, untersuchen wir im Folgenden ausführlich.

7.2.1 Kognitives Lehren und Lernen: Vergleichen und Besprechen

Für das Grammatiklernen tritt das methodisch-didaktische Prinzip der kognitiven Orientierung des Tertiärsprachenunterrichts in den Vordergrund. Das bedeutet, die Grammatikkenntnisse aus den Sprachen, die man kennt (Muttersprache, die erste Fremdsprache Englisch), bewusst in den Deutschunterricht einzubeziehen. Aus dem **Vergleich** der Sprachen ergeben sich Hilfestellungen für das Erlernen der Strukturen des Deutschen als zweiter Fremdsprache. Dabei geht es um folgende Punkte:

a) **Transfermöglichkeiten – an ähnliche Strukturen aus der ersten Fremdsprache Englisch bewusst anknüpfen:**

> **Der Gebrauch der Modalverben mit dem Infinitiv:**
> *I must go now. – Ich muss jetzt gehen.*
> *He can speak Russian. – Er kann Russisch sprechen.*
>
> Im Gegensatz dazu werden die meisten anderen Verben mit dem *to*-infinitive
> /*zu*-Infinitiv gebraucht:
> *She started to read. – Sie fing an zu lesen.*
> *He forgot to send the letter. – Er vergaß den Brief wegzuschicken.*

b) **die Unterschiede zwischen den L2- und L3-Strukturen aufzeigen, die zu besserem Verstehen grammatischer Phänomene beitragen und Interferenzfehler vermeiden helfen**

> Es gibt grundlegende Ähnlichkeiten im Gebrauch der Modalverben des Englischen und des Deutschen. Besonders hervorgehoben werden muss jedoch der Unterschied in der Wortstellung von Sätzen mit Modalverben im Englischen und Deutschen: In einfachen deutschen Aussagesätzen sowie in Fragesätzen steht das Verb im Infinitiv *immer* am Ende des Satzes, was im Englischen nicht der Fall ist:

Can I help you?	_Kann ich dir helfen?_
May I have your pencil?	_Kann ich deinen Bleistift haben?_
I must write this letter in Spanish.	_Ich muss diesen Brief auf Spanisch schreiben._

Vergessen Sie nicht, auch die Muttersprache der Lernenden in diesen Vergleich einzubeziehen! Es kann sein, dass dann der eine oder andere Vergleich sich erübrigt bzw. anders präsentiert werden muss.

Beispiel 3

Für die Lernenden, die Artikel in ihrer Muttersprache nicht kennen, ist diese Wortart keine Selbstverständlichkeit. Deshalb könnte man bei der Präsentation des Themas „Nomen und Artikel" damit beginnen, dass man die Lernenden zunächst an diese „Besonderheit" der englischen Nomina (im Vergleich bzw. im Gegensatz zur Muttersprache) erinnert.

Arbeitsblatt: „Nomen und Artikel"

1. **Sehen Sie sich diese Nomen an: Was ist das Besondere an den Nomen im Englischen? Markieren Sie und ergänzen Sie den Antwortsatz unten.**

Muttersprache	Englisch	
_____	the lion	a lion
_____	the woman	a woman
_____	the house	a house

Die Nomen im Englischen haben _____.

2. **Genauso wie im Englischen haben die Nomen auch im Deutschen einen Artikel.**

   Achten Sie bitte auf die Unterschiede: Wie viele Artikel gibt es im Englischen und wie viele im Deutschen?

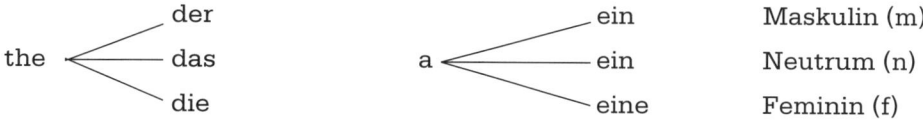

Englisch:		Das sind die deutschen Artikel:	
Definite article:	Indefinite article:	Bestimmter Artikel:	Unbestimmter Artikel:
the lion	a lion	der Löwe	ein Löwe
the house	a house	das Haus	ein Haus
the woman	a woman	die Frau	eine Frau

Aufgabe 30

Wäre die eben dargestellte Einführung der Artikel auch für die Lernenden Ihrer Muttersprache aktuell? Fallen Ihnen andere Bereiche bzw. Strukturen ein, für die sich mit Sicherheit eine solche oder ähnliche Transfermöglichkeit anbieten würde?

Bewusstes Lernen, wie es das Prinzip der kognitiven Orientierung fordert, bedeutet nicht nur Vergleichen der Sprachphänomene. Eine genauso bedeutende Rolle spielt die Reflexion. Eine aktive Auseinandersetzung mit den Lern- und Lehrverfahren unterstützt den Lernprozess. Fragen wie „Warum soll ich jetzt diese Wörter markieren?" oder „Wie bin ich zu dieser Regelformulierung gekommen?" und ähnliche konkrete Fragen zum Lernvorgang helfen den Lernenden, sich ihr eigenes Lernen bewusst zu machen und dieses zu systematisieren.

7.2.2 Verstehensorientierung: vom Verstehen zur Äußerung

Jeder Lernprozess beginnt mit einer Phase, in der man Neues zu erfassen, einzuordnen, ihm einen Halt im Gedächtnis zu geben versucht, d. h. mit einem Verstehensprozess. Beim Fremdsprachenlernen ist das nicht anders. Deshalb lautet eines der zentralen Prinzipien der Kommunikativen Didaktik: *vom Verstehen zur Äußerung*.

Wir haben auch festgestellt, dass in Verstehensprozessen (Hör-/Leseverstehen) die Grammatik anders „ins Spiel kommt" als in Mitteilungsprozessen (Sprechen/Schreiben).

7.2.2.1 Verstehensgrammatik

Eine wichtige Rolle spielt im Tertiärsprachenunterricht der Verstehensbereich: Die Lernenden sollen inhaltlich anspruchsvollere Texte als im herkömmlichen Fremdsprachenunterricht bereits im Anfangsunterricht bearbeiten, da ihre Englischkenntnisse – der „gemeinsame englisch-deutsche Wortschatz" – den Einstieg in viele L3-Themenbereiche erleichtern. Den Lernenden muss bewusst gemacht werden, dass sie bereits *viel mehr verstehen können*, als sie denken. Auch die Grammatik hat dabei eine besondere Funktion.

Die kommunikative Didaktik hat unter anderem auch auf die veränderte Gewichtung der einzelnen Grammatikpensen hingewiesen, z. B. gehören nicht alle Strukturen zum alltäglichen mündlichen Sprachgebrauch und müssen deshalb auch nicht produktiv geübt werden. Es gibt andererseits eine Reihe von Grammatikphänomenen in jeder Sprache, die speziell im Verstehensprozess benötigt werden.

Mehr zu diesem Thema finden Sie in der Fernstudieneinheit 4: *Methoden des fremdsprachlichen Deutschunterrichts* von G. Neuner und H. Hunfeld.

Schritte, die im Verstehensprozess durchlaufen werden:

a) Jemand (ein Autor) hat einen Text verfasst und dabei die sprachliche Gestaltung festgelegt (einfach oder komplex – je nach Mitteilungszweck und Adressat einer Textsorte). Jede Textsorte (z. B. Werbetext, Kochrezept, Nachricht, Kommentar etc.) hat eine ganz charakteristische sprachliche Gestalt.

b) Wir erkennen zunächst in einem Text Sätze, Wörter, Endungen etc. und müssen herausfinden, was sie bedeuten.

c) Um Texte zu verstehen, muss man also extensive Kenntnisse der grammatischen Formen entwickeln, d. h. viel Grammatikinformation „zur Kenntnis genommen" und gespeichert haben!

Der Lernweg beim Verstehen geht also vom Erkennen der grammatischen Form zur Interpretation ihrer Bedeutung/Funktion.

Beispiel

Beim Verstehen des folgenden Textes „Tanzzüge" (S. 75) hilft nicht nur der Wortschatz, der zu einem großen Teil über vom Englischen her bekannt wirkende Wörter zu erschließen ist. Im Text sind auch viele Komposita – also sollten die Lernenden diese Tendenz des Deutschen kennen, damit sie vor den vielen „langen" Wörtern nicht zurückschrecken, sondern diese als Komposita durchschauen und verstehen lernen. Die dem Text folgenden Erklärungen und Aufgaben weisen auf das Grammatikphänomen im Text hin:

Arbeitsblatt: „Tanzzüge"

Tanzzüge

z.B. **Bitburg/Eifel**
Mallorca – Party

Mit dem Tanzzug nach Mallorca? Warum in die Ferne schweifen - lassen Sie sich von der Mallorca-Party im Lallermann in Bitburg überraschen!

Leistungen:
Hin- und Rückreise im Tanzzug, 2 Übernachtungen mit Frühstücksbuffet, Begrüßungsdrink Eifeler Bauernbuffet (kalt/warm), Tanzabend im „Lallermann" und „Doppeldecker", Mallorca-Party mit Animation und DJ, Eintopfessen am Samstag, Shuttle-Service in das Stadtzentrum, Eifeler Spezialitätenbuffet, Tanzabend mit Live-Band und anschließender Disco.
An allen Tagen: Reiseleitung, Benutzung der hoteleigenen Freizeitanlagen.

So wohnen Sie:
Freizeit- und Erlebnishotel Eifelstern, 450 Betten, am Flugplatz gelegen. Erlebnisgastronomie mit Restaurant „Lindbergh", Steakhouse, Fliegerkneipe „Doppeldecker", Erlebnisdiskothek „Lallermann", Bar, Biergarten. Fitnesseinrichtungen wie Sauna, Solarium und Whirlpool. Zimmer mit Bad oder DU/WC, Telefon, Radio, Sat-TV.

Ameropa-Reisen (2000)

1. **Im Deutschen wie im Englischen kann man ein Wort, das man genauer beschreiben möchte, mit einem anderen Wort verbinden:**

   Shuttle-Service oder *Live-Band* sind in diesem Text solche Wortverbindungen, die aus dem Englischen ins Deutsche übernommen wurden.

   Im Deutschen bildet man solche Wortverbindungen viel häufiger als im Englischen; die einzelnen Wörter werden entweder mit einem Bindestrich „-" zu einem Wort verbunden oder einfach zusammengeschrieben. Diese Wortverbindungen nennt man „Komposita".

   Beispiele aus dem Text:

   Tanzzug, Mallorca-Party, Begrüßungsdrink

2. **Suchen und markieren Sie im Text die Komposita – die Wörter, die aus mindestens zwei Wörtern bestehen und zu einem neuen Wort verbunden sind.**

3. **Manchmal kann man nur einen Wortteil verstehen und daraus die Bedeutung der Wortverbindung erschließen. Lesen Sie die Komposita aus dem Text in der Liste unten und markieren Sie darin die Wortteile, die Sie verstehen.**

Komposita im Text	Hypothesen zu den Bedeutungen
Tanzzug	
Frühstücksbuffet	
Begrüßungsdrink	
Bauernbuffet	
Tanzabend	
Eintopfessen	
Stadtzentrum	
Spezialitätenbuffet	

Reiseleitung

Freizeitanlagen

Freizeit- und Erlebnishotel

Flugplatz

Erlebnisgastronomie

Erlebnisdiskothek

Biergarten

Fitnesseinrichtungen

_____

_____

_____

_____

_____

_____

4. Notieren Sie nun rechts von den Komposita Ihre Hypothesen zur Bedeutung dieser Wortverbindungen. Vergleichen Sie anschließend Ihre Hypothesen in der Gruppe.

5. Es gibt vielleicht auch Komposita, die Sie gar nicht verstehen. Versuchen Sie zuerst, den Text noch einmal zu lesen, und überlegen Sie, in welchem Kontext die Komposita stehen. Vielleicht finden Sie so heraus, was diese Wörter bedeuten. Greifen Sie erst am Ende zum Wörterbuch.

Aufgabe 31

> *Überlegen Sie: Welche Grammatikphänomene sind gerade für die Verstehens-grammatik noch wichtig?*

Es gibt aber auch bestimmte grammatische Strukturen, bei denen ein Kommentar nach dem Motto „nur zur Kenntnis nehmen" nicht ausreicht. Damit man diese Strukturen in einem Text erkennen kann, muss man sie kognitiv erlernen. Dabei sollte der Frage nachgegangen werden, welche Lernverfahren geeignet sind, z. B. wird die Methode angeboten, diejenigen Strukturen oder Formen, die in Reihen angeordnet oder in ein festes Reihenschema eingefügt sind, auch in diesen Reihen zu lernen. Dadurch bekommen die einzelnen Komponenten besseren Halt im Gedächtnis und sind leichter abrufbar. Dafür gibt es auch sehr viele Beispiele aus dem Wortschatzbereich, z. B. die Reihe der Zahlen, das Reihenschema der Wochentage und der Monatsnamen etc.

Dasselbe gilt auch für die Grammatik:

Beispiel

Personalpronomina:	*ich – du – er/sie/es – wir – ihr – sie*
Konjugation der Verben:	*ich gehe*
	du gehst
	er/sie/es geht
	wir gehen
	ihr geht
	sie gehen
Stammformen der unregelmäßigen Verben:	*gehen – ging – gegangen*
	sehen – sah – gesehen
	laufen – lief – gelaufen

In der Grammatik gibt es viele solche in sich geschlossene Reihensysteme (engl. *frames*).

Wenn man sie auswendig gelernt hat, kann man sie z. B. dazu verwenden, eine grammatische Form, auf die man in einem Satz stößt, „im Kopf nachzuschlagen". Man nennt dies *Referenzgrammatik* oder *Identifikationsgrammatik* oder auch *Wiedererken-nensgrammatik*. Sie ist ein Teil der Verstehensgrammatik.

Kehren wir nun zum Textverstehen zurück. Weil man dabei unter anderem darauf zielt, den Lernenden die authentische Sprache in authentischen Situationen im oder aus dem Zielsprachenland anzubieten, werden oft authentische Texte aus Zeitungen und Zeitschriften angeboten, die im Präteritum geschrieben sind. Wir wissen aber, dass in der mündlichen Kommunikation das Präteritum kaum gebraucht wird; deshalb gehört es nicht zur aktiv zu beherrschenden Grammatik und die neueren Methoden und Lehrwerke haben die Tendenz, das Präteritum erst viel später einzuführen als z. B. das Perfekt. Doch vielleicht wäre es gar nicht falsch, im Tertiärsprachenunterricht diese beiden Zeitformen gleichzeitig einzuführen?

Aufgabe 32

Wären Sie als Lehrperson dafür oder dagegen, die beiden deutschen Vergangenheitsformen gleichzeitig einzuführen?

☐ *dafür*   ☐ *dagegen*

Welche Vorteile und welche Nachteile hätte ein solches Verfahren? Überlegen Sie und notieren Sie Ihre Meinung.

Vorteile	Nachteile

Bei der gleichzeitigen Einführung beider Tempora ist es besonders wichtig, auf deren grundsätzlich unterschiedlichen Gebrauch im Deutschen hinzuweisen. Wir haben jedoch bereits erwähnt, dass man das in Reihen Gelernte besser abrufen kann, also ist es günstig, vor allem die Stammformen der unregelmäßigen Verben zusammen zu lernen, z. B. *lesen – las – gelesen, singen – sang – gesungen* usw. Zeitsparend wirkt dabei auch die Erfahrung der Lernenden aus der ersten Fremdsprache: Auch im Englischen gibt es regelmäßige und unregelmäßige Verben und die Stammformen der unregelmäßigen Verben sind in der Regel in solchen Reihen auswendig gelernt worden. Das Grammatikphänomen als solches ist den Lernenden also bereits bekannt, und vermutlich ist es auch hilfreich, mit den Lernenden über die Erfahrungen zu sprechen, die sie mit dem Auswendiglernen und Abrufen der Formen im Unterricht der ersten Fremdsprache gesammelt haben.

Weil die beiden Vergangenheitsformen im Deutschen unterschiedlich gebraucht werden, müssen sie im Anschluss an das Reihenlernen funktionsgerecht geübt werden: Perfekt beim Hörverstehen und im produktiven Gebrauch (vor allem Sprechen) und Präteritum beim Leseverstehen.

Im Anhang 5 (S. 152ff.) finden Sie ein Arbeitsblatt zu diesem Thema.

Hinweis

7.2.2.2 Mitteilungsgrammatik

Schritte, die in Mitteilungsprozessen durchlaufen werden:

a) Ich will etwas sagen.

b) Ich entscheide dann, welche fremdsprachlichen Ausdrucksmittel ich zur Verfügung habe und wie ich sie einsetze: Das hängt von den Umständen ab oder vom Partner, mit dem ich spreche; vom Thema, um das es geht, und davon, ob ich z. B. telefoniere oder meinem Partner direkt gegenüberstehe.

Abstufung der Sprachmittel:

Ich möchte den Bleistift meines Nachbarn im Sprachkurs benutzen. Wie „mache" ich das sprachlich? Zum Beispiel so:

- „Gib mir/Geben Sie mir bitte den Bleistift!" (Imperativ, Höflichkeitsform, Akkusativ)

- „Kann ich bitte mal deinen/Ihren Bleistift haben?" (Fragesatz, Modalverb, Höflichkeitsform, Akkusativ)

- „Könnte ich bitte deinen/Ihren Bleistift haben?" (Fragesatz, Konjunktiv, Modalverb, Höflichkeitsform, Akkusativ)

Literaturhinweis
Ausführliche und systematische Listen von *Sprechintentionen* mit Versprachlichungsmustern finden Sie z. B. in Baldegger/Müller/Schneider (1981).

Bei der Mitteilung steht also an erster Stelle das, was ich ausdrücken will (Mitteilungsabsicht), dann erfolgt die Auswahl der sprachlichen Mittel (z. B. der Grammatikformen, die ich verwenden will). Der Weg geht also von der (vorsprachlichen) Festlegung des Aussage-Inhalts zur Auswahl der passenden sprachlichen Formen.

Die Sprache, mit der ich partnerbezogene Mitteilungen gestalte, ist oft formelhaft („Ich möchte bitte ...“; „Kannst du mal ...?“ etc.), d. h., sie passt zu allen möglichen Inhalten („Ich möchte bitte einen Bleistift/einen Kaffee/eine Fahrkarte/...“). Weil man eine mündliche Äußerung in einem Gespräch schnell formulieren, d. h. spontan zur Verfügung haben muss, lernt man solche „Sprachformeln“ auch nicht über Satzkonstruktionsregeln – in einem Gespräch ist auch keine Zeit, einen „Satz zu konstruieren“, sondern man muss die entsprechende Formel aus den früher gelernten *frames* holen und die Äußerung mit dem entsprechenden Inhaltswortschatz füllen.

„Mitteilungen machen“ lernt man deshalb am besten anhand einer Beispielgrammatik. Diese Vorstellung ist nicht neu, sie wurde in der Audiolingualen Methode entwickelt, die sich ja auf die Entfaltung des mündlichen Sprachgebrauchs (Hören/Sprechen) konzentrierte (engl. *pattern grammar*/Satzmustergrammatik), und in ihrem Übungsapparat (engl. *pattern drill*/Einschleifübungen) perfektioniert. In vielen Lehrwerken der Kommunikativen Didaktik findet man – als Weiterentwicklung dieses Konzepts – die Redemittelkästen am Ende der Einführungsphase, wo die wichtigsten sprachlichen Äußerungsmuster zu einer Sprechabsicht gesammelt sind. Auch im Tertiärsprachenunterricht geht man unter anderem nach diesem Prinzip vor.

Beispiel

> Wir zitieren hier einen Teil eines Arbeitsblattes, dessen Grundlage ein Text über eine Tournee der Popband „No Angels“ ist. Im Anschluss an die Textarbeit wird hier auch das Sprechen geübt.

Arbeitsblatt

(a) **Schauen Sie noch einmal auf die Karte: Die „No Angels“ fahren durch ganz Deutschland. Mal sind sie im Süden, mal im Norden.**

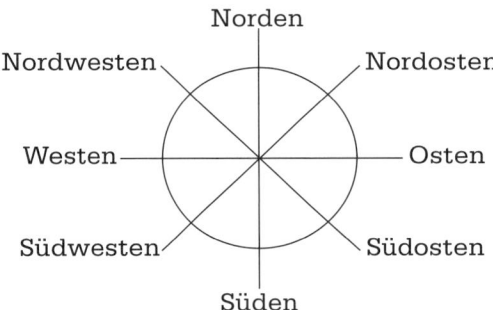

(b) **Wo liegt Bayreuth? Wohin fahren die „No Angels“ weiter? Fragen Sie und antworten Sie im Kurs. Der Redemittelkasten hilft.**

Wo liegt Berlin?	Im Osten/Süden/Westen/Norden Deutschlands. In der Mitte Deutschlands.
Wohin fahren die „No Angels“?	Sie fahren nach Süden, nach Karlsruhe. Danach fahren sie nach Nordosten, nach Berlin.
Wo ... ?	

Dazu eine Anmerkung: Wenn wir zu jemandem etwas sagen wollen, ist entscheidend, dass unser Gesprächspartner versteht, was wir sagen wollen. Ob das mit oder ohne Grammatikfehler geschieht, ist nicht entscheidend. Wichtig ist, dass die „Botschaft ankommt“ (wobei eine schlechte Aussprache oft eher verhindert, dass wir verstanden werden, als eine Äußerung, in der die Wortstellung oder die Endungen nicht stimmen).

7.2.3 Ökonomisierung der Grammatikarbeit und Aktivierung der Lernenden

Da für den Tertiärsprachenunterricht im Allgemeinen weniger Zeit zur Verfügung steht als für den Unterricht in der ersten Fremdsprache, ist es eine der wichtigsten Aufgaben der Tertiärsprachendidaktik, zeitsparende und effiziente Lehr- und Lernverfahren zu entwickeln.

Ökonomisierung im Bereich der Grammatikarbeit für die Sprachenkonstellation „Deutsch nach Englisch" ergibt sich zum einen aus der Verwandtschaft beider Sprachen (wir haben schon mehrmals erwähnt, dass sich durch den Vergleich ähnlicher Strukturen lange Erörterungen erübrigen); außerdem haben die Lernenden bereits ein eigenes Verständnis für das Grammatiklernen entwickelt.

Zum anderen trägt der Bereich des prozeduralen Lernens zur Ökonomisierung bei – das Erproben und Üben von Lernstrategien, die zur selbstständigen Arbeit anleiten. Die scheinbar zeitaufwendigen Erklärungsverfahren im Anfangsunterricht sind letztlich gar nicht so zeitaufwendig. Je schneller sich die Lernenden an das Denken, Nachdenken, Vergleichen, die selbstständige Erarbeitung von sprachlichen Regularitäten gewöhnen, desto effektiver kann der Unterricht gestaltet werden und durch die aktive (Mit-)Arbeit der Lernenden auch zügiger ablaufen.

Welche Verfahren können zur Aktivierung der Lernenden in Bezug auf die Grammatikarbeit beitragen?

Da selbstständiges, autonomes Lernen eines der übergreifenden Ziele des Tertiärsprachenunterrichts ist, sind natürlich alle Lernstrategien im Lernprozess willkommen.

Die Systematik der Lernstrategien von Bimmel/Rampillon (2000, 65 – 66) finden Sie im Anhang 7 (S. 156f.). *Hinweis*

Verschiedene Strategien haben die Lernenden bereits im Unterricht in der ersten Fremdsprache kennen gelernt und angewendet. Deshalb ist es wichtig, auch in dieser Hinsicht die vorhandenen Lernerfahrungen in den Tertiärsprachenunterricht einzubeziehen.

Wir besprechen nun diejenigen Strategien, die wichtig für das Fremdsprachenlernen allgemein sind, im Tertiärsprachenunterricht darüber hinaus aber auch spezifisch eingesetzt werden können.

7.2.3.1 Regularitäten der Grammatik selbst finden

a) Das SOS-Prinzip

In einigen neueren Fremdsprachenlehrwerken vielseitig eingesetzt wird das sogenannte SOS-Prinzip. SOS bedeutet Sammeln – Ordnen – Systematisieren. Nach diesem Prinzip sollen die Lernenden dazu angeleitet werden, sich die Gesetzmäßigkeiten der Grammatik selbst zu erarbeiten. Was man sich selbst erarbeitet hat, prägt sich stärker im Gedächtnis ein als das bloße Reproduzieren von vorformuliertem Lernstoff.

Die selbstständige Arbeit nach dem SOS-Prinzip erfolgt in mehreren Schritten. Sie muss gut vorbereitet sein: Den Lernenden werden „Input-Texte" zur Verfügung gestellt, die das neue Grammatikpensum geballt enthalten (synthetische Texte).

Arbeitsschritte:
1. *Sammeln*:
   Die Lernenden sollen zunächst anhand des Textes ein bestimmtes Grammatikphänomen markieren bzw. herausschreiben.
2. *Ordnen*:
   Nun wird in Tabellen zusammengefügt, was zusammengehört.
3. *Systematisieren*:
   Abschließend versuchen die Lernenden, eine erste Regel zum betreffenden Grammatikphänomen zu formulieren bzw. dieses durch grafische Symbole zu verdeutlichen.

Im Tertiärsprachenunterricht kann das SOS-Prinzip in *Verbindung mit dem Sprachvergleich* eingesetzt werden. Der Vergleich regt die Lernenden dazu an, bei Grammatikphänomenen, auf die sie z. B. in einem Text stoßen, zunächst „relevantes Vorwissen aus dem Englischen" zu aktivieren (Hypothesenbildung). Die Grammatik des Englischen, die die Lernenden bereits „im Kopf" haben, dient dabei als Referenzgrammatik: „Kann ich ein vergleichbares Sprachphänomen im Englischen finden, das mir weiterhilft?"

Beispiel 1

Steigerung im Englischen und im Deutschen: Regelmäßige Formen

Arbeitsschritt 1: Vergleichbare Sprachphänomene sammeln

1. Lesen Sie die beiden Texte und unterstreichen Sie alle Wörter, die mit „Steigerung" zu tun haben.

Jim has a motor scooter.
It is loud and fast.

Jim hat einen Motorroller.
Er ist laut und schnell.

Jack has a motorbike.
What do you think:
Is it louder and faster
than Jim's scooter?

Jack hat ein Motorrad.
Was meinst du:
Ist es lauter und schneller
als Jims Roller?

John has an old BMW sports car.

John hat einen alten BMW-Sportwagen.

It is even louder and faster
than Jack's motorbike.
It is the loudest and fastest.

Er ist noch lauter und schneller
als Jacks Motorrad.
Es ist am lautesten und am schnellsten.

Arbeitsschritt 2: Ordnen

2. Tragen Sie die deutschen Wörter zu „Grundform", „Komparativ" und „Superlativ" ein.

	Grundform	Komparativ	Superlativ
Englisch	loud	louder	loudest
Deutsch	laut	_____	_____

	Grundform	Komparativ	Superlativ
Englisch	fast	faster	fastest
Deutsch	_____	_____	_____

Arbeitsschritt 3: Systematisieren

3. Versuchen Sie jetzt, eine Grundregel für „Komparativ" und „Superlativ" im Deutschen zu formulieren.

Komparativ: Grundwort + _____

Superlativ: _____ + Grundwort + _____

---

b) Der dreisprachige Vergleich sprachlicher Strukturen

Neben dem SOS-Prinzip, das die meisten Lernenden wohl schon aus dem Unterricht in der ersten Fremdsprache kennen, bietet sich für den Tertiärsprachenunterricht ein weiteres effektives Lernverfahren an, das den Lernenden bewusstes Aufnehmen des neuen Lernstoffs ermöglicht: der dreisprachige Vergleich sprachlicher Strukturen. Im Konzept „Deutsch nach Englisch" wären dies die Muttersprache, Englisch und Deutsch. Dabei untersuchen die Lernenden Ähnlichkeiten und Unterschiede in den drei Sprachen. Auf diese Weise werden diese bewusst gemacht und die Sensibilität der Lernenden für unterschiedliche sprachliche Strukturen wird vertieft.

Besonders günstig ist der dreisprachige Vergleich in Konstellationen, in denen das Englische und das Deutsche im Gegensatz zur Muttersprache Ähnlichkeiten aufweisen. Darauf sind wir Kapitel 7.2.1 (S. 72f.) bereits eingegangen.

Das deutsche Wort *es* als formale Verbergänzung

Dieses Grammatikphänomen kennt man in vielen Sprachen nicht. In den slawischen, einigen romanischen und anderen Sprachen brauchen die Verben keine formale Ergänzung bzw. kein formales Subjekt. Sie können im Satz auch allein stehen. Das Englische mit seinem sogenannten „empty subject" *it* kann also das Verstehen des parallelen Grammatikphänomens im Deutschen erleichtern. Im folgenden Beispiel ist Russisch die Ausgangssprache.

1. Lesen Sie die Sätze in der Tabelle in Ihrer Muttersprache und auf Englisch. Wo liegt der Unterschied im Ausdruck? Markieren Sie, was in den englischen Sätzen Besonderes ist.

Russisch	*Englisch*	*Deutsch*
Холодно.	It is cold.	Es ist kalt.
Пора идти.	It is time to leave.	Es ist Zeit zu gehen.
Сейчас полтретьего.	It is half past two.	Es ist halb drei.
Идёт дождь.	It is raining.	Es regnet.

2. Sehen Sie sich nun auch die deutschen Sätze in der Tabelle an. Was ist hier im Vergleich zu den englischen Sätzen ähnlich? Markieren Sie diese Ähnlichkeiten in den deutschen Sätzen.

3. Wir fassen zusammen: Beantworten Sie die Fragen.

   a) Kann im Deutschen ein Verb allein einen Aussagesatz bilden? _____

   b) Welches Wort steht im Deutschen an der Stelle des Subjekts? _____

   c) Welche Endung hat das Verb? _____

   d) In welcher „Person" und „Zahl" steht das Verb im Deutschen? _____

Gerade da, wo die Muttersprache zum Einsatz kommt, ist jeder Lehrende selbst gefordert zu entscheiden, ob bei dem einen oder anderen grammatischen Phänomen ein solcher Vergleich überhaupt nützlich ist.

Bearbeiten Sie das Beispiel oben, indem Sie anstelle von Russisch Ihre eigene Muttersprache einsetzen. Wäre mit Ihrer Sprache und bei diesem Grammatikphänomen das oben eingesetzte Verfahren sinnvoll?

7.2.3.2 Hilfsmittel selbstständig benutzen

Insbesondere zwei Schwerpunkte sind hier zu unterscheiden:
- die Terminologie der Grammatikdarstellung,
- das Nachschlagen in Grammatikübersichten und Wörterbüchern.

a) Grammatikterminologie

1) Denken Sie an Ihren eigenen Fremdsprachenunterricht zurück: Welche Grammatikbegriffe sind Ihnen noch in Erinnerung? Wie haben Sie die Grammatikterminologie aufgefasst: Haben Sie die Begriffe verstanden und im Unterricht benutzt? Oder haben Sie sie abgelehnt und gar nicht auf sie geachtet? Empfanden Sie sie als Hilfe bei der Grammatikerklärung? Oder waren die Begriffe für Sie eher verwirrend und Sie konnten sich nur auf die Beispiele stützen?

Schon ein kurzer Blick in die Deutschlehrwerke und ihre Grammatikdarstellungen zeigt: Es gibt keine zwei Lehrwerke, die in der Terminologie übereinstimmen. Das kann dazu führen, dass die Lernenden überfordert werden und Schwierigkeiten haben, die Terminologie überhaupt zu verstehen und zu benutzen.

Für den Tertiärsprachenunterricht empfiehlt es sich deshalb – soweit möglich –, sich auf den Muttersprachenunterricht bzw. den Unterricht in der ersten Fremdsprache zu beziehen und die von daher bereits bekannte Terminologie zu benutzen.

Beispiel

Welche Begriffe verwenden Sie?

Substantiv oder *Nomen* oder *Hauptwort*?

Possessivpronomen oder *Possessivartikel* oder *Possessivbegleiter* oder *besitzanzeigendes Fürwort*?

Aufgabe 35

1) Ergänzen Sie in der Tabelle die folgenden englischen Wortarten **pronoun, adverb, verb, noun, adjective.**

	Englisch	Deutsch	Muttersprache
sing	verb		
brave			
over there			
green			
song			
listen			
mine			
house			
usually			
he			

2) So lauten die „gängigen" Bezeichnungen im Deutschen (in Anlehnung an die lateinische Schulgrammatik):

das Pronomen, das Adverb, das Verb, das Nomen, das Adjektiv.

Schreiben Sie die deutschen Begriffe passend zu den englischen in die Tabelle.

3) Wie heißen die entsprechenden fünf Begriffe in Ihrer Muttersprache? Tragen Sie diese in die Tabelle ein.

4) Vergleichen Sie nun die Begriffe in allen drei Sprachen: Helfen die englischen Begriffe beim Verstehen der deutschen?

5) Auf S. 83 sind noch einige weitere grammatische Begriffe auf Deutsch aufgelistet. Ordnen Sie sie den vier darunterstehenden Wortarten zu. (Einige Begriffe passen zu mehreren Wortarten!) Überprüfen Sie anschließend Ihre Eintragungen mithilfe einer Grammatikübersicht.

Infinitiv, Reflexivpronomen, Singular, Komparation, Artikel, Imperativ, Personalpronomen, Passiv, Plural

Nomen: _____

Verb: *Infinitiv* _____

Adjektiv: _____

Pronomen: _____

Mit Übungen dieser Art können Sie das Vorwissen Ihrer Lernenden (aus deren Englischunterricht und eventuell auch aus der Muttersprache) in Bezug auf die grammatische Metasprache aktivieren. Außerdem wird Ihren Lernenden dabei bewusst, dass sie auch im Grammatikbereich, der manchen Lernenden zusätzliches „Kopfzerbrechen" bereitet, viel bereits Verstandenes in den Tertiärsprachenunterricht mitbringen. Wenn die Lernenden dadurch mit der Grammatikterminologie entspannter umgehen lernen, werden sie auch im weiteren Unterricht den kognitiven Lernverfahren offener gegenüberstehen.

b) Nachschlagen

Man kann eigentlich davon ausgehen, dass die Lernenden schon vor Beginn des Tertiärsprachenunterrichts das Nachschlagen im Wörterbuch oder in einer Grammatikübersicht grundsätzlich gekannt bzw. erlernt haben. Das ist eine gute Basis, auf der man aufbauen kann.

> *Denken Sie nun wieder an Ihren eigenen Fremdsprachenunterricht zurück: War das Nachschlagen in einem Wörterbuch oder in einer Grammatikübersicht ein Thema im Unterricht? Wurde es anhand von Beispielen geübt? Oder wurde vorausgesetzt, dass die Schüler es können? Und wie war es bei Ihnen? Haben Sie diese Hilfsmittel gerne benutzt oder hatten Sie Schwierigkeiten, sich darin zurechtzufinden?*

Aufgabe 36

Der Tertiärsprachenunterricht hat sich zum Ziel gesetzt, das selbstständige Lernen zu fördern. Um selbstständig lernen zu können, müssen die Lernenden auch mit Hilfsmitteln umgehen können. Für den Anfang ist die Beschäftigung mit einem Wörterbuch Englisch–Muttersprache empfehlenswert, indem man Fragen nachgeht wie:

- Wie schlägt man Wörter nach – nach welchen Merkmalen (z. B. Alphabet)?
- Wie erkennt man die Wortarten, Stammformen, Ausnahmen?

Dazu würden sich folgende Schritte empfehlen:

1. Mit einer oder ein paar Seiten aus einem Wörterbuch, mit dem Lernende im Englischunterricht gearbeitet haben, und anhand von konkreten Fragen erarbeiten, wie man im Wörterbuch etwas Bestimmtes findet.
2. Anschließend kann man zu einem oder mehreren deutschsprachigen Wörterbüchern übergehen und dort auf dieselben Fragen Antworten suchen.

> ### *I found my keys yesterday.*
>
> Nehmen wir an, Sie verstehen das Wort *found* nicht und können es auch nicht aus dem Kontext erschließen. Die einzige Hilfe bietet also das Wörterbuch. Doch wie finden wir die Bedeutung von *found*? Was müssen wir wissen? Welche Überlegungen sind wichtig, bevor wir im Wörterbuch nachschauen? Überlegen Sie, was haben Sie in Ihrem Englischunterricht getan, wonach haben Sie gesucht?
>
> Über den Beispielsatz kommen die Lernenden zu Antworten wie
>
> - Aus dem Satz können wir erschließen, dass *found* ein Verb ist.
> - *yesterday* weist auf Vergangenheit (bzw. past tense) hin.
> - *found* ist wohl eine der Stammformen eines Verbs.

Beispiel

- Im Wörterbuch finden wir nur *find*.
- Wir müssen also in der Liste der unregelmäßigen Verben nachschauen.

Man kann aus diesem Beispiel ableiten, was allgemein zu überlegen ist:
- zu welcher Wortart das Wort gehört,
- ob es sich um eine Stammform oder eine abgeleitete Form handelt,
- wo man die Stammform findet.

Ein unerfahrener Lernender würde vermutlich sofort das Wörterbuch aufschlagen und nach dem Wort *found* suchen, um es dann frustriert zur Seite zu legen, weil diese Form im Wörterbuch nicht auffindbar ist. Entscheidend ist, dass die Lernenden das Prozessdenken üben. Ihre Erfahrungen aus dem Englischunterricht sind dabei sehr hilfreich. Nachdem die Lernenden für einen solchen Denkprozess sensibilisiert sind, kann man das Nachschlagen nun auch an einem deutschen Satz üben.

Außerdem es ist hilfreich, ab jetzt bei jedem neuen Grammatikphänomen das Wörterbuch oder die Grammatikübersicht einzubeziehen, z. B.

➤ bei den Nomen: Geschlecht bzw. Artikel finden; die Pluralform finden;

➤ bei den Adjektiven: die unregelmäßigen Komparationsformen finden;

➤ bei den Verben: die Stammvokaländerung bei den unregelmäßigen Verben in der 2. und 3. Person Singular Präsens finden.

Bei den Grammatikübersichten ist vor allem zu beachten, ob die Terminologie, die darin benutzt wird, mit der Terminologie aus dem Unterricht übereinstimmt.

7.3 Arbeitsblätter zur Grammatikarbeit erstellen

Höchstwahrscheinlich werden Sie als Deutschlehrer oder Deutschlehrerin in den meisten Fällen auch im Tertiärsprachenunterricht mit einem herkömmlichen Lehrwerk arbeiten müssen. Für den Fall, dass Sie die im Lehrwerk angebotene Grammatikarbeit

- durch DaFnE-spezifische Arbeitsaufgaben ergänzen
- oder gar eine ganze Unterrichtssequenz aus dem Lehrwerk durch Ihr eigenes Unterrichtskonzept unter Einbeziehung der Prinzipien für den Tertiärsprachenunterricht ersetzen möchten, müssen Sie Ihre eigenen Grammatik-Arbeitsblätter erstellen.

Was ist dabei zu beachten?

Wir fassen zusammen, was für die Grammatikarbeit im Tertiärsprachenunterricht von Bedeutung ist und sich deshalb auch in einem Arbeitsblatt widerspiegeln sollte:

➤ Lernverfahren: *Vergleichen und Besprechen*. Dies schließt mit ein:
  1. Vergleichen der sprachlichen Strukturen in drei Sprachen: Englisch, Deutsch und Muttersprache.
  2. Das Vorwissen der Lernenden wird genutzt und damit gewährleistet, dass die Lernenden stets aktiv mitarbeiten und nicht nur Zuschauer und Zuhörer sind, die den vorgegebenen Lehrstoff rezipieren und reproduzieren müssen.
  3. Reflexion spielt eine besondere Rolle im Lernprozess.

➤ Das SOS-Prinzip bietet sich sehr gut für die eigenständige und selbstverantwortete Arbeit an. Die Erschließung neuer Grammatikphänomene wird durch das SOS-Prinzip bestens unterstützt.

➤ Genauso wie im herkömmlichen kommunikativen Fremdsprachenunterricht bildet die Grammatik nicht die ausschließliche Grundlage des Unterrichts, sondern orientiert sich an den Texten und Themen. Daher ist auch die Unterscheidung zwischen Verstehens- und Mitteilungsgrammatik von Bedeutung. Die Verstehensgrammatik hilft vor allem im Anfangsunterricht dabei, anspruchsvollere Inhalte zu bearbeiten.

➤ Arbeitsanweisungen im Anfangsunterricht müssen immer in der Muttersprache gegeben werden. (Bei einer heterogenen Lernergruppe kann man zeitweise auch Englisch als Unterrichtssprache benutzen.)

Bei dem Arbeitsblatt, das wir Ihnen im Anhang 5 (S. 152ff.) vorschlagen, geht es um die Stammformen der deutschen Verben. Für die Erarbeitung der Stammformen nehmen wir das Englische zu Hilfe, da die Konzepte den Lernenden vom Englischen her bekannt sind; das kann jetzt als „Verstehensbrücke" dienen. (Überlegungen zur Entstehung eines solchen Arbeitsblatts finden Sie im Kapitel 7.2.2.1, S.65f.).

Hier einige **Anmerkungen zum Arbeitsblatt „Regelmäßige/Unregelmäßige Verben"** im Anhang 5:

1. Bereits beim Präsentieren des Arbeitsblatts, das den Titel „Regelmäßige/Unregelmäßige Verben" trägt, kann man in einem kurzen Gespräch darauf eingehen, was die Schüler aus dem Englischen über die Verben wissen – mit der Aktivierung ihrer Vorkenntnisse können sie die angebotenen Übungen bestimmt schneller lösen als ohne. Anschließend kann man Übung 1 lösen, die direkt auf das Englische zurückgreift.

2. Bei Bedarf kann/sollte man auf die Unterschiede zwischen den Präteritumformen im Englischen und im Deutschen eingehen, aber nur auf der Verstehensebene.

3. Übung 7 folgt den Erkenntnissen über das prozedurale Wissen und über die Verbesserung des Lernerfolgs, wenn Lernende selbst Übungen für ihre Mitschüler erstellen.

4. Ähnlich verfährt man auch bei der Übung 8: Bevor man eine Methode empfiehlt, mit der die Verb-Stammformen gelernt werden sollten, ist es wichtig, zu besprechen, wie die Lernenden vergleichbare Formenreihen im früheren Englischunterricht geübt und gelernt haben: „War das Lernverfahren damals erfolgreich, möchten Sie das jetzt wieder genauso machen?"

5. Das Arbeitsblatt bietet einen Einstieg in das Grammatikthema. Im Anschluss sollen beide Zeitformen geübt werden: Mit den Inhalten, die Sie Ihrem Lehrwerk entnehmen können (oder auch selbst auswählen), üben Sie das Perfekt als Mitteilungsgrammatik in den Fertigkeitsbereichen Hören und Sprechen und das Präteritum im Bereich Lesen als Verstehensgrammatik.

Wie Sie sehen, ist in diesem Arbeitsblatt das deklarative Wissen der Lernenden aus dem Erlernen der ersten Fremdsprache berücksichtigt und mit ihrem prozeduralen Wissen verbunden, und zwar durch die Auseinandersetzung mit dem „Wie" des Lernprozesses.

8 Arbeit mit Aussprache und Rechtschreibung

8.1 Aussprache

Wenn Sie sich grundsätzlicher zum Thema „Aussprache im Deutschunterricht" informieren wollen, empfehlen wir Ihnen die Fernstudieneinheit 21: *Phonetik lehren und lernen* von H. Dieling und U. Hirschfeld.

8.1.1 Ausspracheschulung im Rahmen des Tertiärsprachenlehrens und -lernens

Ähnlich wie im Bereich der Wortschatz- und Grammatikarbeit ergeben sich im Rahmen des Tertiärsprachenlernens auch im Bereich der Ausspracheschulung Besonderheiten.

Überdenken Sie die typische Situation von L3-Lernenden: Sie sind jetzt älter als beim Erlernen der ersten Fremdsprache, oft schon in der Pubertät. Das Lebensalter kann positive Auswirkungen haben, aber besonders im Bereich der Aussprache kann es auch Nachteile mit sich bringen. Generell wird nämlich angenommen, dass es eine sensible Phase für den Erwerb einer korrekten Intonation gibt (die Zeit *vor dem sechsten Lebensjahr*) und dass danach eine „perfekte" Aussprache in einer neu dazukommenden Fremdsprache kaum mehr erreichbar ist. Daher geht man davon aus, dass jugendliche und erwachsene Fremdsprachenlernende viel phonetischen Transfer bzw. zahlreiche Interferenzen (vgl. Kapitel 1.4.1 und 1.4.2) in der neuen Sprache produzieren werden, vor allem aus der Muttersprache und besonders in den Anfangsphasen des Unterrichts.

Dagegen sind phonologische Einflüsse aus anderen erlernten Sprachen seltener; der Einfluss der ersten Fremdsprache Englisch auf die deutsche L3-Aussprache ist jedoch nicht so leicht abzutun. Vielleicht wissen Sie aus Ihrem eigenen Unterricht, dass Lernende manchmal einen englischen oder amerikanischen Akzent haben, wenn sie beginnen, deutsch zu sprechen z. B., wenn sie in beiden Sprachen ähnlich geschriebene Wörter (*Kognaten*) wie *international* oder *Modell* sagen. Dieses Phänomen ergibt sich daraus, dass ein Sprachlernender, der schon eine andere Fremdsprache gelernt hat, bereits zwei „Sprachmelodien" im Kopf hat: eine muttersprachliche und eine fremdsprachliche. Um zumindest etwas „Fremdsprachliches" zu produzieren, „entleiht" er manchmal die als fremdsprachlich aufgefasste Intonation der L2 für die L3.

Die Ausspracheschulung im Unterricht in der zweiten Fremdsprache hat die Aufgabe, den Lernenden bewusst zu machen, dass nicht nur zwischen der muttersprachlichen und der fremdsprachlichen „Sprachmelodie" zu unterscheiden ist, sondern dass jede (Fremd-)Sprache ihre eigene „Sprachmelodie" besitzt. Wir können annehmen, dass ein neues Intonations- und Aussprachemuster eher wahrgenommen wird, wenn es gleich zu Beginn des Tertiärsprachenunterrichts thematisiert wird.

Falls Sie mit jungen Erwachsenen oder mit erwachsenen Lernenden gearbeitet haben, werden Sie festgestellt haben, dass diese sich oft zu sehr auf das Schriftbild konzentrieren. Wenn das so ist, könnten Sie im Anfangsunterricht einmal das folgende Experiment durchführen: Spielen Sie Ihren Lernenden ein kurzes Hörstück (z. B. einen Rap, ein Lied oder einen Dialog) vor, ohne den Text zu zeigen. Nach mehrmaligem Anhören sollen die Lernenden den Text im Chor, zu zweit oder zu dritt oder allein mitsprechen und anschließend selbst vortragen. Erst wenn die Lernenden den Text relativ sicher vortragen können, zeigen Sie ihnen dessen gedruckte Version. Höchstwahrscheinlich werden die Lernenden mit Erstaunen feststellen, dass sie den Text ganz anders vorgetragen hätten, wenn sie ihn nicht nur gehört, sondern gleich gelesen hätten. Diese Entdeckung kann Lernende für den weiteren Umgang mit der Aussprache immens sensibilisieren.

8.1.2 Besonderheiten der Sprachenkonstellation Englisch (L2) und Deutsch (L3)

Die L3-Aussprache kann sowohl bestimmte, durch die L2 verursachte Probleme als auch Erfolge aufweisen. Hauptsächlich sind in diesem Bereich Interferenzen aus dem Englischen untersucht worden; jedoch kann die früher gelernte L2 auch in manchen Fällen eine große Hilfestellung bieten, insbesondere in der Anfangsphase.

Um zu verdeutlichen, welche Hilfestellungen hier Englisch als erste Fremdsprache bietet, erinnern wir an die Situation der Deutschlernenden Wang und Hong aus China, die wir in Kapitel 4.1.3 (S. 26) beschrieben haben: Wang, der schon in der Schule Englischunterricht hatte, kann die Phoneme /r/ und /l/ vielleicht nicht perfekt aussprechen, aber immerhin weiß er schon von seiner ersten Fremdsprache her, dass es dabei um einen bedeutungstragenden Unterschied geht. Er hat in der Schule lange geübt, um den Unterschied zwischen den englischen Wörtern *light* und *right* hören zu können, und dürfte daher schon zu Beginn des Deutschunterrichts die Wörter *Land* und *Rand* unterscheiden können. Hong dagegen, der Deutsch jetzt als erste Fremdsprache lernt, muss zunächst überhaupt darauf aufmerksam gemacht werden, dass es zwischen den zwei Phonemen im Deutschen einen bedeutungstragenden Unterschied gibt.

Auch in vielen weiteren Fällen ist es für Lernende leichter, solche in ihrer Muttersprache unbekannten Konsonanten oder Vokale im Deutschen auszusprechen, wenn sie diese vorher jahrelang im Englischunterricht geübt haben. Sie wissen z. B. bereits auch, dass es bei bestimmten Aspekten wie Wortakzent oder Vokallänge zu Bedeutungsunterschieden kommen kann, und müssen deshalb nicht mehr so sehr gegen den zwangsläufigen Einfluss ihrer Muttersprache „kämpfen", um Minimalpaare (wie /l/ und /r/: *Land* und *Rand*) im Deutschen sicher unterscheiden zu können.

Natürlich gibt es mehrere Unterschiede zwischen den phonologischen Systemen des Englischen und des Deutschen. Deshalb wurde bisher oft vor Interferenzen aus dem Englischen gewarnt, die die Kommunikation im Deutschen behindern könnten. So hebt z. B. Agafonova (1997) einige Problemstellen hervor, die bei L3-Lernenden mit Russisch als Muttersprache auftauchen, z. B. die Aussprache von deutschen Konsonanten im Auslaut (*Dialog, Geld*) oder die Betonung von Wörtern, die in beiden Sprachen ähnlich geschrieben sind (*compromise – Kompromiss, international – international*).

Wie sind diese Ähnlichkeiten bzw. Unterschiede im Unterricht zu thematisieren?

Das folgende Beispiel weist auf die Erarbeitung von übereinstimmenden Regularitäten in der Lautung des Englischen und des Deutschen hin. Die Übung macht die Ähnlichkeiten und Unterschiede in Artikulation und Wortakzent deutlich: Sie erschließen sich durch „genaues Hinhören". Bei dieser Aufgabe lesen Lernende zunächst die Liste von Lexemen durch und notieren sich, ob die Wörter ähnlich oder unterschiedlich geschrieben werden. Danach können sie die Wortpaare hören und sich dann entscheiden, ob diese Paare gleich oder unterschiedlich ausgesprochen werden. In einem letzten Schritt können die Lernenden überlegen, welche Phoneme in den zwei Sprachen graphemisch gleich und welche unterschiedlich geschrieben werden; daraus können sie evtl. selbst Regeln für die Schreibweise und Aussprache deutsch-englischer Wortpaare ableiten.

Aufgabe 37

Lösen Sie diese Aufgabe. Was erkennen Sie als gleich bzw. unterschiedlich?

🇬🇧	🇩🇪	✏️	👂	🇬🇧	🇩🇪	✏️	👂
alarm	Alarm			motor	Motor		
all	all			mouse	Maus		
allegory	Allegorie			must	musst		
alphabet	Alphabet			son	Sohn		
altar	Altar			Spanish	spanisch		
aluminium	Aluminium			sprung	Sprung		
angel	Engel			spur	Spur		
arm	Arm			stall	Stall		
can	kann			stand	Stand		
English	englisch			station	Station		
file	Feile			student	Student		
fish	Fisch			Summer	Sommer		
hammer	Hammer			telephone	Telefon		
hand	Hand			temperature	Temperatur		
house	Haus			this and that	dies und das		
hello	Hallo			tiger	Tiger		
here	hier			tip	Tip		
ice	Eis			tube	Tube		
land	Land			will	will		
London	London			wine	Wein		
mine	mein						

Berger/Colucci (1999), 25

Wie man der Übung entnehmen kann, ist das *geschriebene* englische Wort unter Umständen leichter als „verwandtes" Wort zu erkennen als das gesprochene – darauf gehen wir im folgenden Kapitel näher ein.

8.2 Rechtschreibung

Im Bereich der Rechtschreibung könnten sich aus dem Vergleich von Englisch und Deutsch Hilfen ergeben – und vielleicht auch Entdeckungen, die den Lernenden Spaß machen –, wenn Sie etwas Zeit darauf verwenden, die Lerngruppe auf bestimmte orthografische Muster hinzuweisen.

Bei vielen Wörtern sind die deutsche und die englische Schreibweise nur minimal unterschiedlich und es gibt viele Muster, die man bei der Erschließung von Geschriebenem zu Hilfe nehmen kann. So ist z. B. häufig der Fall, dass dort, wo im Englischen ein *pp* erscheint, im Deutschen *pf* oder *ff* geschrieben wird (*apple – Apfel*; *hope – hoffen*).

Hinweis

Oder das englische *c* entspricht häufig dem deutschen *k* (*cold – kalt*) (s. hierzu auch Anhang 6, S. 155).

Diese Tatsache ist in der folgenden Aufgabe zum Thema gemacht worden.

Aufgabe 38

Können Sie die einzelnen Arbeitsschritte dieser Aufgabe nachvollziehen?
Welche weiteren Muster außer den eben genannten lassen sich durch das – im Original farbig hinterlegte – „Sprachrad" noch erschließen?

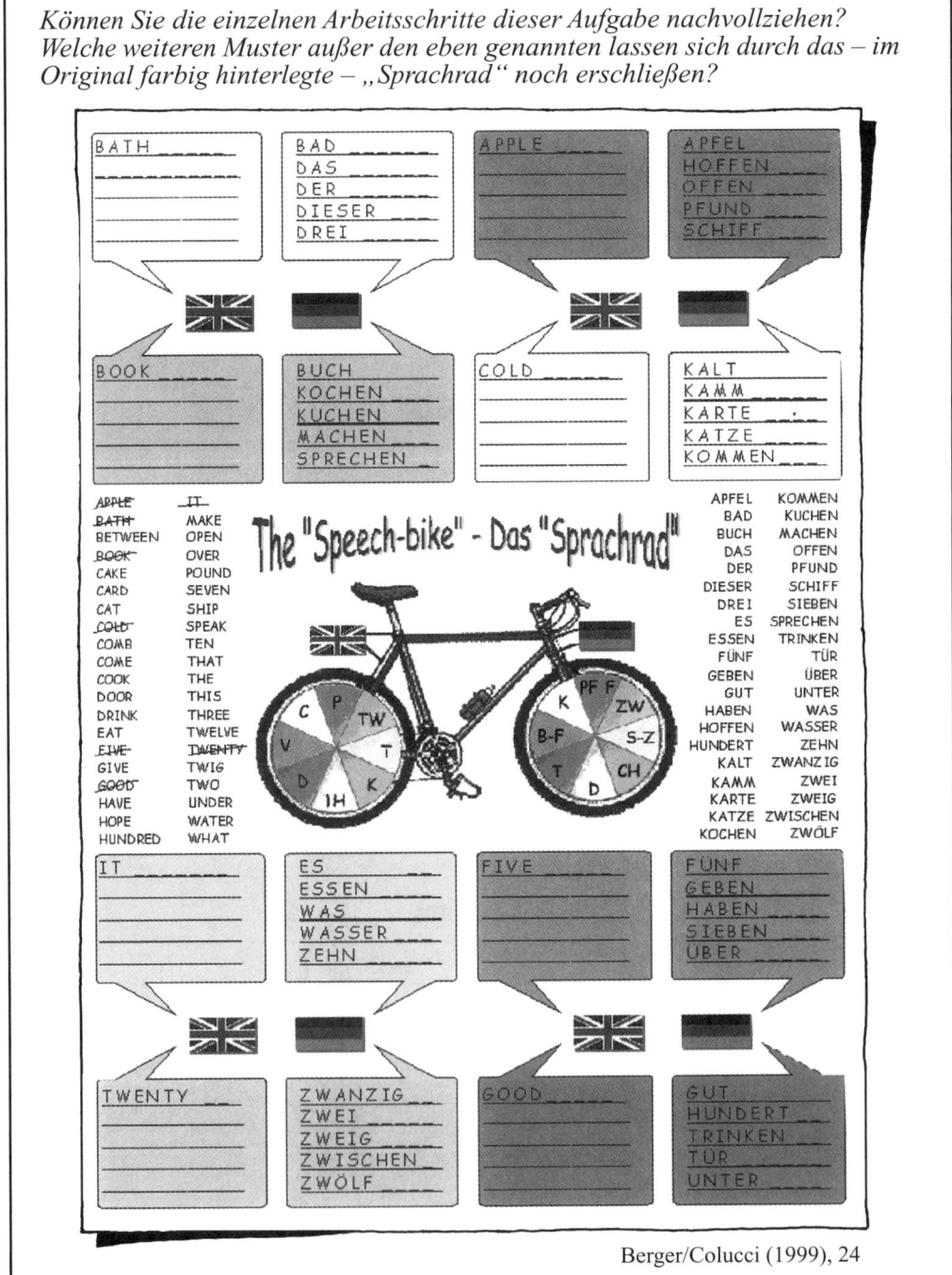

Berger/Colucci (1999), 24

1) *Was meinen Sie: Wo wird eine Besprechung dieser Muster am leichtesten durchzuführen sein – bei Kindern, bei Jugendlichen oder bei Erwachsenen?*
2) *Überlegen Sie sich, wie diese Übung sinnvoll in Ihren Unterricht einzubinden wäre.*
Begründen Sie Ihre Meinung.

Nicht nur positiver Transfer, sondern auch interlingual bedingte Fehler tauchen in der Rechtschreibung L3-Lernender auf – insbesondere bei Vokalen und Umlauten. Aber auch Konsonanten können Schwierigkeiten bereiten, z. B. im Falle des unterschiedlichen Gebrauchs von Doppelkonsonanten im Englischen und im Deutschen (vgl. *kontrolieren – control – kontrollieren*).

Wir dürfen dabei nicht vergessen, dass es stets einen Unterschied zwischen produktiven und rezeptiven Fertigkeiten gibt. Auch verwandte Wörter, die in den zwei Sprachen nicht komplett gleich aussehen/klingen, kann man oft sehr leicht erschließen – ob sie dann aber richtig geschrieben oder ausgesprochen werden, ist eine andere Sache.

Überlegen Sie sich einige Beispiele: In welchen Bereichen könnte ein von den Lernenden durchgeführter Vergleich mit dem Englischen ihre Rechtschreibung im Deutschen unterstützen?

Wann könnte dieser orthografische Vergleich beim Verstehen helfen?	
Wann kann er zu Interferenzen führen?	

Im Anhang 6 (S. 155) finden Sie eine Tabelle mit Vergleichen zwischen den zwei Sprachen. Diese Liste geht primär auf die schon untersuchten Phänomene ein, die entweder Probleme bereiten oder zu Erleichterungen führen können.

Bei Aussprache und Rechtschreibung gilt das Gleiche wie bei den anderen sprachlichen Teilsystemen: Im gesamten Bereich der Rezeption wirken Ähnlichkeiten zwischen L2 und L3 lernerleichternd und geradezu lernfördernd. Beim Lesen oder Hören eines neuen deutschsprachigen Textes können früher gelernte Fremdsprachen sehr gut als „Transferbasen für intelligentes Raten" dienen: Von bereits bekannten Wörtern nicht nur aus der neuen Zielsprache Deutsch, sondern auch aus der „älteren" Fremdsprache Englisch können oft die Bedeutungen neuer deutscher Wörter abgeleitet werden. Sowohl globales als auch detailliertes Lesen wird durch dieses aktive Vergleichen und Ableiten erleichtert.

Für die Unterrichtsarbeit schlagen wir also vor, dass die früher gelernten Fremdsprachen insbesondere bei der rezeptiven Arbeit (Lese- und Hörverstehen; s. dazu auch Kapitel 9.3) immer wieder aktiv genutzt werden – aus den Köpfen der Lernenden lassen sie sich ohnehin nicht streichen. Bei produktiven Übungen dagegen sollte in solchen Fällen nicht auf L2 Bezug genommen werden, wo Interferenzen drohen, z. B. beim Sprechen von deutschen Wörtern mit *w* oder *v*: dt. *warum* mit /v/ – engl. *why* mit /hw/, dt. *Vater* mit /f/ – engl. *vat* mit /v/.

9 Textarbeit

9.1 Allgemeine Aspekte der Textarbeit im Fremdsprachenunterricht

Bevor wir uns mit den Besonderheiten der Textarbeit im Tertiärsprachenunterricht beschäftigen, müssen wir zunächst auf einige Aspekte eingehen, die für die Textarbeit im Fremdsprachenunterricht allgemein von Bedeutung sind und – da der Tertiärsprachenunterricht sich grundsätzlich an der Kommunikativen Didaktik orientiert – auch für diesen relevant sind.

Wenn Sie mehr über Textarbeit nachlesen möchten, empfehlen wir Ihnen die Fernstudieneinheit 2: *Lesen als Verstehen. Zum Verstehen fremdsprachlicher literarischer Texte und zu ihrer Didaktik* von S. Ehlers und die Fernstudieneinheit 17: *Fertigkeit Lesen* von G. Westhoff.

9.1.1 Textsorten

Im Laufe der Entwicklung von Lehrmethoden und Lehrwerkgenerationen hat sich der Umgang mit Texten geändert. Die neueren Lehrwerke für Deutsch als Fremdsprache enthalten sowohl *authentische* als auch *synthetische* Texte. Seit dem Aufkommen der Kommunikativen Didaktik wird die Textarbeit von der Vorstellung geprägt, dass die Lernenden möglichst früh im Sprachlernprozess mit Texten arbeiten sollen, wie sie in der alltäglichen Realität der Fremdsprachenanwendung vorkommen. Aber auch die sog. synthetischen Texte, die von Lehrbuchautoren verfasst werden, um ein bestimmtes sprachliches Lernpensum – Grammatik, Wortschatz etc. – einzuführen, sind für die Textarbeit unentbehrlich.

Die Bedeutung von *fiktionalen* Texten (Kurzgeschichten, Gedichte, Auszüge aus Romanen, Chansons, Märchen, Sagen, Fabeln etc.) liegt vor allem darin, dass sich in der Arbeit mit fiktionalen Texten fremdsprachliche Kreativität entfaltet, die weit über das „Funktionieren in der fremden Sprache" hinausgeht.

Über die Textarbeit im Rahmen verschiedener Methoden des FSU können Sie in der Fernstudieneinheit 4: *Methoden des fremdsprachlichen Deutschunterrichts* von G. Neuner und H. Hunfeld nachlesen.

Das Konzept „Deutsch nach Englisch" sieht Arbeit mit all den genannten Textsorten vor. Die jeweilige unterrichtliche Zielsetzung bestimmt, wann wir diese unterschiedlichen Texte sinnvoll einsetzen können.

9.1.2 Leseziele und Lesestile

Für die Textarbeit ist wichtig, welches Leseziel verfolgt wird, denn dieses bestimmt die Art, wie wir mit einem Text umgehen. Unser Ziel beim Lesen eines Textes kann sein:
*   die wichtigsten Schlüsselinformationen zu entnehmen oder
*   nach ganz bestimmten Informationen im Text zu suchen oder auch
*   jedes Detail im Text zu verstehen.

Meistens hängt das Leseziel mit der pragmatischen Funktion der jeweiligen Textsorte, d. h. ihrem Mitteilungszweck, zusammen.

Aufgabe 41

> *Mit welcher Absicht lesen Sie die folgenden Texte? Ordnen Sie diese Textsorten in die Tabelle ein:*
> **Kochrezept, Zeitungsbericht, Fahrplan, Kommentar, Bedienungsanleitung, Veranstaltungskalender**

die wichtigsten Informationen entnehmen	nach ganz bestimmten Informationen im Text suchen	jedes Detail im Text verstehen
		Kochrezept

Sie haben sicher bemerkt, dass Sie an jede der genannten Textsorten anders herangehen würden, denn das *Leseziel bestimmt auch unser Leseverhalten* – unseren Lesestil. Deshalb übt man im Fremdsprachenunterricht *globales*, *selektives* und *detailliertes* Lesen.

➤ **Globales Lesen**

Einen Zeitungsartikel wird man eher „überfliegen" und sich auf die wichtigsten Informationen im Zusammenhang mit dem übergreifenden Thema des Artikels konzentrieren; man bildet sich also einen „Gesamteindruck" vom Text.

➤ **Selektives Lesen**

In einem Fahrplan, Telefonbuch oder Wörterbuch sucht man nach ganz bestimmten Informationen. Man geht den Text so weit durch oder nutzt dessen alphabetische Anordnung, bis man auf die Stelle trifft, die die gesuchte Information enthält. Dann wird der Lesevorgang abgebrochen.

➤ **Detailliertes Lesen**

Es gibt auch Texte, die man im Detail verstehen muss. Dazu gehören z. B. Gebrauchsanweisungen oder Kochrezepte.

Ein ungeübter Lernender wird wahrscheinlich versuchen, fast jeden Text, mit dem er in der Fremdsprache konfrontiert wird, „Wort für Wort" zu „entziffern", d. h., jedes Wort zu übersetzen.

Wir können jedoch davon ausgehen, dass die Lernenden im Tertiärsprachenunterricht die unterschiedlichen Lesestile bereits kennen – im muttersprachlichen Unterricht bzw. im Unterricht in der ersten Fremdsprache sind diese höchstwahrscheinlich geübt worden. Weil das Verstehen eine große Rolle spielt, werden im Tertiärsprachenunterricht verstärkt Texte angeboten, die inhaltlich den Interessen der Zielgruppe entsprechen und vor allem das globale, aber auch das selektive Lesen fördern. Darauf gehen wir in den folgenden Kapiteln näher ein.

9.1.3 Lesestrategien

Neben der Entwicklung der unterschiedlichen Lesestile ist auch die Schulung der Lesestrategien wichtig. Anstatt einen Text für den Einsatz im Unterricht zu vereinfachen, was nur in einzelnen Fällen sinnvoll ist, sollten die Lernenden auf selbstständiges, kompetentes Lesen vorbereitet werden, indem man mit ihnen die Verstehensstrategien auf verschiedenen Ebenen – der Wort-, der Satz-, der Text- und der Ebene der kulturellen Zeichen – übt. Diese Strategien haben wir in der folgenden Checkliste zusammengestellt. Sie können sie mit Ihren eigenen Ideen und Erfahrungen ergänzen.

Checkliste: Entwicklung von Verstehensstrategien

a) **Wortebene**
  – Markierung/Unterstreichung aller Wörter und Wortstämme (Internationalismen, gemeinsamer Wortschatz Englisch-Deutsch; Lehnwörter; aktiv beherrschte Wörter der Fremdsprache etc.) in einem Text, die man sicher erkennt
  – Ermittlung von Wortstämmen (Endungen wegstreichen)
  – Entschlüsselung von Komposita (Ermittlung der Grundbedeutung aus dem letzten Element der Zusammensetzung: „von rechts nach links" aufknacken)
  – ...

b) **Satzebene**
  – Wörter in Sinneinheiten/Sätzen:
    Konzentration auf alles, was im Text auf der Satzebene markiert ist und ins Auge fällt:
    • Großschreibung
    • Druckgestaltung (Fettdruck, Schrägdruck ...)
    • Zahlen und andere grafische Zeichen

- Verneinung
- Anführungszeichen
- Bedeutungsfunktion der Satzzeichen (Punkt: Markierung des Endes eines Satzes)

– Aktivierung der Verstehensgrammatik:
- Einordnung von Endungen/Sprachformen in die zugrunde liegenden „frames"/Paradigmata
- Rekonstruktion der Bezüge im Satz vom Verb aus, das im Deutschen eine zentrale Stellung einnimmt (das Verb suchen und dann nach dem „Subjekt" und den Ergänzungen des Satzes weiterfragen)
- Markierung, Funktion und Struktur von Nebensätzen erkennen (z. B. *weil* – Signal für Begründung; es folgt eine Umstellung im Satz: das Verb und die Satzergänzung werden umgestellt)

– ...

c) Textebene

– Text und außersprachliches Umfeld (Layout):

Welche Markierungen lassen auf eine bestimmte Textsorte schließen? Was lässt sich daraus über den Verständigungsanlass vermuten?
- Textgliederung/Visualisierung/Druckgestalt – welche Hinweise geben sie bezüglich der Textsorte und des Verständigungsbereichs?
- Ermittlung der Kernaussage an einem Text: wegstreichen, was nicht wichtig ist (Adjektive; Adverbien; Appositionen; Relativsätze etc.) – hier können viele der Übungen zur Entwicklung von Verstehenshilfen vom Lernenden bzw. in Gruppen selbst durchgeführt werden
- Auffinden und Bestimmen der Konnektoren im Text, die das innere Argumentationsgefüge strukturieren (*aber; weil; jedoch; trotzdem; und* etc.)
- Erkennen und Bestimmen der textinternen Verweise (*Das Haus ... Es ...*)
- Markierung auffällig abweichender sprachlicher Register in einem Text (z. B. „mündliche" Ausdrucksweise im Drucktext; Dialekteinschübe etc.)

– ...

d) Ebene der kulturellen Zeichen

– Entwicklung von Sensibilität gegenüber „falschen Freunden" (ein Wort „sieht genauso aus", hat aber in der fremden Sprache eine andere Bedeutung)

– Erstellung von Assoziogrammen zu Schlüsselbegriffen im Text, um die für die Muttersprache und die Fremdsprache unterschiedlichen Konnotationen zu ermitteln

– Vergleich themengleicher Texte in der Fremdsprache und in der Muttersprache

– ...

nach: Neuner (1984), 25

Wenn die Lernenden diese Lesestrategien selbstständig benutzen können sollen, müssen sie von Anfang an im Unterricht kontinuierlich geübt werden. Zusätzlich sollten ihre Bedeutung, ihre Nützlichkeit und die individuellen Vorlieben jedes Lernenden für bestimmte Strategien besprochen werden.

Schauen Sie sich den folgenden Text an und machen Sie Angaben zu den anschließenden Fragen.

Tina Turner

Von Aerobic und Jogging hält die inzwischen 60-jährige Rockröhre nicht viel: Sie bleibe durch Tanzen, Singen und Reisen in Form, behauptet Tina Turner. Und das schon seit 35 Jahren! Im Juli absolviert die Rhythm'n'Blues-Sängerin ihr unkonventionelles Fitnessprogramm wieder in deutschen Landen. Tickets für die „Twenty Four Seven Millenium Tour" gibt es in allen Filialen der Deutschen Post.

Tina Turner

03.07. bis 30.07.

Deutsche Post (2000), 9

1) Was könnte das Leseziel bei diesem Text sein?	
2) Welchen Lesestil würden Sie empfehlen?	
3) Auf welche Lesestrategien sollte man bei diesem Text achten (Wort-, Satz-, Textebene), um das Leseziel zu erreichen?	

9.2   Textarbeit im Tertiärsprachenunterricht

Wenn Deutsch als zweite Fremdsprache (nach Englisch als erster Fremdsprache) unterrichtet wird, müssen einige Besonderheiten der Textarbeit berücksichtigt werden.

Der Tertiärsprachenunterricht orientiert sich grundsätzlich an den Prinzipien und Verfahren der Kommunikativen Didaktik. Unterschiede zu dieser bestehen jedoch darin, dass einzelne Fertigkeitsbereiche (z. B. Lesen) und Sprachsysteme (z. B. Wortschatz) durch die Sprachenkonstellation, die Zielsetzungen und die Aufgabenstellungen besondere Bedeutung gewinnen. Dies beeinflusst die Auswahl der Texte und den Umgang mit ihnen im Unterricht.

9.2.1 Ziele der Textarbeit

Im Kapitel 5.2 (S. 41 ff.) haben Sie sich mit den didaktischen Prinzipien des Tertiärsprachenunterrichts beschäftigt. Aus einigen dieser Prinzipien lassen sich auch die Ziele für die Textarbeit ableiten.

➤ **Verstehensorientierung**

Das wichtigste Ziel der Textarbeit ist die *verstehende Verarbeitung der Texte*. Im Tertiärsprachenunterricht kann man den Lernenden immer wieder bewusst machen, dass sie in der Fremdsprache Deutsch erheblich mehr verstehen, wenn sie ihre Englischkenntnisse zu Hilfe nehmen. Deutlich wird dabei aber auch, dass sie viel mehr verstehen, als sie sagen können – der Unterschied zwischen dem Verstehen und Äußern wird dadurch bewusst erlebt. Sprachlich anspruchsvolle Texte sind deshalb ein wichtiger Bestandteil des Tertiärsprachenunterrichts.

➤ **Kognitive Orientierung: Vergleichen und Besprechen**

Neben der Entwicklung des Leseverstehens ist ein weiteres Ziel der Textarbeit im Tertiärsprachenunterricht die *vergleichende Erarbeitung der Sprachsysteme des Deutschen*, z. B. der Grammatikstrukturen und des Wortschatzes, wobei nicht nur die erste Fremdsprache, sondern auch die Muttersprache herangezogen werden können. Dabei werden von den Lernenden selbst in den Texten Beispiele gesammelt, die durch anschließendes Ordnen und Systematisieren zum selbstständigen Weiterlernen führen.

➤ **Inhaltsorientierung**

Ein Text kann auch zur *Auseinandersetzung mit landeskundlicher Information aus drei Perspektiven* – der muttersprachlichen Welt, der Welt der ersten Fremdsprache und der Welt der zweiten Fremdsprache – beitragen.

Ein weiterer wichtiger Aspekt ist aber auch die *Steigerung der Motivation der Lernenden*, die sich einerseits durch die selbstständige Erarbeitung von Elementen der fremden Sprache, andererseits auch aus der Möglichkeit der Beschäftigung mit inhaltlich anspruchsvolleren Texten ergeben kann.

Aufgabe 43

> *Fassen Sie nun die **Ziele der Textarbeit im Tertiärsprachenunterricht** zusammen, die sich aus den didaktischen Prinzipien des Tertiärsprachenunterrichts ableiten lassen.*
>
> 1) _____
>
> _____
>
> _____
>
> 2) _____
>
> _____
>
> _____
>
> 3) _____
>
> _____
>
> _____
>
> 4) _____
>
> _____
>
> _____
>
> . . .

9.2.2 Progression von Texten

Wie und von welchen Faktoren die **Leseprogression** beeinflusst wird, hat Ursula Nebe in einem Schema dargestellt:

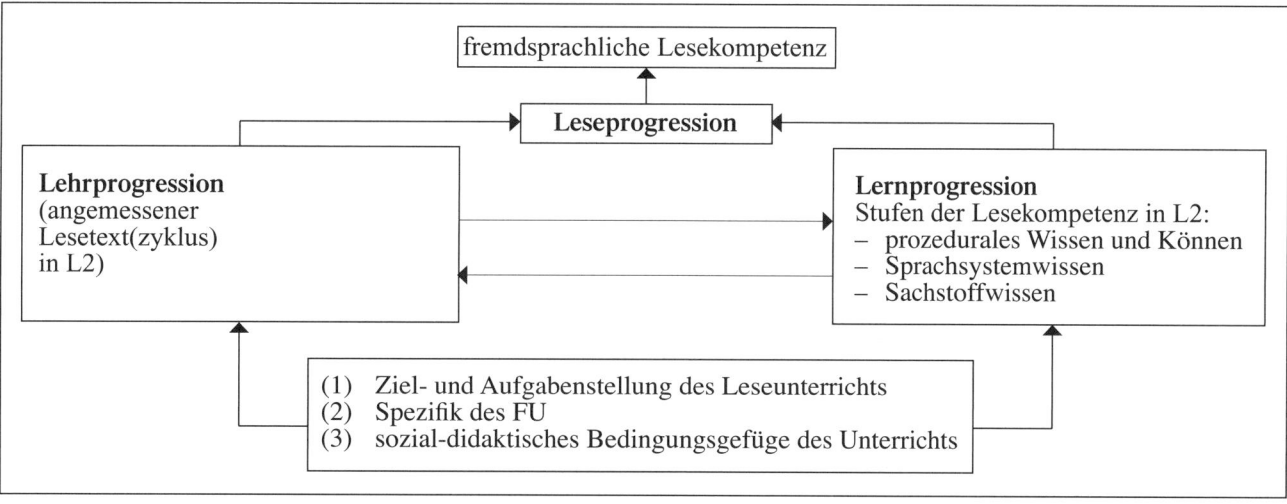

nach: Nebe (1991), 7

Die Abbildung zeigt, dass die Leseprogression einerseits von der Lehrprogression (der sprachlichen und thematischen Angemessenheit der Texte) und andererseits von der Lernprogression (der individuellen Kompetenz des Lesers bzw. einer Lerngruppe) beeinflusst wird.

Was bedeutet das für die Textarbeit im Tertiärsprachenunterricht?

Wie bereits erwähnt, kann man im Tertiärsprachenunterricht schon zu einem relativ frühen Zeitpunkt mit sprachlich und thematisch anspruchsvolleren Texten im Unterricht arbeiten. Das lässt sich aus folgenden Faktoren begründen:

➤ **Kenntnisse aus der ersten Fremdsprache; Erfahrung mit dem Lesen fremdsprachlicher Texte**

Die Lernenden bringen Kenntnisse aus der ersten Fremdsprache in den Tertiärsprachenunterricht mit. Dieses Vorwissen stellt bei der Konstellation „Deutsch nach Englisch" eine entscheidende Verstehenshilfe auch bezüglich deutschsprachiger Texte dar.

Im Unterricht in der ersten Fremdsprache haben die Lernenden auch Erfahrungen mit dem Lesen fremdsprachlicher Texte gesammelt und so ein eigenes Sprachsystemwissen über eine bestimmte Fremdsprache entwickelt. Außerdem kennen sie die verschiedenen Lesestile und -strategien zumindest aus den früheren Aufgabenstellungen.

Die Kenntnisse, die in der ersten Fremdsprache erworben wurden (insbesondere, wenn der Verwandtschaftsgrad zwischen der ersten und der zweiten Fremdsprache größer ist als zwischen der Muttersprache und der zweiten Fremdsprache), und die Erfahrung der Lernenden mit dem Fremdsprachenlernen ermöglichen zusammen bereits im Anfangsunterricht die Bearbeitung anspruchsvoller Texte.

➤ **Alter der Lernenden, altersspezifische Interessen, Weltwissen**

Die Lernenden sind im Tertiärsprachenunterricht in der Regel 13 – 15 Jahre alt, sie sind „keine Kinder mehr" und würden mit den Themen, wie sie für den Unterricht in der ersten Fremdsprache oft typisch sind (Versprachlichung der kindlichen Erfahrungswelt), unterfordert und demotiviert. Da die Bandbreite des Textverstehens bei der Konstellation „Deutsch nach Englisch" relativ groß ist, können altersspezifische Interessen und das Weltwissen der Lernenden bei der Auswahl der Themen und Texte voll berücksichtigt werden.

Die verstehende Verarbeitung von Texten spielt in der Tertiärsprachendidaktik eine besondere Rolle. Deshalb gilt für eine Progression von Texten im Tertiärsprachenunterricht (im Unterschied zu einem herkömmlichen Fremdsprachenunterricht), dass insbesondere in der Anfangsphase solche Texte zum Einsatz kommen, die den Zugang zum Deutschen erleichtern. Dies geschieht vorwiegend über den „gemeinsamen englisch-deutschen Wortschatz".

9.2.3 Reflexion

Aufgabe 44

Wir bieten Ihnen ein kleines Experiment an: Bearbeiten Sie bitte die folgenden Aufgaben. Wie Sie bereits sehen, müssen Sie ein und denselben Text anhand unterschiedlicher Aufgaben bearbeiten.

1) Lesen Sie den Text und beantworten Sie die Fragen.

Roskilde Festival 2000

Sie kommen immer wieder, denn Roskilde ist Kult und hat schon bei so manchem Karrierestart Geburtshilfe geleistet.
Deshalb wird auch Lou Reed nach 16 Jahren wieder einmal auf der berühmten Zeltbühne stehen. Mit ihm bilden Oasis, Pet Shop Boys, The Cure, Iron Maiden, Pearl Jam und Willie Nelson das diesjährige Headlinergespann – flankiert durch die Auftritte von weiteren 170 Acts. Darunter sind auch viele Techno-Stars, denn im Jahre 2000 gibt es in Roskilde erstmals die Techno-Area mit interessanten Installationen und den Top-Dejays an den Plattenpulten.
Karten für das Roskilde Festival 2000 gibt es in allen Filialen der Deutschen Post.

ROSKILDE FESTIVAL 2000
29-30 JUNE - 1-2 JULY

Deutsche Post (2000), 13

1. Wer spielt bei dem Festival?	
2. Wie viele Auftritte gibt es etwa?	
3. Was ist neu im Jahr 2000?	
4. Wann findet das Festival genau statt?	

2) Stellen Sie sich vor: Sie bekommen einen ähnlichen Text mit der Aufgabe, diesen zu lesen und dazu einige Fragen zu beantworten. Wie würden Sie vorgehen? Schreiben Sie bitte Ihre Antwort auf.

_____

_____

_____

_____

3) *Lesen Sie den Text noch einmal und markieren Sie im Text alles, was Sie verstehen.*

Roskilde Festival 2000

Sie kommen immer wieder, denn Roskilde ist Kult und hat schon bei so manchem Karrierestart Geburtshilfe geleistet.

Deshalb wird auch Lou Reed nach 16 Jahren wieder einmal auf der berühmten Zeltbühne stehen. Mit ihm bilden Oasis, Pet Shop Boys, The Cure, Iron Maiden, Pearl Jam und Willie Nelson das diesjährige Headlinergespann – flankiert durch die Auftritte von weiteren 170 Acts. Darunter sind auch viele Techno-Stars, denn im Jahre 2000 gibt es in Roskilde erstmals die Techno-Area mit interessanten Installationen und den Top-Dejays an den Plattenpulten.

Karten für das Roskilde Festival 2000 gibt es in allen Filialen der Deutschen Post.

ROSKILDE FESTIVAL 2000
29-30 JUNE - 1-2 JULY

Deutsche Post (2000), 13

4) *Beim Lesen haben Sie alles, was Sie verstehen, markiert. Welche Informationen waren das? Notieren Sie bitte.*

1. _____
2. _Zahlen_____
3. _____
4. _____
5. ...

5) *Lesen Sie jetzt die Fragen ein zweites Mal und suchen Sie die Antworten im Text.*

1. Wer spielt bei dem Festival?	
2. Wie viele Auftritte gibt es etwa?	
3. Was ist neu im Jahr 2000?	
4. Wann findet das Festival genau statt?	

6) *Wie haben Sie Aufgabe 5 gelöst? Was hat Ihnen dabei geholfen? Notieren Sie bitte.*

_____

7) Warum sollten Sie Bekanntes im Text markieren? Welchem Zweck diente das?

_____

_____

_____

8) Beantworten Sie jetzt bitte folgende Frage:
Stellen Sie sich vor: Sie bekommen nun wieder einen ähnlichen Text mit der Aufgabe, diesen Text zu lesen und dazu einige Fragen zu beantworten. Wie würden Sie jetzt vorgehen? Schreiben Sie bitte Ihre Antwort auf.

_____

_____

_____

_____

Sie haben unter Punkt 8 in Aufgabe 44 zum zweiten Mal auf die Frage geantwortet, wie Sie vorgehen würden, wenn Sie wieder einen Text lesen und Fragen dazu beantworten müssten. Und wahrscheinlich haben Sie bereits Ihre Antwort, die Sie unter Punkt 2 formuliert haben, mit der jetzigen verglichen. Wir vermuten auch, dass Sie nach dem zweiten Textdurchgang eine viel konkretere Vorstellung davon hatten, wie Sie nun mit einem weiteren Text umgehen würden. Und bestimmt würden Sie dadurch beim dritten Mal gezielter arbeiten und auch weniger Zeit verbrauchen.

Sollten Sie ein nicht so beeindruckendes Ergebnis bekommen haben (z. B. weil der Text für Sie sprachlich keine Herausforderung war), wie wir es erwarteten, könnten Sie dieses Experiment vielleicht einer Person anbieten, die mit dem Deutschlernen erst begonnen hat.

Wir haben Sie bereits im Kapitel 9.1.3 (S. 91f.) auf die Bedeutung der Lesestrategien aufmerksam gemacht. Nun sprechen wir einen Aspekt an, der mit der Aneignung dieser Strategien zusammenhängt.

Noch stärker als im „herkömmlichen" Fremdsprachenunterricht hat sich der Tertiärsprachenunterricht zum Ziel gesetzt, die Lesestrategien nicht nur anzubieten und zu üben, sondern diese den Lernenden auch von den ersten Unterrichtsstunden an bewusst zu machen. Warum?

Um dies zu beantworten, brauchen wir nur an unsere eigene Schulzeit zurückzudenken: Meistens überließen wir doch das, *was* wir lernen und *wie* wir lernen sollten, völlig der Lehrperson. Wir dachten kaum oder gar nicht darüber nach, warum wir einen Text so lasen und nicht anders, warum wir gerade diese und nicht eine andere Aufgabe lösten, um irgendetwas Unklares zu üben etc.

Auch die Aufgaben, die Sie gerade bearbeitet haben, zeigen: Man muss den Lernenden die Lernstrategien bewusst machen und immer wieder mit ihnen besprechen, damit sie diese später selbstständig anwenden können. Dafür sind die *Reflexionsphasen im Lernprozess* notwendig: nicht nur Aufgaben stellen, sondern auch immer wieder die Lernenden zum Nachdenken auffordern mit Fragen wie „Was haben wir gerade gemacht?", „Warum haben wir das so gemacht?", „Könnte man das auch anders machen?", „Entspricht es mir, wie wir es gerade gemacht haben, oder möchte ich anders arbeiten?"

Die Besonderheit der Textarbeit im Tertiärsprachenunterricht liegt also unter anderem auch darin, dass sie von einer verstärkten Reflexion über den Lernprozess begleitet wird.

9.3 Texte für den Unterricht auswählen und bearbeiten

9.3.1 Welcher Text eignet sich?

In den vorausgegangenen Teilkapiteln haben wir erörtert, was für die Textarbeit im Fremdsprachenunterricht und insbesondere im Tertiärsprachenunterricht von Bedeutung ist. Nun stellt sich die Frage: Welche Texte eignen sich für den Einsatz im Tertiärsprachenunterricht?

Um das festzustellen, muss jeder Text auf folgende sechs Aspekte geprüft werden: *Zielsetzung, Umfang, Thema, Textsorte, sprachliche Gestaltung, Eignung für den weiterführenden Unterricht* (vgl. Neuner 1990). Diese Aspekte haben wir bereits vorgestellt, jetzt fassen wir sie noch einmal zusammen:

➤ **Zielsetzung der Arbeit mit dem Text**

Dabei geht es um den Lernstand der Gruppe. Ein zu schwerer Text wird bei jeder Zielsetzung abschreckend und demotivierend wirken. Auf der anderen Seite muss die Überlegung stehen, welches Ziel (globales, selektives oder Detailverstehen) sinnvoll für die Bearbeitung des Textes ist.

➤ **Umfang und Gliederung**

Der Durchführungsaufwand muss eingeschätzt werden. Für die Arbeit mit einem Text ist es deshalb auch wichtig, ob er in Abschnitte gegliedert ist: Denn vielleicht bietet es sich an, mit dem Text abschnittsweise zu arbeiten oder ganze Abschnitte wegzulassen.

➤ **Thema**

Es gibt zahlreiche Texte, die für den Tertiärsprachenunterricht zwar geeignet sind, für eine bestimmte Lerngruppe aber nicht ansprechend – weil die behandelten Themen die Lernenden nicht betreffen oder keine Vorerfahrungen dazu vorhanden sind, die das Verstehen erleichtern würden. Jeder Text ist also aus der Sicht der Lerngruppe kritisch zu prüfen.

➤ **Textsorte**

Einiges Wissen über häufige und wichtige Textsorten sollten die Lernenden in den Tertiärsprachenunterricht mitbringen. Trotzdem ist die Frage immer von Bedeutung, ob der konkrete Text in seinem Layout den Lernenden vertraut ist oder ob sie Hilfen brauchen werden, um mit der Textsorte zurechtzukommen; dies gilt vor allem in Bezug auf die Lernerfahrungen der jeweiligen Lerngruppe mit der ersten Fremdsprache.

➤ **Sprachliche Gestaltung**

Im Tertiärsprachenunterricht können von Anfang an anspruchsvollere Texte eingesetzt werden. Aber zumindest die Schlüsselbegriffe der Texte müssen verständlich sein. Jeder Text ist also auch darauf zu prüfen, wie viel gemeinsamer Wortschatz auf Englisch und Deutsch aktiviert werden kann. Es muss auch entschieden werden, ob darüber hinaus bestimmte Wörter im Text zu erklären sind. Auch der Satzbau sollte in solchen Texten nicht allzu komplex sein, damit sie für Lernanfänger im Deutschen noch durchschaubar sind.

➤ **Eignung für den weiterführenden Unterricht**

Der Text bildet die Grundlage für die Arbeit mit der Fremdsprache. Daher ist entscheidend, dass sich die Textarbeitsequenz in den gesamten Unterrichtsprozess integrieren lässt und dass der Text Möglichkeiten für systematische Spracharbeit und Eigenaktivitäten der Lernenden bietet. Andererseits sollte auch eine Verselbstständigung der Spracharbeit gegenüber der inhaltlichen Arbeit vermieden werden.

Ein Text ist für den Tertiärsprachenunterricht erst dann von Nutzen, wenn er durch enthaltene hilfreiche Bezüge zwischen dem Englischen und Deutschen, entsprechend einer bestimmten Zielsetzung und nach einer Bearbeitung für den Unterricht, sich auch unter den beschriebenen sechs Aspekten für die jeweilige Lerngruppe eignet.

9.3.2 Vorbereitung authentischer Texte

Sie haben Kenntnisse im Englischen und im Deutschen und vielleicht noch in weiteren Fremdsprachen, und Sie können natürlich auf Ihre Muttersprache zurückgreifen.

Wir bieten Ihnen hier zwei kurze authentische Texte auf Norwegisch an.

1) *Lesen Sie die beiden Texte und formulieren Sie dann in einem, höchstens in zwei Sätzen, worum es in den Texten geht.*

A:

B:

Gratulerer med dagen, oldemor!

Jeg vil gratulere oldemor Hildur Eriksen på Donna, som fyller 80 år 27. juli. Du må huske å bake «tjukklæfsæ» til jeg kommer og besøker deg på dagen din.
Mange klemmer fra Malene (og mamma og pappa).

Norsk Ukeblad (2001), 91

Yoko i Liverpool

For ti år siden opprettet Yoko Ono et fond i sin ektemann John Lennons navn ved universitetet i Liverpool. Nå ble hun nylig utnevnt til æresdoktor ved universitetet og fikk også æren av å åpne en ny terminal ved flyplassen i byen. Den blir oppkalt etter John når den åpner våren 2002. Her er Yoko med en statuett av det tidligere Beatles-medlemmet, som skal stå i avgangshallen.
(Scanpix)

Norsk Ukeblad (2001), 20

A: _____

_____

_____

B: _____

_____

_____

2) Überlegen Sie und notieren Sie jetzt in der Tabelle, was Ihnen in beiden Texten das Verstehen erleichtert hat. (Denken Sie z. B. an Ihr Vorwissen zu den Textthemen, an Internationalismen etc.)

Text A	Text B

Wie Sie bei der Bearbeitung der Beispieltexte gesehen haben, geht es bei den authentischen Texten vor allem um die Aktivierung von vorhandenem Sprachwissen. Die „didaktische Botschaft" an die Lernenden ist: Du bringst schon sehr viel an Vorwissen in den Unterricht mit, deshalb kannst du im Deutschen viel mehr erkennen und verstehen, als du denkst.

Außerdem geht es darum, den Lernenden zuerst einmal das detaillierte Lesen „abzugewöhnen", das sie vor allem im Anfangsunterricht oft zu schaffen versuchen.

Für die **Entfaltung des Leseverstehens** im Tertiärsprachenunterricht bieten sich besonders an:

➤ authentische Texte, die viele Internationalismen/Anglizismen enthalten,

➤ authentische Texte mit einem hohen Grad an Entsprechungen im Bereich des „gemeinsamen englisch-deutschen Wortschatzes" und

➤ Texte, die die Lernenden vom Thema her interessieren und zu denen sie Vorwissen einbringen können.

Authentische Texte mit vielen Internationalismen/Anglizismen werden eingesetzt, um vor allem das globale und teilweise auch das selektive Leseverstehen zu üben. Es sind bestimmte thematische Texte, die besonders viele Internationalismen oder Anglizismen enthalten, z. B. solche über Elektronik, neue Medien, Musik, Mode, Konsum, Popkultur, Sport, Werbung.

Authentische Texte mit einem hohen Grad an Entsprechungen im gemeinsamen Wortschatzbereich sind ebenfalls dafür geeignet, das globale und selektive Leseverstehen zu üben. Sie können aber auch für die vergleichende Erarbeitung von Grammatikstrukturen oder Wortschatz eingesetzt werden. Solche Texte finden sich vor allem in Themenbereichen aus der Alltagserfahrung wie Zeit/Raum, Reisen und Verkehr, Arbeit und Beruf, Freizeitinteressen.

Für beide Textgruppen gilt, dass man damit in besonderer Weise Lesestrategien üben kann. Dazu gehört auch die Reflexion über eigene Verfahrensweisen beim Lesen und die Besprechung des Leseprozesses in der Gruppe, wodurch jeder Einzelne für den Lern- bzw. Leseprozess sensibilisiert werden kann.

Hilfe finden Sie in den von Hufeisen (1994) erstellten Wortschatzlisten zum „gemeinsamen englisch-deutschen Wortschatz" im Anhang 2 (S. 136ff.).

Hinweis

Auch die „coole" Jugendsprache lebt oft von Internationalismen/Anglizismen. Sehen Sie sich dieses Inhaltsverzeichnis einer Jugendzeitschrift an. Ihre Lernenden wird es bestimmt interessieren, was die Gleichaltrigen in deutschsprachigen Ländern lesen. Und vor allem können sie in diesem thematischen Bereich im Deutschunterricht bereits von Anfang an eine Menge verstehen.

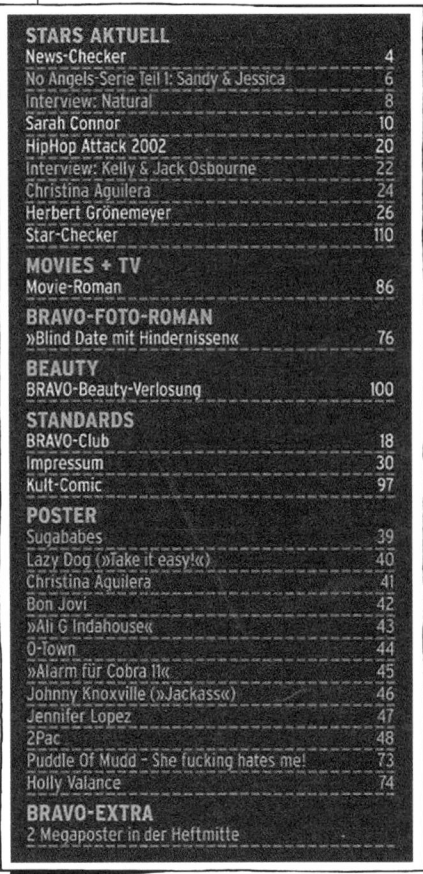

Bravo (2002), 3

„Da ist wohl wenig Deutsch zu finden ...", könnte man jetzt denken. Aber das ist eine authentische deutschsprachige Jugendzeitschrift; genauso oder ähnlich schreibt und liest man Jugendtexte überall in den deutschsprachigen Ländern.

So sollen die Deutschlernenden selbstverständlich *nicht* schreiben! Aber es kann für sie sehr motivierend sein, wenn sie entdecken, dass sie in diesem Themenbereich schon so viel in deutschen Texten *verstehen* können, wenn sie ihre Englischkenntnisse aktiv zu Hilfe nehmen.

Beim Einsatz im Unterricht sollte der Text als authentischer Text zu erkennen sein. Hier sind die **Merkmale authentischer Texte**:

1. Jede Drucktextsorte hat ein *spezifisches Layout*.

2. Jede Textsorte hat eine *spezifische sprachliche Gestaltung* (Register).

3. Jede Textsorte richtet sich an *spezifische Adressaten*, wovon u. a. auch ihre sprachliche Gestaltung abhängt.

4. Jede Textsorte hat einen *bestimmten Mitteilungszweck*, der eng mit den Adressaten verbunden ist.

Zeitschriftenartikel enthalten oft Fotos, die im Leseprozess als Einstieg ins Thema genutzt werden können. Dies gilt für das Lesen in der Muttersprache ebenso wie in der Fremdsprache.

Knüpfen Sie in Ihrem Unterricht an dieses Leseverhalten an und formulieren Sie Aufgaben, die diesen Leseprozess unterstützen. Im Anhang 9 (S. 159) finden Sie ein Beispiel zur Arbeit mit authentischen Zeitungsartikeln. Beachten Sie, wie das Üben von Lesestrategien und die Reflexion von vorhandenem sprachlichem Wissen angeboten werden.

9.3.3 Erstellung synthetischer Texte

Die meisten in Lehrwerken für den Anfangsunterricht vorkommenden Texte sind synthetisch, d. h., sie wurden zu einem bestimmten lehrwerksimmanenten Zweck verfasst, z. B. um der grammatischen oder der thematischen Progression des Kurses zu dienen. Die Anpassung der Texte an den Sprachstand der Lernenden macht sie allerdings alles andere als authentisch; gerade ältere Lernende durchschauen den Sinn und Zweck künstlicher Texte recht schnell und verlieren deshalb leicht das Interesse an solchen Texten. Um dies möglichst zu vermeiden, empfiehlt es sich, den Lernenden deutlich zu machen, dass das Ziel der Verwendung dieser Texte im Unterricht häufig die Arbeit mit sprachlichen Strukturen und Wortschatz ist – wenngleich man synthetische Texte auch mit dem Ziel des globalen, selektiven oder detaillierten Leseverstehens einsetzen kann.

Die **synthetischen Texte für den Tertiärsprachenunterricht** sollten

➤ eine große Zahl von Bezügen zwischen der Muttersprache, dem Englischen und dem Deutschen präsentieren,

➤ für Lernende interessante Inhalte und Themen vermitteln,

➤ über dem aktuellen Sprachstand der Lernenden liegen, um zum Vergleichen, zum Ableiten oder zur Nutzung von Lesestrategien anzuregen.

Andererseits sollten sie in Inhalt, Sprache und Textlayout möglichst authentisch wirken.

Solche Texte können zu unterschiedlichen Alltagsthemen erstellt werden, jedoch muss man auf die Themenbereiche achten, die typischerweise viel gemeinsamen englisch-deutschen Wortschatz aufweisen.

Die Wortschatzliste zum „gemeinsamen englisch-deutschen Wortschatz" von Hufeisen (1994) im Anhang 2 (S. 136ff.) kann dabei eine praktische Hilfe bzw. ein thematischer Wegweiser sein.

Hinweis

Versuchen Sie, selbst einen kurzen Text zu verfassen.
Nehmen Sie folgende Vorgaben zu Hilfe: Der Text muss eine kurze Meldung in einer Zeitung sein. Es wird ein Konzert veranstaltet, und im Artikel wird mitgeteilt, wer auftritt, was vorgeführt wird, wann und wo das Konzert stattfindet und was der Eintritt für verschiedene Zuschauergruppen kostet.

Aufgabe 46

Im nächsten Beispiel finden Sie dazu einen von uns erstellten synthetischen Text – eine Variante, wie man das machen könnte. Vergleichen Sie Ihren Text und den Autorentext. Welche Ideen haben Sie, wie man einen oder gar beide Texte noch verändern oder verbessern könnte?

Wie bereits erwähnt, kann man mit dem Einsatz synthetischer Texte auch verschiedene pragmatische Ziele verfolgen, vom globalen Verstehen bis zum Detailverstehen. Doch besonders gut eignen sie sich für die systematische Erarbeitung des Wortschatzes und der Grammatikstrukturen. Wie man dies fördern könnte, sehen Sie in unserem Beispiel: Die Schüler können mit einem Text, aber genauso mit zwei Paralleltexten arbeiten – auf Deutsch und auf Englisch.

Beispiel

Konzert des London Symphony Orchestra	**Concert of the London Symphony Orchestra**
Frankfurt. Das traditionelle Osterkonzert im Frankfurter Opernhaus wird in diesem Jahr besonders interessant werden: Das Star-Ensemble des London Symphony Orchestra spielt Werke von Mozart, Beethoven und Tschaikowskij.	Frankfurt. The traditional Easter concert in the Frankfurt Opera House will be especially interesting this year: The star ensemble of the London Symphony Orchestra will play works from Mozart, Beethoven and Tschaikowskij.
Aus dem klassischen Repertoire stammen Mozarts Klarinettenkonzert, Beethovens 3. Symphonie und Tschaikowskijs Violinkonzert in der Aufführung am Ostersonntag. Dirigent ist Herbert von Karajan, Solistin ist Anne-Sophie Mutter.	From the classical repertoire in the production on Easter Sunday are Mozart´s Clarinet Concerto, Beethoven´s 3rd Symphony and Tschaikowskij´s Violin Concerto. The conductor is Herbert von Karajan, Anne-Sophie Mutter is the soloist.
Am Ostermontag bietet das Orchester einen „Osterspaziergang durch die Welt der populären Musik" mit Werken von Franz Lehar (Operette) und Leonard Bernstein (Musical).	On Easter Monday the orchestra is offering an „Easter walk through the world of popular music" with works from Franz Lehar (operetta) and Leonard Bernstein (musical).

9.3.4 Zusammenfassung: Texte, Ziele, Themen

Fassen wir zusammen, welche Texte mit welchem Ziel im Tertiärsprachenunterricht eingesetzt werden können und welche Themenbereiche dafür geeignet sind.

Aufgabe 47

1) Ergänzen Sie bitte die fehlenden Informationen in der Tabelle. Hilfen für die Lösung dieser Aufgabe finden Sie, wenn Sie Kapitel 9 noch einmal überfliegen.

Text	Ziele	Textsorten/Themen
Authentische Texte mit vielen Anglizismen/ Internationalismen		
Authentische Texte aus Themenbereichen mit einem hohen Grad an deutsch-englischen Entsprechungen im Wortschatzbereich		
Synthetische Texte, die auf der Grundlage von englisch-deutschen Analogien im Wortschatz- oder Grammatikbereich erstellt werden		

2) Vergleichen Sie nun Ihre Tabelle mit der Tabelle im Lösungsschlüssel.

Wahrscheinlich arbeiten Sie in Ihrem Deutschunterricht mit einem Lehrwerk, das auf die besonderen Möglichkeiten noch nicht eingeht, welche die Tertiärsprachendidaktik bietet. Um dieses Potenzial einzubeziehen, sollten Sie selbst Arbeitsblätter entwickeln. Wir zeigen Ihnen im folgenden Kapitel 9.4, wie man Arbeitsblätter zur Textarbeit erstellen kann.

Wir bieten Ihnen zwei Arbeitsblätter an. Bearbeiten Sie diese anhand der gestellten Aufgaben.

Arbeitsblatt 1:
Einen Zeitungsartikel lesen und Erwartungen an den Text überprüfen

1. Lesen Sie den Titel des Zeitungsartikels und formulieren Sie in Partnerarbeit fünf Fragen an den Text. Benutzen Sie diese Fragewörter:

   > wer?, was?, wann?, wie lange?, wo?, mit wem?, warum?

2. Lesen Sie jetzt den Text und suchen Sie die Antworten.

   # Radiopreis für das Lebenswerk

   Köln (dpa) - Popsängerin Nena (42) erhält für ihr Lebenswerk den Radiopreis «Eins Live Krone 2002». Wie der Westdeutsche Rundfunk (WDR) in Köln mitteilte, gehört Susanne Kerner alias Nena zu den erfolgreichsten Künstlern der deutschen Pop-Szene.
   Gleich ihre zweite Single «99 Luftballons» habe in Deutschland 23 Wochen lang auf Platz eins gestanden und sei zur 80er-Jahre-Hymne schlechthin geworden. Auch im Ausland waren die «99 Red Balloons» ein Hit. Während ihrer Karriere veröffentlichte Nena mehrere Alben und arbeitete häufig für Kinderprogramme.
   Sie wird die undotierte Auszeichnung der Redaktion des WDR-Jugendhörfunksenders am 5. Dezember in der Arena Oberhausen entgegennehmen. In den vergangenen beiden Jahren wurden Herbert Grönemeyer und Rio Reiser für ihr Lebenswerk geehrt.

   dpa (2002)

3. Notieren Sie die Antworten zu Ihren Fragen.

4. Wie haben Sie die Antworten gefunden? Notieren Sie Ihre Arbeitsschritte.

5. Vergleichen Sie nun in der Gruppe Ihre verschiedenen Arbeitsweisen aus der Partnerarbeit.

6. Was ist sonst noch interessant an diesem Text?

Arbeitsblatt 2[1]: Fitness

1. Lesen Sie den Text und unterstreichen Sie alle Wörter, die Sie verstehen. Woher kennen Sie diese Wörter?

Sie wollen endlich Ihre Traumfigur?
Sie wollen fit bleiben?
Sie brauchen mehr Energie?
Dreimal mit „Ja" geantwortet?

Kommen Sie zu Bodyline!

Hier können Sie die besten Trainer für Aerobic, Krafttraining und Yoga finden.

Wir kombinieren exzellenten Service mit attraktiven Preisen. Sauna inklusive!

Kommen Sie vorbei oder rufen Sie einfach an!
Kassel, Goethestr.45   Tel. 33 88 91

2. Worum geht es in diesem Text? Was ist das Thema?
3. Ergänzen Sie die Tabelle.

Englisch	Deutsch
figure	
	fit
energy	
to come	
	Trainer
aerobics	
	Yoga
	kombinieren
excellent service	
attractive	
	Preis

4. Was bedeutet das Wort „Krafttraining"? Sammeln Sie Ihre Ideen und überprüfen Sie sie anschließend mit einem Wörterbuch.
5. Was finden Sie besonders gut an dem „Bodyline"-Angebot?
6. Was tun Sie selbst, um fit zu bleiben? Tauschen Sie in der Gruppe Informationen aus.

joggen, turnen, schwimmen, surfen, boxen; Tennis, Fußball, Badminton, Basketball, Handball, Volleyball spielen; Ski, Rollschuh, Rad fahren	*Ich jogge zweimal in der Woche.* *Ich spiele gern Tennis.* *Ich mache Yoga.* *Ich fahre ...*

---

[1] Der Text und die Ideen zum Arbeitsblatt sind ein Workshop-Ergebnis der Arbeitsgruppe Tatjana Balzer, Trissi Christakopoulou, Athanasia Koutrouditsou, Hilda Ocelikova im Fachgebiet DaF an der Universität Kassel

Im Arbeitsblatt 1 haben Sie mit einem authentischen Text und im Arbeitsblatt 2 mit einem synthetischen Text gearbeitet.

Wir analysieren nun die beiden Arbeitsblätter.

Aufgabe 49

Betrachten Sie die beiden Arbeitsblätter noch einmal und kreuzen Sie in der Tabelle an.

	Arbeitsblatt 1	**Arbeitsblatt 2**
Authentischer Text	✗	
Synthetischer Text		✗
Ziele:		
• Globales Leseverstehen		
• Selektives Leseverstehen		
• Detailliertes Leseverstehen		
• Erarbeitung des Wortschatzes		
• Erarbeitung von Grammatik-strukturen		
• Üben der Lesestrategien		
Aufgaben:		
• Mithilfe des Textumfeldes (z. B. Layout, Visualisie-rungen) und der Internatio-nalismen die Bedeutung des Textes global erfassen		
• Hypothesen über den Inhalt bzw. den Zweck des Textes bilden		
• Soziokulturelle Phänomene „im Dreieck" L1-L2-L3-Welt auswerten		
• Parallelen im L2- und L3-Wort-schatz finden		
• Den Text analysieren		
• Den Text als Grundlage für das dialogische oder diskursive Sprechen vorbereiten		
• ...		

In der Tabelle haben wir einige Aufgaben angeführt; das müssen natürlich nicht die einzigen sein. Wie Sie einen Text bearbeiten möchten, hängt einerseits von der Zielset-zung, andererseits von dem Kontext ab, in den Sie die Sequenz mit dem Text einfügen, also vom geplanten Unterrichtsablauf.

Befassen wir uns noch einmal mit dem Arbeitsblatt 1. Dort haben wir den Versuch unternommen, die Lernenden an die Lesestrategien heranzuführen, die man in der Muttersprache sowieso benutzt: Man nimmt die Zeitung, blättert darin, sieht eine Artikelschlagzeile, vielleicht auch ein Foto dazu – und schon überlegt man, was denn wohl alles in diesem Text stehen könnte.

Bei der Schlagzeile „Radiopreis für das Lebenswerk" haben Sie bestimmt eine Reihe von Fragen überlegt, zu denen der Artikel die Antworten geben müsste: Welcher Radiosender? Was für ein Preis? Wer bekommt den Preis? Warum? Was hat er oder sie in seinem/ihrem Leben Besonderes getan?

Beim Lesen konzentrieren Sie sich dann auf die Textteile, die Ihre Neugierde befriedigen. Und vielleicht entstehen beim Lesen weitere Fragen, z. B.: Wer sonst hat diesen Preis noch bekommen?

Die Arbeitsaufgabe 4. dient dazu, über den Leseprozess nachzudenken und mit der Besprechung in der Gruppe (Aufgabe 5.) zu einem Schema zu gelangen, das später das Lesen von Zeitungsartikeln im Allgemeinen erleichtern kann.

Doch genauso können wir denselben Text mit einer anderen Zielsetzung und dementsprechend mit anderen Aufgaben bearbeiten (z. B. Zielsetzung selektives Verstehen: Wie hieß Nenas berühmtester Song?).

Die wichtigsten Schritte für die Erstellung eines Arbeitsblattes haben wir für Sie in einer Übersicht (S. 109) dargestellt. Diese können Sie als eine Art „roten Faden" benutzen.

Aufgabe 50

Hier ist ein synthetischer Text. Entwerfen Sie dazu Ideen für ein Arbeitsblatt zur Textarbeit.

Ich stelle dir meine Familie vor

Ich bin Frauke. Heute stelle ich dir meine Familie vor. Mein Vater und meine Mutter leben in München. Sie haben ein großes Haus in der Isarstraße 15. Früher habe ich auch dort gelebt. Aber jetzt wohne ich in Berlin. Ich habe einen Bruder. Er heißt Matthias und ist 6 Jahre jünger als ich. Er wohnt noch bei meinen Eltern in München. Leider habe ich keine Schwester. Aber ich habe eine Cousine, sie heißt Brigitte und ist zwei Jahre älter als ich, also 22. Sie studiert an der Uni in München. Ihr Bruder Felix ist schon 26 Jahre alt und hat eine Tochter und einen Sohn, die sind Zwillinge.

Im Sommer machen meine Eltern immer eine große Gartenparty. Da kommt die ganze Familie. Meine Großmutter und mein Großvater wohnen auch in der Isarstraße. Sie helfen meinen Eltern im Garten und in der Küche. Meine Tante Olivia und Onkel Georg, die Eltern von Brigitte, machen Salate und kaufen Saft, Cola, Bier und andere Getränke. Wir grillen Würstchen, Steaks und Fisch und reden über Gott und die Welt. Das Gartenfest ist immer was Besonderes.

Im Lösungsschlüssel finden Sie unsere Ideen zur Arbeit mit diesem Text.

Arbeitsblätter zur Textarbeit selbst erstellen

Vorbereitung des Leseverstehens	Vorbereitung des Textes	Ausarbeitung von Übungen zum Leseverstehen	Abschließende Aufgabe	Lernen lernen
Einstimmung in den Text, z.B.: – über das Thema sprechen – über ein zum Thema passendes Bild sprechen – Wortfeld vorbereiten, z.B. durch ein Assoziogramm (Wort-Igel)	Text mit Lesehilfen versehen, z.B. durch: – Worterklärungen am Rand – illustrierende Bilder – Markieren von Schlüsselwörtern	Zu dem Text Übungen zu den Sprachsystemen (Wortfeld, Grammatik) und zur Verstehenssicherung entwerfen; dabei von stark gesteuerten zu freieren Übungen übergehen: **stark gesteuerte Übungen:** – Einsetzübungen – Lückentexte – Umformungsübungen – Ergänzungsübungen – Tabellen mit Leerstellen **freiere Übungen:** – Dialog ergänzen – Paralleltext verfassen – Text aus den Stichwörtern/einer Tabelle erstellen – Text zu einem Bild/einer Bildergeschichte verfassen – Text in einer anderen Textsorte verfassen – Text weiterführen	Das Leseverstehen mit einer Aufgabe abschließen, z.B.: **vorwiegend mündlich:** – Stellung nehmen – die eigene Meinung äußern – eine Rolle in einem Rollenspiel übernehmen – ein Interview durchführen – ein Telefonat spielen – eine Debatte spielen **vorwiegend schriftlich:** – eine Zusammenfassung schreiben – einen (Leser-)Brief schreiben – eine Geschichte erfinden	Das bewusste Lernen anstoßen durch z.B.: – den Lernprozess reflektieren (Wie lief es? Was könnte man verbessern?) – den Lernerfolg/ das Lernprodukt reflektieren/evaluieren (Was kam heraus?) – eine Selbstevaluation durchführen

Arbeitsschritte:

1. **Text auswählen und für den Einsatz vorbereiten**, dabei beachten: Welches Leseziel soll angestrebt werden (globales, selektives, detailliertes Leseverstehen)?

2. **Aufgabe/Übungen erstellen**: a) Zuerst die abschließende Aufgabe formulieren und dabei beachten: Was soll am Schluss sprachlich gemacht werden?
   b) Danach erst die Übungen vom Text her in Teilschritten erstellen, die die abschließende Aufgabe sprachlich vorbereiten.

3. **Das bewusste Lernen anstoßen** und die Lernstrategien besprechen.

Neuner (2001): unveröffentlichtes Manuskript

Denken Sie jedoch daran, dass es nicht immer sinnvoll ist, ein „perfektes Arbeitsblatt" zu gestalten. Meistens wird, wie erwähnt, auch im Tertiärsprachenunterricht mit herkömmlichen DaF-Lehrwerken unterrichtet. Deshalb ist es Ihre Aufgabe, abzuwägen, inwieweit Sie mit einer Arbeitsblattsequenz zur Textarbeit das Lehrwerkangebot ergänzen können.

Gerade beim Einsatz authentischer Texte geht es vorwiegend um das (Lese-)Verstehen und Üben der Lesestrategien und nicht um die Erarbeitung grammatischer Strukturen oder des Wortschatzes. Ein anschließendes Gespräch über das Thema lohnt sich nur, wenn die fremdsprachlichen Mittel aktiv beherrscht werden bzw. wenn die Lernenden so weit sind, dass sie sich bestimmte sprachliche Muster auf der Mitteilungsebene aneignen können.

Zum Abschluss des Kapitels möchten wir Sie noch einmal an einen der entscheidenden Aspekte der Textarbeit im Tertiärsprachenunterricht erinnern – die Reflexion über den Lernprozess. Bitte scheuen Sie sich nicht, Ihre Schüler und Schülerinnen durch spezielle Aufgabenstellungen dazu zu animieren, immer wieder über das *Wie* und *Warum* des Lernprozesses nachzudenken, und diese Fragen mit ihnen im Unterricht zu besprechen.

10 Selbsteinschätzung im Tertiärsprachenunterricht

10.1 Selbsteinschätzung – wozu?

> ... Natürlich kann eine solche Evaluation keine Wunder bewirken. Sie trägt aber dazu bei, daß die einzelnen Schülerinnen und Schüler ihre Stärken und Schwächen deutlicher erkennen und angespornt werden, ihre Leistungen zu verbessern.
>
> (Geist 1998, 35)

Was ist Selbsteinschätzung und warum ist sie für den Tertiärsprachenunterricht so wichtig?

Selbsteinschätzung ist ein „Prozeß, der auf die quantitativen und qualitativen Merkmale von Phänomenen des Sprachenlernens aus der Sicht der Lernenden gerichtet ist" (Raasch 1997, 38). Wir haben bereits erörtert, dass die Reflexion über den eigenen Lernprozess und die Anleitung zum selbstständigen lebenslangen Lernen einen wesentlichen Anteil am Unterricht in der zweiten Fremdsprache haben (s. die didaktischen Prinzipien des Tertiärsprachenunterrichts in Kapitel 5.2, S. 41 ff.). Deshalb hat auch die Selbsteinschätzung hohes Gewicht im Tertiärsprachenlernen.

Als größter Nachteil der Selbsteinschätzung/Selbstevaluation wird angesehen, dass manche Lernende dazu neigen, sich zu überschätzen oder zu unterschätzen. Doch dem kann man dadurch entgegenwirken, dass man als Lehrerin oder Lehrer (bzw. als Lehrinstitution mit entsprechend vorbereiteten Vorlagen) günstige (oder ungünstige) Bedingungen schaffen kann, in denen die Lernenden die Selbsteinschätzung lernen bzw. trainieren. Mit der Zeit führt das zu einer realistischen Selbstbeurteilung (vgl. Schneider 1996, 16; Trim/North/Coste 2001, Kap. 9).

Im *Gemeinsamen europäischen Referenzrahmen für Sprachen* (Trim/North/Coste 2001, 186) wird sogar betont:

> Die größte Bedeutung hat die Selbstbeurteilung aber als ein Instrument für die Motivation und für ein bewussteres Lernen: So kann sie den Lernenden helfen, ihre Stärken richtig einschätzen zu lernen, ihre Schwächen zu erkennen und ihr Lernen effektiver zu gestalten.

Welche **Gründe** sprechen **für die Selbsteinschätzung** als Bestandteil des Fremdsprachenunterrichts?

➤ Ein lerner- und handlungsorientierter Unterricht fordert auch aktive Beteiligung der Lernenden am Unterrichtsgeschehen.

➤ Die Lernenden werden beim Nachdenken über den Lernprozess und die Ergebnisse unterstützt: Sie sollen/können lernen, ihre eigene Lernweise zu beobachten – welche Lernverfahren, Aufgaben, Arbeitsformen ihnen gefallen, wie sie bessere Lernerfolge allgemein oder in bestimmten Fertigkeiten erzielen.

➤ Die Selbsteinschätzung gibt den Lernenden die Möglichkeit, sich mit der eigenen Lernbiografie, mit den eigenen und fremden Bewertungskriterien auseinanderzusetzen.

(Vgl. Schneider 1996, 17; Piepho 1998, 27; Koenig 2000, 13)

Selbsteinschätzung bedeutet jedoch *nicht*, sich selbst Noten zu geben oder sich mit den von den anderen gegebenen Noten auseinanderzusetzen.

Günstige Bedingungen für die Entwicklung des Selbsteinschätzungsvermögens zu schaffen, bedeutet für den Lehrenden:

➤ Selbsteinschätzung auf konkrete Situationen/Aufgaben/Erfahrungen beziehen.

➤ Kompetenzbeschreibungen – was man können/tun soll – klar, sprachlich einfach und verständlich formulieren.

➤ Bewertungskriterien zusammen mit den Lernenden erarbeiten und formulieren.

Außerdem ist die soziale Phase – Besprechen und Reflektieren des Lernprozesses in der Gruppe – entscheidend, damit dieser Prozess bei jedem einzelnen Lernenden „automatisiert" wird. Weskamp (1996, 407) vergleicht diesen Prozess mit dem Erlernen des

Autofahrens. Am Anfang muss man alles bewusst machen – kuppeln, Gang einlegen, Gas geben usw. Irgendwann läuft das dann automatisch ab.

Damit die Selbsteinschätzung später automatisch verläuft, ist zunächst die Diskussion über den *Lernprozess* nötig.

<table>
<tr><td rowspan="2" style="vertical-align:top">**Aufgabe 51**</td><td>*Haben Sie Erfahrungen mit der Selbsteinschätzung im Fremdsprachenunterricht?*</td><td>*Erfahrungen als Schüler(in)?* ☐

Erfahrungen als Lehrer(in)? ☐</td></tr>
<tr><td>*Was war positiv?*</td><td></td></tr>
<tr><td></td><td>*Was war negativ?*</td><td></td></tr>
</table>

10.2 Instrumente der Selbsteinschätzung

In neueren DaF-Lehrwerken sind gute Beispiele zu finden, wie man die Selbsteinschätzung im Fremdsprachenunterricht entwickeln kann. Es gibt verschiedene Instrumente der Selbsteinschätzung, von denen einige sehr bekannt sind und die sowohl von Lehrenden als auch von Lernenden oft eingesetzt werden (vgl. Schneider 1996, 19 – 22; Raasch 1997, 40; Koenig 2000, 14 – 17; Weskamp 1995, 121 – 126), z. B.:

- Lösungsschlüssel
- Fragebogen
- Checkliste
- Arbeit mit einer Lernkartei
- Reflexionsfragen, die den Lernprozess durchgehend begleiten
- Interview
- Übungen selbst erstellen
- Rückschau auf den eigenen Lernprozess am Ende jeder Lernsequenz

Die Checklisten und Fragebögen werden meistens so verfasst, dass nicht nur der Schüler selbst sich bewertet, sondern dies auch Lehrer und Lehrerinnen oder Mitschüler und Mitschülerinnen tun können.

Genauso bekannt, aber wegen der Zeitaufwendigkeit in der Praxis nicht so oft eingesetzt werden:

- Video- oder Audioaufzeichnungen
- Lerntagebücher.

Während das Video-/Audioverfahren auf die oft nicht vorhandene oder nicht funktionierende Technik angewiesen ist, ist das Lerntagebuch gar nicht so zeitaufwendig, wie das auf den ersten Blick erscheinen vermag. Beim Einsatz von Lerntagebüchern muss lediglich beachtet werden, dass Zeiten für die Notizen im Tagebuch systematisch eingeplant, diese Reflexionsphasen kontinuierlich in den Unterricht einbezogen und die Notizen im Unterricht auch besprochen werden (vgl. Koenig 2000, 14). Erfahrungen aus der Lehrerpraxis zeigen, dass ein Lerntagebuch die eigenen Lernstärken und -schwächen besser erkennen lässt und damit die Mitverantwortung der Lernenden für den Lernprozess steigert.

10.3 Selbsteinschätzung im Tertiärsprachenunterricht

Mit einigen Beispielen zeigen wir Ihnen, wie Sie mit Ihren Lernenden im Tertiärsprachenunterricht die Selbsteinschätzung kontinuierlich trainieren können.

10.3.1 Lernziele klar definieren und Reflexion über die eigene Lernerfahrung mit einbeziehen

Aus mehreren neueren DaF-Lehrwerken ist Ihnen sicher bekannt: Die Inhaltsverzeichnisse geben den Lehrenden und Lernenden strukturierte Informationen über den Inhalt der Lektionen und befassen sich dabei sowohl mit den einzelnen Sprachsystemen als auch mit den Sprachfertigkeiten; außerdem wird der Bereich „Lernen lernen" immer öfter in die Inhaltsverzeichnisse aufgenommen. Ähnlich verfahren einige Lehrwerke zu Anfang jeder Lektion – auch da werden nicht selten die Lernziele aufgelistet. Ziel ist dabei, dass die Lernenden den bevorstehenden Lernprozess und seine Lerninhalte bewusst erfahren können.

Im Tertiärsprachenunterricht schafft man damit die besten Voraussetzungen für den Einstieg in das neue Thema: Aufgrund der Ähnlichkeiten zwischen dem Englischen und dem Deutschen im Wortschatz sind die meisten Lernziele oder -inhalte tatsächlich verständlich – die Lernenden können sich etwas darunter vorstellen, ohne vorher im Wörterbuch hin und her zu blättern. Vertiefen kann man das, indem man den Lernenden eine Reflexionsphase anbietet, in der sie über ihre Lernerfahrungen oder ihr Vorwissen in Bezug auf das Thema nachdenken können.

Neue Grammatikphänomene werden meistens induktiv über das SOS-Prinzip (s. dazu Kapitel 7.2.3.1, S.79f.) eingeführt: Aus den Texten oder Sätzen werden Beispiele gesammelt und durch Ordnen und Systematisieren der Beispiele kommt man zu Regeln. Im Tertiärsprachenunterricht können wir den Lernenden noch mehr bieten, um ihnen den Einstieg ins Thema zu erleichtern und sie zur aktiven Arbeit aufzufordern.

Anmerkung:
Denken Sie daran, dass alle Aufgabenstellungen zweisprachig vorgegeben werden: Deutsch/Muttersprache oder Deutsch/Englisch!

Verben im Präsens
Erinnern Sie sich an die Verben im *present simple* im Englischen?

Englisch:	**Ihre Muttersprache:**
I come from Germany.	
You come from Germany.	
He ...	

- War es leicht oder schwer, das zu lernen? Wie ist das in Ihrer Muttersprache?
- Übersetzen Sie die englischen Sätze in Ihre Muttersprache: Finden Sie Gemeinsamkeiten/Unterschiede?
- Im Deutschen ist es wohl nicht so einfach wie im Englischen – aber vielleicht einfacher als in Ihrer Muttersprache?
- Wie ist es nun im Deutschen?

Beispiel

10.3.2 Kontinuierlich zur Reflexion über den Lernprozess anleiten

Selbsteinschätzungsinstrumente, die zur Reflexion über den Lernprozess auffordern – seien es Fragebogen, Lerntagebücher oder Fragen über eine gerade bearbeitete Aufgabe oder Lernsequenz –, werden meist erst in den Lehrwerk-Bänden 2 und 3 oder sogar erst in den Lehrwerken der Mittelstufe eingesetzt. Im Anfangsunterricht fehlen die sprachlichen Mittel, um in der Fremdsprache über den Lernprozess zu diskutieren. Dazu kommt die Angst vieler Lehrender davor, im Fremdsprachenunterricht zu oft die Muttersprache zu benutzen.

In der Tertiärsprachendidaktik wird dafür plädiert, dass Reflexionsphasen den Lernprozess begleiten. Wir haben bereits in anderen Kapiteln die wichtige Rolle der Muttersprache im Tertiärsprachenunterricht betont, auch hier kommt sie zum Einsatz. (Falls die Gruppe heterogen ist, wird in den Reflexionsphasen die Sprache der Mehrheit – in vielen Fällen das Englische – benutzt.)

Beispiel

Wenn Sie sich noch einmal die Arbeitsblätter ansehen, die wir Ihnen im Kapitel 9 *Textarbeit* präsentiert haben, finden Sie z. B. solche Fragen oder Aufgaben:

a) Arbeitsblatt zu Aufgabe 48 (S. 105):

    4. Wie haben Sie die Antworten gefunden? Notieren Sie Ihre Arbeitsschritte.

    5. Vergleichen Sie nun in der Gruppe Ihre verschiedenen Arbeitsweisen aus der Partnerarbeit.

b) Arbeitsblatt zu Aufgabe 50 (S. 108/165):

    3. Besprechen Sie in der Gruppe: Welche Wörter waren leicht und welche schwer zu erkennen? Warum? War Englisch eine echte Hilfe? Vielleicht hat auch Ihre Muttersprache beim Verstehen geholfen? Wo?

Diese Fragen (wie alle Arbeitsanweisungen im Anfangsunterricht) werden selbstverständlich in der Muttersprache gestellt und es wird auch erwartet, dass die Lernenden die Fragen in der Muttersprache besprechen. Nicht das vorhandene (oder nicht vorhandene) fremdsprachliche Können, sondern die Reflexion steht hier im Mittelpunkt.

Warum sollten Lehrer fortlaufend zu einer bewussten Reflexion über den Lernprozess anregen?

Diese Reflexion findet ohnehin bei jedem von uns statt, wird jedoch selten artikuliert. Deshalb ist eine Nachbesprechung, wie im Beispiel gezeigt, bei fast jeder Aufgabe von Nutzen. Sie kann z. B. zeigen, dass die Lernenden ein und dieselbe Aufgabe unterschiedlich lösen oder dass sie unterschiedliche Vorlieben haben, was das Üben in der Fremdsprache angeht.

Auch Fragen zur Affektivität sind wichtig: Hat dir die Aufgabe gefallen? Was fandest du besonders gut/interessant/...? Was war langweilig? Was hat dich gestört?
Solche Fragen für sich zu beantworten bedeutet, der eigenen Lernweise, aber auch fehlerhaften Einstellungen zum Lernen einen Schritt näherzukommen.

10.3.3 Rückblickphasen zur Einschätzung des Gelernten und Raum für individuelle Wiederholung anbieten

Jede Unterrichtseinheit sollte mit einem Rückblick abgeschlossen werden, bei dem die Lernenden die Möglichkeit haben, sich darüber klarzuwerden, was sie gut gelernt, verstanden haben und anwenden können und wo sie umgekehrt noch Wiederholungsbedarf haben. Meist besteht so ein Rückblick aus folgenden Elementen:

- kurze Reflexion und Bewertung des eigenen Könnens bzw. des in der Unterrichtseinheit Gelernten;

- Aufgaben, in denen Situationen für eine nochmalige Anwendung des Gelernten vorgegeben sind.

Die Bewertung des eigenen Lernerfolgs können die Lernenden aber auch in Form eines Fragebogens durchführen. Solche Fragebogen findet man öfter in regionalen Lehrwerken, die dafür die jeweilige Muttersprache benutzen.

Die in den deutschsprachigen Ländern herausgegebenen Lehrwerke versuchen bei ihren Fragebogen, ohne eine in Sprache gefasste Leistung auszukommen. Die Lernenden können ihren Lernerfolg z. B. mit „++" „+" „–" „– –" bewerten.

Im Tertiärsprachenunterricht tritt die Reflexion über den Lernprozess in den Vordergrund; deshalb ist hier auch die Verwendung der Muttersprache oder (in heterogenen Lernergruppen) der ersten gemeinsamen Fremdsprache kein Problem.
Besonders wichtig ist jedoch, dass man beim Rückblick ähnliche Aufgaben anbietet wie in der Lerneinheit selbst. Auch die spezifischen Aufgaben, in denen die erste Fremdsprache eingesetzt wird, sollten im Rückblick nicht fehlen.

Beispiel

Wie heißen diese englischen Wörter auf Deutsch? (*Körperteile – parts of the body*)
Beispiel: *hand – die Hand*
arm – _____   shoulder – _____
finger – _____   knee – _____
elbow – _____   ...   _____

Ein Rückblick erfüllt seinen Sinn nur dann, wenn er nicht nur die letzte Seite oder Aufgabensequenz einer Lerneinheit darstellt, sondern auch Raum für individuelle Wiederholung gibt. Außerdem ist das eine gute Gelegenheit zur Individualisierung im Sprachlernprozess: Jeder Lernende kann die Zeit dafür nutzen, den eigenen Wünschen nachzugehen. Das kann eine Wiederholung sein, muss es aber nicht – man kann z. B. auch ein Thema, das gerade im Unterricht behandelt worden ist, vertieft bearbeiten.

Aufgabe 52

Lesen Sie noch einmal Kapitel 10.3.1 – 10.3.3 und fassen Sie zusammen, wie man die Selbsteinschätzung im Lernprozess trainieren kann. Welche Besonderheiten des Tertiärsprachenunterrichts sind für die Selbsteinschätzung von besonderer Bedeutung? Bitte notieren Sie hier:

Wie trainiert man Selbsteinschätzung?	**Besonderheiten im Tertiärsprachenunterricht**

10.4 Selbsteinschätzung im Rahmen von Prüfungen und Lernkontrollen

Meist geschieht die Beurteilung der Lernenden im Fremdsprachenunterricht durch Benotung anhand von Testergebnissen. Das kennt praktisch jeder von uns; genauso wissen wir aus unserer eigenen Schulzeit, dass diese Art von „Benotung" für Entfremdung und abnehmende Motivation sorgt.

Wenn man dagegen die Lernenden auffordert, die eigenen Sprachkenntnisse selbst zu evaluieren, übernehmen sie laut vielen Erfahrungsberichten mehr Mitverantwortung für den Lernprozess: Jeder Lernende kann mithilfe der Evaluationskriterien die eigenen Ziele und Anforderungen mit denen des Schulsystems vergleichen (vgl. Terassi 1999, 45).

Insbesondere, wenn im Unterricht Selbsteinschätzung trainiert und damit ihre Bedeutung betont wird, darf sie nicht aus den Tests ausgeschlossen werden – denn auch das Testen ist Bestandteil des Fremdsprachenlernens.

Wir gehen nun auf folgende zwei Aspekte ein:

1. Die Lernenden können sich selbst besser einschätzen lernen, wenn sie nicht nur selbst Übungen bearbeiten, sondern solche auch für ihre Mitlernenden erstellen.

2. Die Reflexion über die Testaufgaben und -ergebnisse trägt zur Mitverantwortung der Lernenden für ihr eigenes Lernen bei.

10.4.1 Erstellung der Übungen bzw. Testaufgaben durch die Lernenden selbst

Die Erstellung von eigenen Übungen/Testaufgaben durch Lernende nach dem Muster von Übungen z. B. aus dem Lehrbuch bringt großen Gewinn für die Selbsteinschätzung im Rahmen des Testens. Ausführlich hat sich Weskamp damit auseinandergesetzt, welchen Anteil Lernende bei der Entwicklung von Übungen haben können (Weskamp 1995, 121 – 126):

*   Wenn die Lernenden nur die vom Lehrenden oder vom Lehrbuch vorgegebenen Übungen machen, sind sie in einer reinen Konsumentenrolle – Art und Struktur der Übung sowie Lösungswege sind vorgegeben, der Lehrer kontrolliert die Lernarbeit, und normalerweise findet auf diesem Weg auch keine Reflexion über das Üben und die Verfahren statt, die bei der Erstellung von Übungen benutzt wurden. Die Lernenden bleiben also im Lernprozess unselbstständig.

*   Wenn die Lernenden Übungen für sich selbst oder andere erstellen sollen, ist eine Reflexion über mögliche Verfahren des Übens erforderlich – die Lernenden entscheiden danach selbst über Art und Struktur der Übungen, entwickeln eigene Lösungswege und kontrollieren die Lernabläufe gegenseitig. Damit haben sie an Selbstständigkeit im Lernprozess enorm gewonnen.

Dies gilt sowohl für den Bereich der Fertigkeiten als auch für den Bereich der Sprachsysteme.

1. Nachdem sich die Lernenden mit dem Lesen fremdsprachlicher Texte auseinandergesetzt haben, können sie z. B. aus einer Textsammlung kleine Texte auswählen und für die anderen als Leseverstehensübungen aufbereiten. Dabei kommt man zwangsläufig auch zu Diskussionen darüber, mit welchen Zielen und Aufgaben unterschiedliche Lernergruppen ein und denselben Text verbinden und wie unterschiedlich sie die Bedeutungsschwerpunkte in demselben Text setzen.

2. Das Erstellen von Übungen kann auf verschiedenen Ebenen trainiert werden. Die Lernenden können z. B. immer dasselbe Verfahren benutzen, hier etwa Wörter-Netze.

   Sie arbeiten mit dem Thema „Essen und Trinken". Nach der Einführung vieler Produkte und Gerichte haben sie diese Wörter geübt, indem sie **Wörter-Netze** ergänzt haben:

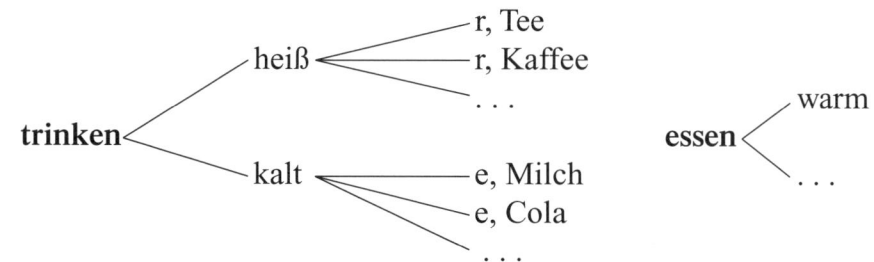

Nun können die Lernenden selbst Wortlisten erstellen, aus denen Wörter-Netze nach anderen/unterschiedlichen Kategorien aufgebaut werden, z. B. das Wortfeld „Gemüse/Obst" – ähnlich wie im Englischen/anders als im Englischen.
Die Lernenden können alternativ oder zusätzlich auch andere Verfahren der Übungserstellung benutzen, um den Wortschatz zum gleichen Thema zu üben.

Wenn die Lernenden das Erstellen von Übungen regelmäßig trainiert haben, können sie mit der Zeit in Gruppen füreinander auch kleine Lernfortschrittstests schreiben. Dabei ist der gesamte Prozess von Bedeutung: Die Erstellung der Testaufgaben, deren Erprobung in anderen Gruppen sowie die gemeinsame Auswertung einzelner Testergebnisse erfordern eine Reihe von Denkschritten (vgl. Koenig 2000, 14 – 15). Wichtig ist dabei auch die Diskussion über die unterschiedliche Effektivität von Tests, je nachdem, ob sie den Lernenden vorgegeben oder von ihnen selbst erstellt werden.

10.4.2 Einzel- und Gruppenreflexion über erzielte Leistungen und Testergebnisse

Bei einem herkömmlichen Test kann jede Testaufgabe durch eine kurze Reflexion ergänzt werden: „Bist du mit dir zufrieden? Hast du noch Probleme? Musst du diese Regel noch einmal wiederholen?" (vgl. Koenig 2000, 17). Damit wird vom Lernenden eine Arbeitshaltung verlangt, die über die reine Konsumentenrolle hinausgeht.

Solche an Testaufgaben anschließende Fragen muss zunächst jeder Lernende für sich beantworten. Nach dem Test besteht dann aber auch oft ein starkes Bedürfnis, in der Gruppe gemeinsam zu reflektieren. Das kennen wir sowohl von uns selbst als auch von unseren Lernenden: Über einen Test wird anschließend immer diskutiert, doch meistens geschieht dies hinter dem Rücken des Lehrenden. Dabei wird oft „Zufriedenheit" über die eigene Leistung geäußert; „Unzufriedenheit" richtet sich mit Aussagen wie „Das haben wir gar nicht gelernt!", „Mit der Aufgabe wollte er (der Lehrer) uns nur reinlegen!" an die Lehrperson.

Eine Auswertung des Tests im Rahmen des Unterrichts bietet die Chance, solche „Bewertungen" durch genauere, aufschlussreichere zu ersetzen. Dabei sollte man jedoch pauschale Aussagen wie „Das war gut!", „Das war schlecht!" meiden und stattdessen Begriffe wie „schwierig", „leicht", „verstanden", „unklar", „wiederholen" u. Ä. benutzen.

Die Äußerung „Dieses Thema müssen wir wiederholen" als Ergebnis einer solchen Auswertung im Unterricht ist natürlich viel effektiver, wenn sie von den Lernenden selbst kommt.

Aufgabe 53

Überarbeiten Sie bitte die folgenden Testaufgaben nach den Empfehlungen zur Selbsteinschätzung in diesem Kapitel. Beachten Sie dabei auch die Besonderheiten des Tertiärsprachenunterrichts.

a)

5.317 Jugend-herbergen

Das Wichtigste im Gepäck bei einer Reise auf Jugendherbergsweise ist der Mitgliedsausweis des Deutschen Jugendherbergswerkes. Er ist der „Schlüssel" für 5317 Jugendherbergen in 54 Ländern rund um den Globus. Eindrucksvoll sind die Zahlen des Internationalen JH-Verbandes: 4 Millionen Mitglieder und rund 34 Millionen Übernachtungen werden jährlich registriert. In den 565 Jugendherbergen des DJH machen pro Jahr etwa 770 000 ausländische Gäste Station.

Welt weit

11 **Unterstreich alles, was du verstehst.**

12 **Antworte:**

a) Wie viele Jugendherbergen gibt es weltweit?

_____

b) Was ist der „Schlüssel" für alle Jugendherbergen?

_____

c) Wie viele Mitglieder hat der Internationale Jugendherbergsverband?

_____

Heck-Saal/Mühlenweg (1990), 228

b)

2. „Uhr" oder „Stunde"? Machen Sie bitte ein ✗!

	Uhr	Stunde(n)	
Der Film beginnt um 20.00			
und ist um 23.00			zu Ende. –
Das sind ja drei			!
Eile mit Weile! Du hast noch eine halbe			Zeit.
Hast du keine			?
Wann mußt du gehen? In eineinhalb			.

Fuhrmann u. a. (1988), 47

11 Anfangsunterricht: Die ersten Wochen Tertiärsprachenunterricht

11.1 Bedingungen und Zielsetzungen

Von der ersten Stunde im Tertiärsprachenunterricht an müssen wir unsere Lernenden auf die veränderte Perspektive des Sprachenlernens im Vergleich zur ersten Fremdsprache vorbereiten und ihr Interesse und ihre Motivation dafür wecken. Deswegen kann die Bedeutung der ersten Unterrichtsstunden und -wochen nicht hoch genug eingeschätzt werden

Im Kapitel 4 sind die **Bedingungen des Tertiärsprachenlernens** ausführlich dargestellt worden. Da sie gerade für den Anfangsunterricht von entscheidender Bedeutung sind, fassen wir sie hier noch einmal zusammen:

➤ Die Lernenden sind in der Regel 3 – 4 Jahre älter als beim Unterrichtsbeginn in der ersten Fremdsprache.

➤ Sie bringen deshalb sowohl größere Lebenserfahrung als auch breiteres Weltwissen in den Tertiärsprachenunterricht mit.

➤ Sie haben bereits Erfahrungen mit dem Fremdsprachenlernen gesammelt.

➤ Sie verfügen über das Sprachwissen (u. a. zu Wortschatz/Grammatik) aus der ersten Fremdsprache Englisch (L2).

➤ Dem Tertiärsprachenunterricht steht eine deutlich geringere Stundenzahl als dem Unterricht in der 1. Fremdsprache zur Verfügung, obwohl zum Schluss des Schul- oder Ausbildungsweges ein gleichwertiges Sprachniveau in beiden Fremdsprachen erwartet wird.

➤ Wichtig für den Tertiärsprachenunterricht außerhalb Europas: Die Schüler haben durch den Unterricht in der 1. Fremdsprache (Englisch) soziokulturelles Wissen über ein Land im Kulturbereich Europa erworben.

➤ Die Lernenden sind (hoffentlich) auch ein bisschen neugierig auf die neue Fremdsprache Deutsch.

Der Tertiärsprachenunterricht muss also von der ersten Stunde an so gestaltet werden, dass die Lernenden erkennen: Sie können und sollen ihr sprachliches, lernstrategisches und soziokulturelles Vorwissen beim Erlernen ihrer 2. Fremdsprache Deutsch (L3) einsetzen und sich auf diese Weise den Zugang erleichtern.

Sehen Sie sich noch einmal die Einleitung von Kapitel 4 (S. 24f.) an, wo die Bedingungen und Ziele des Tertiärsprachenlernens ausführlich erörtert worden sind.

11.2 Vorbereitende Fragestellungen

Da es bisher kein Lehrwerk gibt, das die Besonderheiten der Tertiärsprachendidaktik umfassend berücksichtigt, sind für den Einstieg in die Praxis des Tertiärsprachenunterrichts (in unserem Fall Deutsch nach Englisch) Fantasie, Kreativität und auch eine Reflexion der Ausgangssituation nötig.

Wichtig ist dabei, sich mit den folgenden – von Land zu Land unterschiedlichen – Aspekten auseinanderzusetzen:

➤ den Lerntraditionen,

➤ der Abfolge der zu erlernenden Fremdsprachen,

➤ den curricularen und schulischen Bedingungen,

➤ den Lernvoraussetzungen und Zielen der Lernenden.

Sehen Sie sich dazu noch einmal Kapitel 4.2.1 – 4.2.2 an.

Aufgabe 54

> *In den Aufgaben 6 (S. 16), 9 (S. 23) und 15 (S. 37) haben Sie bereits die Situation des Fremdsprachenlehrens und -lernens in Ihrem Land eingeschätzt. Blättern Sie bitte noch einmal zurück und rufen Sie sich das dort Erarbeitete in Erinnerung, bevor Sie weiterlesen.*

Bevor man beginnt, geeignete Übungen für den Anfangsunterricht in der zweiten Fremdsprache als Zusatzmaterial zum unterrichtstragenden Lehrwerk zusammenzustellen oder auch selbst zu entwickeln, ist es sinnvoll, einige **grundsätzliche Fragestellungen** zu reflektieren:

1. Mit welchen Lernstrategien und -techniken könnten die Schüler aufgrund des Unterrichts in der ersten Fremdsprache und auch in ihrer Muttersprache vertraut sein?
   Daraus resultierend:
   Auf welche Strategien und Techniken kann aufgebaut, welche müssten neu eingeführt werden?

2. Wie nah oder fern ist aus kultureller, geografischer und sprachlicher Sicht die erste Fremdsprache der zweiten Fremdsprache bzw. wie ist die „Distanz" der ersten und zweiten Fremdsprache zur Muttersprache?
   Daraus resultierend:
   Wie kann die jeweils vorhandene „Distanz" am besten überbrückt bzw. wie kann entsprechendes Informationsmaterial sinnvoll eingesetzt werden?

3. Wo gibt es Anknüpfungspunkte aufgrund von Ähnlichkeiten oder aber auch großen Klärungs- bzw. Veranschaulichungsbedarf aufgrund großer Verschiedenheiten?
   Daraus resultierend:
   In welcher Weise könnte interkulturelles Verständnis geweckt bzw. vertieft werden?

4. Von welchem (persönlichen, allgemeinen, durch die Schule oder die Medien vermittelten) Vorwissen der Lernenden über die zweite Fremdsprache Deutsch kann ausgegangen werden?
   Daraus resultierend:
   Wo gibt es Ansatzpunkte, dieses Vorwissen zu erweitern?

5. Wie sieht – vor dem gegebenen soziopolitischen und historischen Hintergrund – die emotionale Haltung der Lernenden zum Zielsprachenland aus?
   Daraus resultierend:
   Wie könnte die emotionale Haltung positiv verstärkt werden?

Zu diesen Fragen können z. T. möglicherweise keine gesicherten Informationen gefunden, sondern nur Überlegungen angestellt werden. Dennoch bilden sie eine erste Reflexionsgrundlage und Ansatzpunkte für die Auswahl und Zusammenstellung einführender Übungen im Anfangsunterricht.

Aufgabe 55

> *Bitte notieren Sie zu den Punkten 1 bis 5 (oben) zusätzliche Ideen und Aspekte, die wichtig sein könnten.*

Zu 1) *Wie bekommen Sie hierzu die nötigen Informationen?*	
Zu 2) *Wie/Mit welchen Materialien würden Sie kulturelle Distanz überbrücken? Wie würden Sie vorgehen, um das vorhandene Vorwissen bei kultureller Nähe in den Unterricht einzubauen?*	

Zu 3) *Wie könnten interkulturelle Frage-stellungen thematisiert werden?*	
Zu 4) *Vorwissen: Welche Situationen finden Sie vor und wie reagieren Sie darauf?*	
Zu 5) *Notieren Sie einige Ideen, wie Sie eine positive Einstellung zur deutschen Sprache bzw. zu deutschsprachigen Ländern wecken könnten.*	

11.3 Motivieren für die neue Fremdsprache Deutsch (nach Englisch)

Gerade für den Anfangsunterricht ist die Motivation der Lernenden beim Einstieg in die neue Fremdsprache entscheidend. Die Lernenden zu motivieren bedeutet, ihnen immer wieder bewusst zu machen,

➤ dass sie beim Erlernen der zweiten Fremdsprache Deutsch (nach Englisch) keine Nullanfänger mehr sind,

➤ dass sie aus dem muttersprachlichen und dem fremdsprachlichen Unterricht bereits eine breite Basis an Sprachwissen mitbringen,

➤ dass sie dieses Sprachwissen bewusst einsetzen können, um die neue Sprache schnell und effektiv zu erlernen,

➤ dass der Unterricht in der zweiten Fremdsprache an viele ihrer früheren Sprachlern-erfahrungen anknüpft,

denn „jedem Anfang wohnt ein Zauber inne" (Hermann Hesse, Stufen), der den Ler-nenden so lange wie möglich erhalten bleiben sollte.

Was bedeutet dies konkret für die **Gestaltung des Unterrichts**?

a) **Ein positives Lernklima,**
gekennzeichnet durch einen freundlichen Ton, gegenseitige Toleranz und partner-schaftliches Lernen schafft sicherlich eine gute Ausgangslage.

b) **Motivierende Materialien,**
z. B. Spiele, Bilder, Filme, Musik und authentische Texte, machen das Sprachen-lernen interessant und können emotionale Zugänge eröffnen.

c) **Bewusster und effektiver Einsatz von Lernstrategien und Anknüpfen an Lern-erfahrungen und Sprachwissen**
sind jedoch für den Tertiärsprachenunterricht besonders wichtig. Gerade im An-fangsunterricht setzen die Lernenden aus einem natürlichen Impuls heraus ihr gesamtes bereits vorhandenes Sprachwissen (aus dem Englischen) ein, um die neue Fremdsprache (Deutsch) zu verstehen. Sie werden „im Kopf" wahrscheinlich jede mögliche Verknüpfung oder Übertragung (Wortschatzähnlichkeiten, ähnliche

Satzstrukturen etc.) ausprobieren, um zu ihrem Ziel, einem ersten Verstehen, zu gelangen. Erreichen Sie dieses Ziel, so sind sie möglicherweise

- überrascht: *„Ich habe nie Deutsch gelernt und verstehe trotzdem schon in der ersten Stunde etwas Deutsch!?"*

- stolz: *„Das, was ich bisher gelernt habe, kann ich effektiv für das Erlernen der neuen Sprache nutzen."*

- erleichtert: *„Mit meinem fremdsprachlichen Basiswissen in Englisch fällt mir Deutsch gar nicht mehr so schwer."*

- neugierig: *„Wenn wir solche Themen behandeln, dann interessiert mich die neue Fremdsprache, weil sie etwas mit mir zu tun hat!"*

Also sollte man mit den Aufgabenstellungen im Deutschunterricht

➤ in einem ersten Schritt eigenständige Verstehensprozesse bei den Lernenden anregen,

➤ in einem zweiten Schritt diese Verknüpfungsversuche zwischen Elementen der ersten und der zweiten Fremdsprache nutzen,

➤ in einem dritten Schritt, den Weg/Lernprozess, der zum Verstehen geführt hat, bewusst machen lassen.

11.4 Kriterien zur Auswahl von Übungsbeispielen im Unterricht Deutsch als zweite Fremdsprache

Für die Auswahl und das konkrete Erstellen von Übungen bzw. Übungssequenzen im Anfangsunterricht Deutsch nach Englisch sollten einige **grundsätzliche Kriterien** beachtet werden:

➤ **Wortschatz Englisch/Deutsch:**

Die Grundlage sollte der „gemeinsame englisch-deutsche Wortschatz" bilden (s. die Liste im Anhang 2, S. 136ff.).

➤ **Themenauswahl:**

Einerseits sollten die Themen auf der Grundlage des „gemeinsamen englisch-deutschen Wortschatzes" (auch selbstständig von den Lernenden) leicht zu bearbeiten sein, andererseits sollten sie inhaltlich den Interessen der Lernenden entsprechen.

➤ **Strukturen:**

Sprachliche Strukturen sollten in den Input-Texten oder in Beispielen so dargestellt werden, dass sie von den Lernenden selbst erkannt bzw. erarbeitet werden können.

➤ **Passives Wissen/Aktives Wissen:**

Die Texte sollten so ausgewählt werden, dass die Lernenden mit ihrem passiven Wissen (über die deutsche Sprache), also mit dem bereits erworbenen sprachlichen Vorwissen, das ihnen hilft, neue fremdsprachliche Texte im Ansatz zu verstehen, „einsteigen" können. Dieses passive – unbewusst, strategisch eingesetzte – Wissen kann durch gezielte Übungen bewusst und zu aktivem Wissen gemacht werden.

➤ **Lerntyp/Lernstrategien:**

Alle Sinne ansprechen, auf die verschiedenen Lerntypen eingehen, unterschiedliche Lernstrategien anbieten.

➤ **Authentizität:**

Das Bild- und Textmaterial sollte nach Möglichkeit aus Originalquellen (u. a. aus Zeitungen, Zeitschriften, Büchern, dem Internet) stammen und aktuell sein.

Die Kriterien für ein auf den Tertiärsprachen-Anfangsunterricht ausgerichtetes Konzept lassen sich in drei Gruppen zusammenfassen:

1. methodisch-didaktische Kriterien,

2. sprachliche Kriterien,

3. thematisch-inhaltliche Kriterien.

Die folgenden Überlegungen befassen sich mit diesen drei Kriterien.

11.4.1 Methodisch-didaktische Kriterien

Die methodisch-didaktischen Kriterien beziehen sich vor allem auf Vorüberlegungen zu den spezifischen Unterrichtszielen des Tertiärsprachenunterrichts:

➤ **Verdeutlichen, dass die Lernenden weitaus mehr verstehen, als sie selbst vermuten**

Das bedeutet: Die Übungen müssen so konzipiert sein, dass sie die Lernenden bei ihrem aktuellen Wissensstand abholen (Weltwissen und fremdsprachliches Vorwissen), zugleich aber über diesen Wissensstand in einer Weise hinausgehen, die es ermöglicht, dass die Lernenden die unbekannten Sprachelemente selbstständig erschließen können.

Beispiel

Hinweis

Anmerkung:
Alle Aufgabenstellungen in den hier dargestellten Beispielen sollten in der Muttersprache erfolgen (s. Kapitel 11.5.1).

Übungssequenz: „Stadtplan"

1. Lies bitte die deutschen Wörter in Kasten. Du kannst sie alle mithilfe deiner Englischkenntnisse verstehen.

> Schule – Bank – Boutique – Post – Universität – Museum – Oper
>
> Kathedrale – Hotel – Restaurant – Polizei – Villa – Garten
>
> Supermarkt – Theater – Kindergarten – Park – Parkgarage

2. Entwirf mit deinem Nachbarn einen Stadtplan. Das Beispiel unten kann dir helfen. Verwende darin die Wörter aus dem Kasten oben.

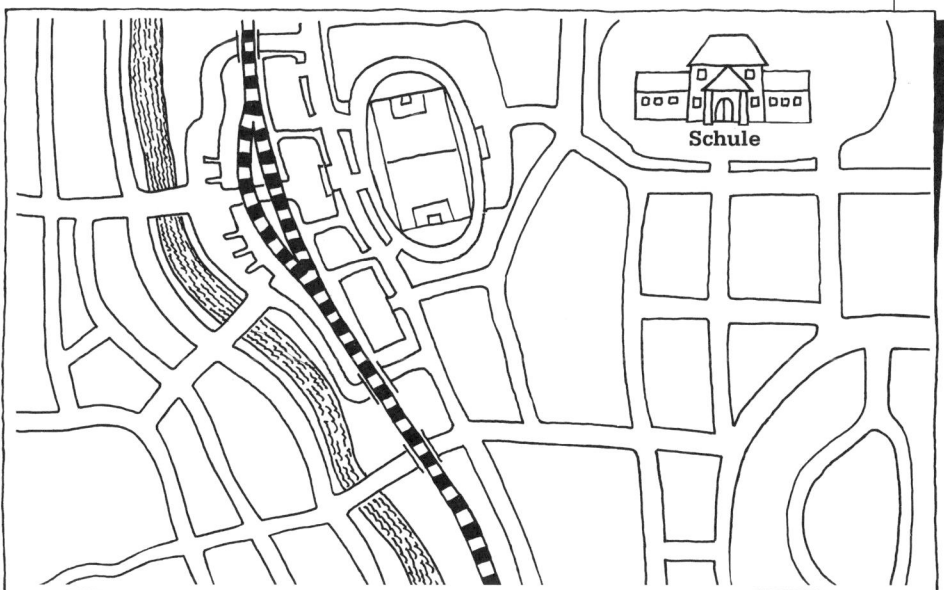

3. Wir hängen alle Stadtpläne auf und ihr erzählt, um welche Stadt es sich bei eurer „Fantasiestadt" handelt. Wie heißt sie? Ist sie in Deutschland? Wo in Deutschland? Ist sie groß oder klein? ...

Der Lehrer/Die Lehrerin hat hier die Möglichkeit, die Arbeit mit Bildern aus Zeitungen und Zeitschriften kreativ zu unterstützen, eine kleine Ausstellung zu organisieren o. Ä.

➤ **Das Bewusstsein von Lernprozessen entwickeln bzw. gemachte Erfahrungen einbauen, den Lerntyp der einzelnen Lernenden sowie ihre bevorzugten Lernstrategien und -techniken berücksichtigen**

Dafür ist es wichtig, bei jeder Übung die ihr zugrunde gelegten Lernstrategien zu nennen, insgesamt unterschiedliche Lerntechniken anzubieten und die Übungstypologie entsprechend den verschiedenen Lerntypen zu variieren.

Auch ein individuell zu beantwortender Fragebogen zur Sprachlerngeschichte der Lernenden wäre denkbar.

Beispiel

Übungssequenz: „Erstes Treffen"

1. Lies bitte zuerst den ganzen englischen Dialog, dann den deutschen Dialog.

Peter: Hello Anne, hello Thomas! How are you?	**Peter:** Hallo Anne, hallo Thomas! Wie geht's?
Anne: Hello Peter. Thank you, everything's alright.	**Anne:** Hallo Peter. Danke, alles bestens.
Thomas: Hey, let's have coffee or would you rather have tea?	**Thomas:** Kommt, lasst uns Kaffee trinken – oder möchtet ihr lieber Tee?
Anne: Tea, that's a good idea!	**Anne:** Tee, das ist eine gute Idee!
Peter: O. K., let's go!	**Peter:** O. K., gehen wir!

2. Was ist ähnlich, was ist verschieden? Schreibt eine englische und eine deutsche Wortliste.

Englisch	Deutsch
hello	hallo!
everything	alles
...	

3. Hier sind die einzelnen Sätze des Dialogs. Bitte markiert Unterschiede in der Wortstellung Englisch/Deutsch.

Englisch	Deutsch
Hello Anne, hello Thomas!	Hallo Anne, hallo Thomas!
How are you?	Wie geht's?
Thank you, everything's alright!	Danke, alles bestens.
Hey, let's have coffee or would you rather have tea?	Kommt, lasst uns Kaffee trinken, oder möchtet ihr lieber Tee?
Tea, that's a good idea!	Tee, das ist eine gute Idee!
O. K., let's go!	O.K., gehen wir!

4. Sprecht den Dialog mehrmals auf Deutsch. Achtet beim Sprechen auf die Unterschiede zwischen Englisch und Deutsch!
   Spielt nun, immer zu dritt, den Dialog auf Deutsch.

5. Wie könnte der Dialog weitergehen? Habt ihr eine Idee?

Lernstrategie: Deutsch als Paralleltext zum englischen Text lesen, sprechen, strukturell vergleichen.

➤ **Zeigen, dass das Erlernen der zweiten Fremdsprache effizienter verläuft (weniger zeitaufwendig ist), wenn man stets die erste Fremdsprache zu Hilfe nimmt**

Dies geschieht am besten durch die Auswahl anspruchsvollerer Texte und Übungen, die zum Teil weit über die Verstehenserwartungshaltung der Lernenden hinausgehen. Auch Übungen, die schon im Anfangsunterricht eine einfache analoge Grammatikstrukturen-Erschließung (Englisch–Deutsch) ermöglichen, vor allem aber solche, die bewusst auf dem englischsprachigen Vorwissen der Lernenden aufbauen, sind hierfür besonders geeignet.

Beispiel

Steckbrief

Ich bin Danilo Tepscher.

Ich bin 15 Jahre alt, bin Kroate, aber bin hier in Deutschland geboren.

Ich besuche das Max-Planck-Gymnasium in München.

Ich höre gerne Musik und spiele Gitarre.

1. Was erfährst du über Danilo?

   Name/Vorname _____

   Alter _____

   Nationalität _____

   Name der Schule _____

   Wohnort _____

   Hobby _____

   Musikinstrument _____

2. Schreib einen Steckbrief über dich.

3. Frag jetzt einen Mitschüler nach den einzelnen Daten/Informationen. Diese Fragen helfen; im Englischen sind alle Fragen ähnlich – bis auf die zwei unterstrichenen.
   <u>**Wie heißt du?**</u>
   Wie alt bist du?
   Aus welchem Land kommst du?
   <u>**Wie heißt deine Schule?**</u>
   Wo wohnst du?
   Hast du Hobbys? Welche Hobbys?
   Spielst du ein Musikinstrument? Welches?

➤ **Die Scheu vor dem Erlernen der neuen Fremdsprache abbauen und stattdessen Neugier auf die neue Fremdsprache wecken**

Die Scheu vor dem Fremden der Fremdsprache wird durch einen möglichst anschaulich gestalteten Unterricht verringert, beispielsweise durch den Einsatz fantasievollen Bildmaterials und kreativ anregender, spielerisch ausgerichteter Übungsinhalte.

Beispiel

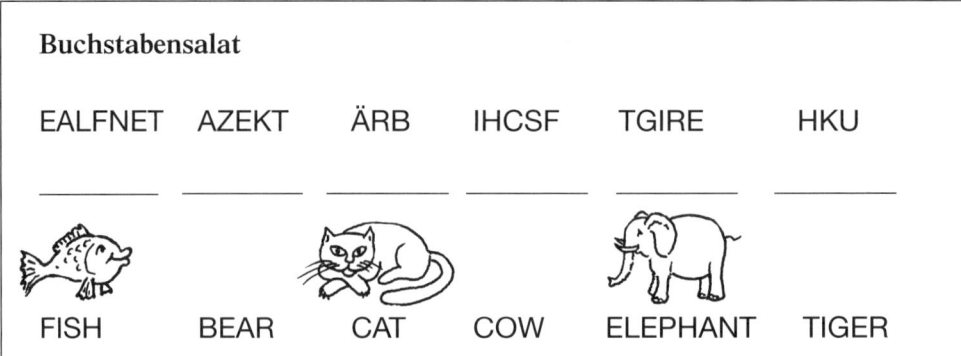

Buchstabensalat

EALFNET	AZEKT	ÄRB	IHCSF	TGIRE	HKU

FISH   BEAR   CAT   COW   ELEPHANT   TIGER

1. Du kannst sicher schon einige Tiere mit dem deutschen Wort benennen. Leider hat der Wind die Buchstaben der einzelnen Tierwörter durcheinandergebracht. Bitte schreib die deutschen Wörter richtig über das passende Bild.

2. Mach jetzt selbst ein solches Worträtsel (mit Zeichnung) für deinen Nachbarn.

11.4.2 Sprachliche Kriterien

Als Hauptkriterium bei der Auswahl oder Konzeption von geeigneten Übungsbeispielen gilt, dass die Lernenden deren neuen deutschen Wortschatz aus ihnen bereits bekanntem englischen Wortschatz erschließen können sollten.

Die Textvorlage sollte demnach enthalten:

• Wörter, die dem Englischen sehr ähnlich oder aus dem Englischen abgeleitet sind,
• Internationalismen,
• Lehnwörter.

Ausführlich ist dieser Aspekt beschrieben im Kapitel 6.3 (*Verstehbarkeit: der „gemeinsame Wortschatz" von Englisch und Deutsch*, S. 54ff.).
Außerdem hilft bei der praktischen Unterrichtsvorbereitung die Wortschatzliste des „gemeinsamen englisch-deutschen Wortschatzes" im Anhang 2 (S. 136ff.).

Mit diesem Wortschatz, unterstützt von dem Sach- und Weltwissen, das Lernende im Alter von 10 – 15 Jahren in der Regel haben, kann man besonders im Anfangsunterricht gut arbeiten. Er bildet die Grundlage für verschiedene Anknüpfungsmöglichkeiten beim Verstehen einfacher Texte, beim Erwerb neuen Wortschatzes, für Spiele und Übungen, die den Einsatz von assoziativer Fantasie erfordern, und ist überhaupt eine wichtige Voraussetzung für das erste Verstehen.

Es gilt deshalb, die Lernenden auf die ihnen „bekannten" Wörter aufmerksam zu machen, die sie dann in einem Text oder Spieltext markieren, aus einem Puzzletext herausfiltern, in einen Lückentext einfügen oder einem Bild zuordnen können. Durch die Ähnlichkeit der englischen und deutschen Vokabeln wird der „Entdecker-Ehrgeiz" der Lernenden geweckt, Wettbewerb wird möglich und das Lernen findet über das Spiel mit Texten und Wörtern statt.

Beispiele hierfür sind:

1. Wörter in Wortschlangen erkennen,
2. Wortpuzzles lösen,
3. Wort-Ratespiele (Buchstabenrätsel, Buchstabensalat),

4. in Wortfeldern lernen,
5. Wortlisten anlegen,
6. den Klang der Wörter erfahren,
7. zwei Bedeutungen für das gleiche Wort lernen,
8. Assoziogramme erstellen,
9. Wort und Bild zuordnen (Wortkarten),
10. neue Wörter suchen (im einsprachigen Wörterbuch/im deutschsprachigen Lexikon),
11. Wortgedichte entwerfen (konkrete Poesie),
12. englisch-deutsche Wortpaare suchen,
13. Buchstabensalat entwirren.

---

1. zu Punkt 12: **Englisch-deutsche Wortpaare suchen**

   1) Lest zuerst die englischen Wörter laut vor:

mother	–	_____
father	–	_____
daughter	–	_____
son	–	_____
uncle	–	_____
aunt	–	_____
niece	–	_____
nephew	–	_____
cousin	–	_____
grandfather	–	_____
grandmother	–	_____

   2) Hört jetzt die deutschen Wörter: Der Lehrer/Die Lehrerin liest sie euch laut vor.

   > die Tochter, der Onkel, die Nichte, der Cousin, die Großmutter, die Mutter, der Sohn, die Tante, der Neffe, der Großvater, der Vater

   3) Schreibt nun die deutschen Wörter (aus Aufgabe 2) neben die englischen Wörter (in Aufgabe 1).

   4) Lest die Reihe der deutschen Wörter mehrmals laut. Achtet auf die Ähnlichkeiten und auch auf die Unterschiede zwischen Deutsch und Englisch.

2. zu Punkt 10: **Neue Wörter suchen**

   Der Lehrer/Die Lehrerin verteilt an jeweils ca. 3 Lernende ein deutsches Wörterbuch oder ein Lexikon.

   1) Bitte sucht in diesem Wörterbuch/Lexikon pro Person zwei deutsche Wörter, die englischen Wörtern ähnlich sind, die ihr kennt und erklären könnt.

   2) Schreibt jedes dieser zwei deutschen Wörter auf ein Kärtchen. Ihr habt dafür fünf Minuten Zeit.

3) Ich klebe die Kärtchen auf das Plakat: Das ist der deutsche Wortschatz, den ihr schon kennt.

4) Jeder Lernende erklärt nun seine zwei Wörter im Plenum. Mit diesem Klassenwortschatz werden wir nun weiterarbeiten.

Im Anschluss an jede Übung und auch an jedes Spiel sollte das Ergebnis diskutiert und in der Diskussion die Vorgehensweise strukturiert werden. Das macht den Lernenden deutlich, wie ihr eigener Verstehensprozess verlaufen ist und wie sie die ersten Lernfortschritte erzielt haben.

Aufgabe 56

Wählen Sie zwei weitere Beispiele aus den Wortschatzübungsformen 1. – 13. (S. 126f.) und entwerfen Sie dazu eine praktische Übung.

11.4.3 Thematisch-inhaltliche Kriterien

Entscheidend für das Interesse am Fremdsprachenunterricht ist nicht zuletzt die Auswahl der Themen, die von der ersten Stunde an behandelt werden.

Im Kapitel 4.2 (S. 33f.), Kapitel 4.3 (S. 37ff.) und im Kapitel 5.2 (S. 41ff.) (insbesondere zum Prinzip Inhaltsorientierung), haben wir ausführlich dargelegt, dass von dem Alter der Lernenden und somit von ihren Interessen auch die Themenauswahl abhängt und dass es durch das sprachliche Wissen, das die Lernenden aus dem Unterricht in der ersten Fremdsprache (und evtl. auch aus der Muttersprache) mitbringen, möglich wird, von Anfang an anspruchsvollere Themen mit anspruchsvolleren Texten zu behandeln.

Der Themenkatalog bezieht sich vor allem auf den landeskundlichen und den soziokulturellen Bereich, d. h. auf den Vergleich der eigenen mit der fremd(sprachlich)en Welt. Für den Aufbau des deklarativen Wissens ist es wichtig, herauszufinden, welche Informationen die Lernenden über die Welt der Zielsprache bereits haben durch

- die eigene Erfahrung,
- Lektüre,
- mündlich Tradiertes,
- Medien.

Diese Informationen werden die Lernenden als Hintergrundwissen über die Fremdsprache und deren geografisches Verbreitungsgebiet in den Unterricht einbringen. Zum Einstieg in die neue Fremdsprache ist das Abrufen gerade dieses Wissens besonders sinnvoll, da es die emotionale Grundhaltung der Lernenden gegenüber der zweiten Fremdsprache Deutsch bestimmt und zugleich die meisten Anknüpfungspunkte bietet. Zugleich signalisiert das Eingehen auf dieses Vorwissen den Lernenden, dass sie von Anfang an mit allem „ernst" genommen werden, was sie in den Unterricht in der zweiten Fremdsprache mitbringen. Schließlich bedeutet die thematische Einbindung dieses Vor- und Hintergrundwissens eine erhebliche Verstehenserleichterung und verspricht schon in den ersten Unterrichtsstunden Erfolgserlebnisse für die Lernenden.

Für die **Auswahl einzelner Themen** ist generell von Bedeutung,

➤ welche Themen für die Altersgruppe der Lernenden besonders interessant sein und mit ihrer Lebenswelt zu tun haben könnten;

➤ welche Themen sich besonders gut eignen, um maximale Authentizität ins Spiel zu bringen;

➤ welche Themen zusätzlich zu geeigneten und motivierenden Inhalten auch Möglichkeiten für systematische Spracharbeit und Eigenaktivitäten der Lernenden bieten;

➤ welche Medien (schriftliche Texte, Hörtexte, Musik, Film, Bild etc.) sich für die Bearbeitung dieser Themen anbieten.

Für den spezifischen **Unterrichtsansatz** des Tertiärsprachenunterrichts ist zu fragen,

➤ welche Themen das „vermutete" Vorwissen der Lernenden oder auch bestimmte Klischees, Vorurteile und Erfahrungen ansprechen;

➤ welche Themen geeignet sind, Verstehensschwierigkeiten zu überbrücken und zugleich emotional anzusprechen;

➤ welche Themenbereiche interessante Wortfelder bzw. generell leicht aus dem Englischen ableitbaren deutschen Wortschatz beinhalten.

Besonders geeignet für den Unterrichtseinstieg erscheinen landeskundliche Themen, die auf den bereits vorhandenen Vorstellungen der Lernenden vom Zielsprachengebiet aufbauen und diese möglichst bildhaft und informativ ergänzen.

Geeignete **Themenfelder** in Bezug auf eines der Zielsprachenländer, z. B. Deutschland, wären:

1. die geografische Lage Deutschlands – mitten in Europa,
2. Menschen in Deutschland – „typisch deutsch",
3. bekannte deutsche Markenartikel „Made in Germany",
4. deutsche Exportprodukte,
5. bekannte deutsche Persönlichkeiten „Who is Who?",
6. Sport in Deutschland.
7. Freizeitaktivitäten,
8. einen Stadtplan für eine deutsche Stadt (entwerfen),
9. Schule – der Stundenplan eines deutschen Schülers,
10. Wetter.

Beispiel
zu Punkt 3

„Made in Germany"

1. Kennt ihr den Ausdruck „Made in Germany"? Wo kann man ihn finden?

2. Hier seht ihr deutsche, französische und italienische Markennamen gemischt. Kreuzt bitte an, welche Marken deutsch, also „Made in Germany", sind.

Penny	Renault	Mercedes-Benz	Armani
Adidas	Air France	Gucci	
Yves St. Laurent	Siemens	Fiat	Karl Lagerfeld
Aldi	Leica	Alitalia	Volkswagen	Danone

3. Schreibt jetzt die deutschen Marken jeweils unter den passenden Begriff in der folgenden Tabelle:

Auto	Mode	Foto	Supermarkt	Sport

4. Überlegt kurz: Woher kennt ihr diese Marken, woher wisst ihr, dass das deutsche Marken sind?

5. Was findet ihr an diesen Marken gut/schlecht?

Wie könnte man diese Übung durch Bildmaterial oder Anschlussfragen weiter ausbauen? Notieren Sie kurz Ihre Ideen.

Aufgabe 57

_____

_____

Zu den in den Punkten 1. – 10. (S. 129) vorgeschlagenen Themen gibt es bereits viele Vorschläge in den einzelnen DaF-Lehrwerken. Diese Übungsvorschläge können zum Teil unverändert eingesetzt oder, wo es erforderlich ist, nach den erwähnten Kriterien überarbeitet werden. Manchmal jedoch ist es für Lehrende auch sinnvoll, eigene Übungen zu entwerfen.

Aufgabe 58

> *Versuchen Sie zu zwei der vorgeschlagenen Themen 1. – 10. für die erste Stunde Deutsch einen Übungsentwurf zu erstellen. Lassen Sie Ihre Fantasie spielen und beachten Sie die Kriterien:*
> *a) Wortschatzähnlichkeit Deutsch–Englisch,*
> *b) Vorwissen oder vorausgesetztes Allgemeinwissen der Lernenden,*
> *c) Interessen der Lernenden,*
> *d) Bildhaftigkeit,*
> *e) Spaß.*

11.5 Vorschläge zur Aufgabenstellung im Anfangsunterricht

11.5.1 Unterrichtssprache für die Arbeitsanweisungen

Da in den ersten Stunden des Unterrichts Deutsch als zweite Fremdsprache kein produktives Sprachwissen vorausgesetzt werden kann, bietet es sich an, die Arbeitsanweisungen

- in der Muttersprache oder
- auf Englisch oder
- auf Englisch und Deutsch

zu geben.

Später dann, nach einigen Stunden, können die Arbeitsanweisungen auch auf Deutsch gegeben werden, weil die Menge an Wortschatz und grammatischen Strukturen, die man dazu benötigt, relativ überschaubar und leicht zu erlernen ist. Es geht hierbei nur um rezeptives Verstehen in Form von **Handlungsanweisungen**, z. B.

- die häufigsten *Imperative*:
  „Hört den Text!"/„Lest Aufgabe 1!"/„Ordnet … zu!"
- die häufigsten *W-Fragen*:
  „Was stimmt – was stimmt nicht?"/„Wer sagt was?"/„Was passt?"

Was den **Wortschatz für Arbeitsanweisungen** betrifft, sind die häufigsten

- *Nomen*: Buch/Wort/Text/Bild/Foto/Tabelle/Aufgabe/Übung/Seite;
- *Verben*: schreiben/lesen/sprechen/raten/spielen/hören/zuordnen;
- *Adjektive*: laut/leise/groß/klein/schnell/langsam;
- *Zahlwörter*: die Grundzahlen 1 bis 20.

Denken Sie jedoch auch daran, dass das Verstehen der Aufgabenstellungen nicht das Wichtigste im Tertiärsprachenunterricht sein sollte. Da Sie Ihre Lernenden von Anfang an zur Reflexion über den eigenen Lernprozess auffordern sollten, scheuen Sie sich nicht, die Muttersprache der Lernenden (oder die erste Fremdsprache) so lange zu benutzen, bis Sie sicher sind, dass die Lernenden die neue Fremdsprache Deutsch auch diskursiv benutzen können.

11.5.2 Gestaltung der Übungen

a) Authentisches Bildmaterial

Im Hinblick auf die Kriterien *Authentizität* und *Anschaulichkeit* ist authentisches Bildmaterial ein wichtiger Bestandteil der Übungsgestaltung.
Zum einen kann aus den Lehrwerken Bildmaterial für neue Übungskompositionen im

Anfangsunterricht DaFnE zusammengestellt werden, zum anderen finden sich viele Anregungen in Zeitungen, Zeitschriften oder Reiseprospekten. Auch private Fotos sind oft sehr motivierend für Lernende, besonders wenn sie von der „neuen Lehrperson" selbst kommen. Der Fantasie sind hier keine Grenzen gesetzt.

Authentisches Bildmaterial weist auf den direkten Realitätsbezug beim Fremdsprachenlernen hin, regt zum spontanen Sprechen an und ist in der Regel aktuell bzw. veranschaulicht aktuelle und interessante Themen.

Beispiel 1

Das Bildmaterial zur folgenden Übung wurde aus privaten Beständen zusammengestellt. Die Übungsanweisungen müssen in der Muttersprache oder auf Englisch gegeben werden.

Essen im Sommer

1. Ratet, welches dieser Gartenrestaurants in Deutschland zu finden ist. Markiert das Kästchen unter dem passenden Foto.

a) ☐

b) ☐

c) ☐

d) ☐

2. In welchen Ländern könnten die anderen drei Restaurants zu finden sein?

   a) Gartenrestaurant in ———————————————

   b) Gartenrestaurant in ———————————————

   c) Gartenrestaurant in ———————————————

   d) Gartenrestaurant in ———————————————

3. Befindet sich das deutsche Gartenrestaurant eher im Norden oder im Süden Deutschlands? Woran erkennt man das?
   Das Gartenrestaurant im (Norden/Süden?) —————— Deutschlands erkenne ich an: ————————————————

b) Zeichnungen für Übungen

Sollte kein Bildmaterial in Form von Fotos zu finden sein, helfen eigene kleine Zeichnungen der Unterrichtenden weiter. Gerade für Wort-Bild-Zuordnungen in der Wortschatzarbeit eignen sich Zeichnungen sehr gut.
Für die Gegenüberstellung Deutsch–Englisch (einzelne Wortreihen, aber auch Textteile) eignen sich am besten Tabellen, die von den Schülern auszufüllen sind.

Beispiel 2

Eine kontrastiv angelegte Übung kann das Bewusstsein dafür schärfen, dass es in verschiedenen Sprachen für verschiedene Wörter mehrere Bedeutungen gibt.

Zwei Bedeutungen für ein Wort

1. Die folgenden deutschen Wörter wirst du sicherlich leicht verstehen. Sowohl die Bilder als auch die Ähnlichkeit mit der englischen Sprache können dabei helfen.

Glas	Glas
Erde	Erde
Eis	Eis
Bank	Bank
...	...

2. Welche Wörter mit zwei Bedeutungen kennst du in deiner eigenen Sprache oder auch in einer Fremdsprache?

   Notiere ein oder zwei Beispiele:

   Sprache: _____

   Wort: _____, _____

   Sprache: _____

   Wort: _____, _____

3. Mach ein Bildratespiel mit deinem Nachbarn in der Klasse: Zeichne zwei Bilder zu demselben Wort und schreibe über die Bilder z. B. „Sprache: Englisch" oder eine andere Sprache. Überlegt dann gemeinsam, welche die richtigen Wörter dazu sind.

Weitere Anregungen zur Gestaltung des Anfangsunterrichts DaFnE finden Sie in Kursisa/ Neuner (2006).

Literaturhinweis

Arbeitsblatt zum Thema „Speisen und Getränke"

1. *Was ist das? Hört die deutschen Wörter und ordnet sie den Bildern zu.*
   Die Liste rechts hilft dabei.

Englisch:

hamburger
coke
sausage
coffee
potato chips
milk
tea
soup
cheese roll
ham sandwich
pizza
cake
gummi bears

2. *Welche Wörter sehen gleich aus, welche ähnlich, welche anders?*
   Ergänzt die Liste: Schreibt die deutschen Wörter in die richtige Spalte.

   ~~der Hamburger~~, der Kaffee, die Milch, das Schinkenbrot, die Suppe, die Pizza, das Käse-brötchen, der Tee, die Chips (Pl.), die Gummibärchen (Pl.), die Bratwurst, der Kuchen, die Cola

	gleich	ähnlich	anders
hamburger	der Hamburger		
coke			
sausage			
coffee			
potato chips			
milk			
tea			
soup			
cheese roll			
ham sandwich			
pizza			
cake			
gummi bears			

3. *Diskutiert in der Klasse. Wie habt ihr die Liste ergänzt? Welche Unterschiede gibt es zwischen den englischen und den deutschen Wörtern? – Vergleicht.*

4. *Welche Wörter wollt ihr lernen? Wählt fünf deutsche Wörter aus der Liste aus.*

5. *Lernen mit dem „Wörter-Netz". So könnt ihr mehrere Wörter zusammen lernen.*

Beispiel:

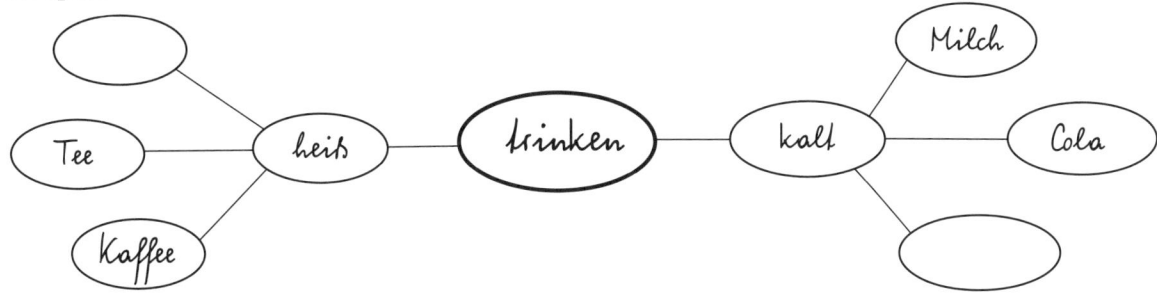

6. *Ergänzt das folgende Wörter-Netz wie in Aufgabe 5.*

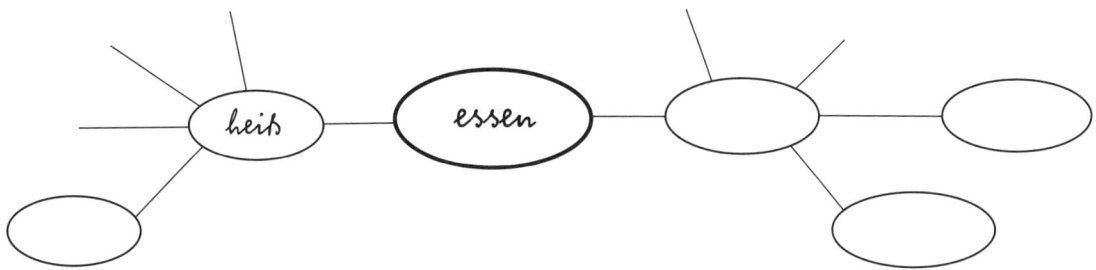

7. *Vergleicht eure Wörternetze. Gibt es unterschiedliche Systeme?*

8. *Essen oder trinken? Was gehört wohin? Ergänzt die Liste.*

~~die Butter~~	~~die Marmelade~~	~~der Orangensaft~~
die Salami	die Cornflakes (Pl.)	die Banane
das Mineralwasser	der Salat	die Tomate
die Schokolade	der Apfel	das Baguette
der Saft	das Brot	die Limonade
die Orange	die Gurke	die Wurst
das Schnitzel	die Spaghetti (Pl.)	die Kartoffeln (Pl.)

essen	trinken
die Butter die Marmelade ...	der Orangensaft ...

9. *Markiert den Wortakzent: unter dem betonten Vokal.*

Beispiel: Gurke (kurz) – Salami (lang)

> Butter, Marmelade, Salat, Suppe, Tomate, Pizza, Kaffee,
>
> Kuchen, Brötchen, Schnitzel, Gummibärchen, Schokolade

Anhang 2:   Listen mit dem „gemeinsamen englisch-deutschen Wortschatz"

Liste 1: Geordnet nach allgemeinen Begriffen

In der *Kontaktschwelle Deutsch als Fremdsprache* (Baldegger/Müller/Schneider 1981, 169 – 232) werden sieben „allgemeine Begriffe" genannt, die inhaltlich die Welt und das menschliche Dasein umschreiben und sprachlogisch für verschiedene Zusammenhänge verwendet werden können:

1. Gegenstände
2. Existenz
3. Raum
4. Zeit
5. Quantität
6. Eigenschaften
7. Relationen

Diesen Überbegriffen werden verschiedene Unterbegriffe zugeordnet, die im Folgenden mit dazugehörigen englisch-deutschen Wortpaaren aufgelistet werden. Nicht alle in der *Kontaktschwelle* verzeichneten Unterbegriffe sind jedoch aufgenommen worden, weil sich zu manchen keine englisch-deutschen Wortpaare finden ließen. Hier sind auch solche Wörter aufgeführt, die keine unmittelbare Ähnlichkeit miteinander haben, die aber über Assoziationen erkannt werden können: „Letztes Jahr waren wir in Deutschland." (→ Jahr = engl. *year*)

1. *Gegenstände*

   (Dinge, Personen, Begriffe, Sachverhalte)
   I – ich
   we – wir
   you – du/ihr
   mine – meiner/e/(e)s
   no – nein/kein
   all – all/e/s
   person – die Person
   make – machen

2. *Existenz*

   Sein/Nicht-Sein
   existence – die Existenz
   exist – existieren
   is – ist

   Anwesenheit/Abwesenheit
   here – hier

3. *Raum*

   Lage
   deep – tief
   dark – dunkel
   high – hoch
   distance – die Distanz,
       die Entfernung
   stop – stoppen, anhalten
   here – hier
   in – in
   out – aus
   right – rechts
   left – links

   at the end – am Ende, hinten
   in the middle – in der Mitte, mitten
   under – unter
   the north – der Norden
   the west – der Westen
   the south – der Süden
   the east – der Osten

   Bewegung, Richtung
   go – gehen
   come – kommen
   run – rennen, laufen
   creep – kriechen
   lie – liegen
   halt – (an)halten
   stop – stoppen, aufhören, (an)halten
   bring – bringen
   make – machen

   Dimension, Maße
   dimension – die Dimension,
       das Ausmaß
   length – die Länge
   long – lang
   volume – das Volumen
   deep – tief
   high – hoch
   thick – dick, dicht
   thin – dünn
   centimetre/centimeter – der
       Zentimeter (cm)
   metre/meter – der Meter (m),
       das Metrum
   litre/liter – der Liter (l)
   kilogram(me) – das Kilo(gramm) (kg)

ton/ne – die Tonne (t)

4. *Zeit*

Zeitpunkt, Zeitraum
minute – die Minute
second – die Sekunde
day – der Tag
Monday – der Montag
Friday – der Freitag
Sunday – der Sonntag
year – das Jahr
New Year – das Neujahr
January – der Januar
February – der Februar
March – der März
April – der April
May – der Mai
June – der Juni
July – der Juli
August – der August
September – der September
October – der Oktober
November – der November
December – der Dezember
winter – der Winter
summer – der Sommer

Vorzeitigkeit
before – bevor

Gleichzeitigkeit
parallel – parallel
now – nun, jetzt

Gegenwartsbezug
at this moment – in diesem
    Moment

Beginn
begin – der Beginn, der Anfang;
    beginnen, anfangen
start – der Start, der Anfang;
    starten, anfangen, beginnen

Abschluss, Ende
end – das Ende, der Abschluss;
    beenden
stop – stoppen, anhalten, aufhören
pause – die Pause; pausieren

Häufigkeit
often – oft

5. *Quantität*

Zahl
number – die Nummer, die Zahl
three – drei
four – vier
six – sechs
seven – sieben
nine – neun
ten – zehn
double – doppelt

minus – minus, weniger, abzüglich
plus – plus, zuzüglich

Menge
quantity – die Quantität, die Menge
all – all/e/s
half – halb
more – mehr
circa – circa (ca.)
maximum – das Maximum
minimum – das Minimum
so – so
most – (am) meist(en)

6. *Eigenschaften*

Physische Eigenschaften
form – die Form
dimension – die Dimension, die
    Ausdehnung
round – rund
temperature – die Temperatur
warm – warm
cold – kalt
ice cold – eiskalt
minus – minus (unter 0 Grad)
hot – heiß
red – rot
blue – blau
orange – orange
brown – braun
green – grün
lilac – lila
white – weiß
grey – grau
material – das Material
metal – das Metall
gold – das Gold
silver – das Silber
stone – der Stein
glass – das Glas
plastic – das Plastik, der Kunststoff
synthetic – synthetisch, künstlich
leather – das Leder
paper – das Papier
hard – hart
see – sehen
good – gut
hear – hören
loud – laut
bitter – bitter
sour – sauer
salty – salzig
sharp – scharf
stink – stinken, übel riechen
old – alt
young – jung
new – neu
fresh – frisch
modern – modern

Personale Eigenschaften
wise – weise

clever – clever, klug, gescheit
feel – fühlen
idea – die Idee
moral – die Moral, die Lehre;
    moralisch
immoral – unmoralisch
hope – hoffen
nervous – nervös
integrity – die Integrität
discussion – die Diskussion

Wertung
price – der Preis
cost – kosten, die Kosten
quality – die Qualität, die Güte
aesthetic – ästhetisch
acceptable – akzeptabel
normal – normal
chance – die Chance, die
    Möglichkeit
brilliant – brillant, hervorragend
ideal – ideal
typical – typisch
practical – praktisch
complicated – kompliziert
complex – komplex, verwickelt
complete – komplett, vollständig

problem – das Problem
good – gut
wonderful – wundervoll
normal – normal
special – speziell, Spezial-

7. *Relationen*

Ähnlichkeitsbeziehungen
identity – die Identität
personification – die
    Personifikation

Zugehörigkeit
mine – meiner/e/s
all – all/e/s
have – haben, besitzen
private – privat, persönlich
personal – persönlich
individual – individuell,
    charakteristisch

Inklusion/Exklusion
inclusive – inklusive, einschließlich
exclusive – exklusive,
    ausschließlich

Opposition, Einschränkung
opposition – die Opposition

Liste 2: Geordnet nach spezifischen Begriffen

Die *Kontaktschwelle Deutsch als Fremdsprache* (Baldegger/Müller/Schneider 1981, 236 ff.) geht von den folgenden 15 „spezifischen Begriffen" aus, die das menschliche Leben umschreiben:

1. Personalien; Informationen zur Person
2. Wohnen
3. Umwelt
4. Reisen und Verkehr
5. Verpflegung
6. Einkaufen und Gebrauchsartikel
7. Öffentliche und private Dienstleistungen
8. Gesundheit und Hygiene
9. Wahrnehmung und Motorik
10. Arbeit und Beruf
11. Ausbildung/Schule
12. Fremdsprache
13. Freizeit und Unterhaltung
14. Persönliche Beziehungen und Kontakte
15. Aktualität; Themen von allgemeinem Interesse

Die „allgemeine Liste" von oben wird nun umstrukturiert und die einzelnen Wörter werden diesen 15 spezifischen Begriffen zugeordnet. Manchmal ergeben sich weitere Untergruppen, weil im englischen und deutschen Wortschatz so viele gemeinsame Wörter vorhanden sind. Andere Bereiche verfügen über wenige ähnliche Wörter bzw. manche Wörter sind in zwei oder mehreren Bereichen erwähnt, wie z. B. *ball* bei Sport und bei geselligen Anlässen. Nicht alle Wörter der allgemeinen Liste tauchen hier wieder auf, so z. B. viele Adjektive, weil sie nicht einem einzigen oder wenigen Bereichen zugeordnet werden können.

1. *Personalien; Informationen zur Person*

Name
name – der Name
family name – der Familienname, der Nachname
identity – die Identität
person – die Person
passport – der Pass

Adresse
address – die Adresse, die Anschrift
house number – die Hausnummer

Telefon
(tele)phone – das Telefon, telefonieren
(tele)phone number – die Telefonnummer

Alter
young – jung
old – alt
baby – das Baby

Staatsangehörigkeit
emigrate – emigrieren, auswandern
exile – das Exil
hymn – die Hymne
immigrate – immigrieren, einwandern
nation – die Nation
nationality – die Nationalität, die Staatsangehörigkeit

Berufliche Tätigkeit
job – der Job, der Beruf, die Tätigkeit
qualification – die Qualifikation
career – die Karriere

Religion
altar – der Altar
caste – die Kaste
cathedral – die Kathedrale
catholic – katholisch
Catholic – der/die Katholik/in
god – Gott
Protestant – protestantisch, evangelisch; der/die Protestant/in
religion – die Religion
theology – die Theologie

Familie
family – die Familie
cousin – der/die Cousin/e
uncle – der Onkel
mom/mum – Mami/Mama

Interessen/Neigungen
interest – das Interesse
aversion – die Aversion, die Abneigung

Charakter, Temperament
attitude – die Attitüde, die Haltung, das Verhalten
character – der Charakter, das Wesen
courage – die Courage, der Mut
courageous – couragiert, mutig
friendly – freundlich
humo(u)r – der Humor
intelligent – intelligent
intelligence – die Intelligenz
comic(al) – komisch
melancholy – die Melancholie, die Schwermut
nervous – nervös
suicide – der Suizid, der Selbstmord
temperament – das Temperament, die Gemütsart
tolerance – die Toleranz
tolerant – tolerant, nachsichtig, geduldig

Aussehen
blond(e) – blond
hair – das Haar
long – lang
brown – braun
red – rot

2. *Wohnen*

Art der Wohnung
apartment – das Appartement, die Wohnung
bungalow – der Bungalow, der Flachdachbau
house – das Haus

Räume
room – der Raum, das Zimmer
bathroom – das Badezimmer, die Toilette
toilet, WC – die Toilette, das WC
terrace – die Terrasse
lift – der Lift, der Aufzug, der Fahrstuhl
garden – der Garten
balcony – der Balkon

Einrichtung, Möbel
bed – das Bett
couch – die Couch
sofa – das Sofa

Haushalt, Komfort, technische Einrichtungen
comfort – der Komfort
electricity – die Elektrizität
gas – das Gas
glass – das Glas
lamp – die Lampe
luxury – der Luxus
(tele)phone – das Telefon; telefonieren

wash – waschen
contract – der Kontrakt, der Vertrag
oil – das Öl
oven – der Backofen, der Herd
coal – die Kohle
vase – die Vase
water – das Wasser
warm – warm
cold – kalt

Auswärts wohnen
hotel – das Hotel
motel – das Motel
camping ground/site – der
    Campingplatz
caravan – der Caravan, der
    Wohnwagen
guest – der Gast

Sonstiges, Charakterisierungen für Wohnung, Einrichtung und Wohnlage
architect – der/die Architekt/in
home – das Heim, die Wohnung,
    das Zuhause
old – alt
new – neu
modern – modern
practical – praktisch
comfort – der Komfort
loud – laut

3. *Umwelt*

Gegend, Stadt, Land
centre/center – das Zentrum
market – der Markt
market place/square – der
    Marktplatz
nature – die Natur
park – der Park
ocean – der Ozean
sea – die See
steep – steil
flat – flach

Tiere, Pflanzen
plant – die Pflanze
bull – der Bulle, der Stier
cat – die Katze
fish – der Fisch
giraffe – die Giraffe
grass – das Gras
insect – das Insekt
instinct – der Instinkt
rose – die Rose
elephant – der Elefant
tiger – der Tiger

Klima, Wetter
frost – der Frost
(ice) cold – (eis)kalt
fresh – frisch

mild – mild
warm – warm
hot – heiß
horizon – der Horizont
temperature – die Temperatur
thermometer – das Thermometer
climate – das Klima
wind – der Wind
winter – der Winter
summer – der Sommer
atmosphere – die Atmosphäre

4. *Reisen und Verkehr*

Orientierung
compass – der Kompass
information – die Information, die
    Auskunft
distance – die Distanz
kilometre/kilometer – der
    Kilometer (km)

Alltägliche Wege, Fahrten
vehicle – das Fahrzeug
auto – das Auto

(Ferien-)Reisen
hotel – das Hotel
jeep – der Jeep, der Geländewagen
tourist – der/die Tourist/in

Öffentlicher Verkehr
bus – der (Omni-)Bus
pilot – der/die Pilot/in
platform – die Plattform, der
    Bahnsteig
ship – das Schiff
boat – das Boot
ferry – die Fähre
steward/ess – der/die Steward/ess
taxi – das Taxi
transport – der Transport
information – die Information, die
    Auskunft
ticket – das Ticket, der Fahrschein

Privatverkehr
auto(mobile) – das Auto(mobil)
chauffeur – der Chauffeur
garage – die Garage
park – parken

Ausweispapiere für Reise und Verkehr
passport – der (Reise-)Pass
photography – die Fotografie
photograph – fotografieren; das Foto,
    das Bild

5. *Verpflegung*

Essen, Trinken, Mahlzeiten
alcohol – der Alkohol
champagne – der Champagner, der
    Sekt

dessert – das Dessert, der
    Nachtisch
pudding – der Pudding, der Nach-
    tisch
hunger – der Hunger
drink – trinken
coffee – der Kaffee

Nahrungsmittel, Speisen, Getränke
apple – der Apfel
butter – die Butter
chocolate – die Schokolade, der
    Kakao
fish – der Fisch
grapefruit – die Grapefruit, die
    Pampelmuse
herring – der Hering
rice – der Reis
margarine – die Margarine
marmalade – die (Zitrus-)
    Marmelade
noodles – die Nudeln
oil – das Öl
orange – die Orange, die Apfelsine
pepper – der Pfeffer
salad – der Salat
salt – das Salz
sauce – die Sauce/Soße
soup – die Suppe
tea – der Tee
tomato – die Tomate
(mineral) water – das (Mineral-)
    Wasser

Restaurant, Café
café – das Café
restaurant – das Restaurant
bar – die Bar

Einige Charakterisierungen für Essen und Trinken
appetite – der Appetit
warm – warm
cold – kalt
sour – sauer

6. *Einkaufen und Gebrauchsartikel*

Einkaufen, Geschäfte
wares – die Waren
supermarket – der Supermarkt
market – der Markt

Preis/Bezahlen
price – der Preis
cheque/check – der Scheck/Check

Kleidung, Accessoires
costume – das Kostüm
gold – das Gold
jacket – die Jacke
perfume – das Parfüm
ring – der (Finger-)Ring
pullover – der Pullover

blouse – die Bluse
shoe – der Schuh
sock – die Socke
wool – die Wolle
modern – modern

Rauchwaren
cigar/ette – die Zigarre/tte
tobacco – der Tabak

Haushaltsartikel
battery – die Batterie
glass – das Glas

Apotheke, Medikamente
pill – die Pille, die Tablette
medicine – die Medizin, das
    Medikament
tablet (GB) – die Tablette

7. *Öffentliche und private Dienstleistungen*

Post
post – die Post
postcard – die Postkarte
address – die Adresse
sender – der Absender

Telegrammdienst
telegram – das Telegramm
word – das Wort

Telefondienst
(tele)phone – das Telefon,
    telefonieren
telephone book – das Telefonbuch
(tele)phone number – die
    Telefonnummer

Bank
bank – die Bank
authorize – autorisieren,
    bevollmächtigen
cheque/check – der Scheck/Check

Polizei
police – die Polizei

Not-/Bereitschaftsdienste
help! – Hilfe!
police – die Polizei
doctor – Doktor (Dr.), der Arzt/
    die Ärztin

Autoreparatur/Pannenhilfe
repair – reparieren

8. *Gesundheit und Hygiene*

Körperteile
arm – der Arm
ear – das Ohr
elbow – der Ellbogen
eyebrow – die Augenbraue
finger – der Finger

foot – der Fuß
hair – das Haar
hand – die Hand
muscle – der Muskel
nose – die Nase
organ – das Organ, die Orgel

Physisches und psychisches Befinden, Bedürfnisse
hunger – der Hunger
drink – trinken
warm – warm
cold – kalt
toilet – die Toilette, das WC
nervous – nervös

Körperpflege/Hygiene
wash – waschen
soap – die Seife

Krankheit/Unfall
collapse – der Kollaps, der Zusammenbruch
diabetes – die Diabetes
doctor – der Doktor (Dr.), der Arzt/die Ärztin
fall – fallen, stürzen
fever – das Fieber
fracture – die Fraktur, der (Knochen-)Bruch
hospital – das Hospital, das Krankenhaus
infection – die Infektion, die Entzündung
medicine – die Medizin, das Medikament
pill – die Pille, die Tablette
plague – die Plage, die Seuche
tablet (GB) – die Tablette
temperature – die Temperatur, das Fieber
thermometer – das Thermometer
wound – die Wunde

9. *Wahrnehmung und Motorik*

Sinnliche Wahrnehmung
amuse – amüsieren, erheitern
atmosphere – die Atmosphäre
lust – die Lust, die Gier, die Sucht
see – sehen

Körperstellung und -bewegung
sit – sitzen
lie – liegen

Manuelle Tätigkeiten; Handhabung von Dingen, Geräten
talent – das Talent
make – machen

10. *Arbeit und Beruf*

Beruf
job – der Job, der Beruf, die Tätigkeit
assistant – der/die Assistent/in
professor – der/die Professor/in
secretary – der/die Sekretär/in

Arbeitsplatz
lab(oratory) – das Labor(atorium)

Arbeitsbedingungen
assistant – der/die Assistent/in
boss – der Boss, der/die Chef/in
colleague – der/die Kollege/in
contract – der Kontrakt, der Vertrag
pause – die Pause, pausieren
strike – der Streik, streiken

Lohn
pension – die Pension, die Rente

Berufsbildung/Laufbahn
career – die Karriere, die Laufbahn
expert – der Experte/die Expertin, der Fachmann/die Fachfrau

Einige Charakterisierungen für Stelle und Arbeit
interesting – interessant
good – gut

11. *Ausbildung/Schule*

Schule und Studium
academy – die Akademie
university – die Universität
kindergarten – der Kindergarten
school – die Schule
study – studieren, lernen
class – die Klasse
learn – lernen
professor – der/die Professor/in
student – der/die Student/in, der/die Schüler/in

Unterrichtsfächer
arithmetics – die Arithmetik
biology – die Biologie
chemistry – die Chemie
English – das Englisch
geography – die Geografie, die Erdkunde
math(ematic)s – die Mathe(matik), das Rechnen
philosophy – die Philosophie
physics – die Physik

Prüfungen, Diplome
certificate – das Zertifikat, das Zeugnis
correction – die Korrektur, die Verbesserung

correct – korrekt, richtig; korrigieren
dictation – das Diktat
dictate – diktieren
diploma – das Diplom
examination – das Examen, die Prüfung
examine – examinieren, prüfen
test – der Test, testen

12. *Fremdsprache*

Verständigung
hello! – hallo!
word – das Wort

Sprachbeherrschung
accent – der Akzent, die Betonung
nominative – der Nominativ
accusative – der Akkusativ
genitive – der Genitiv
dative – der Dativ
alphabet – das Alphabet
apostrophe – der Apostroph, das Auslassungszeichen
dialect – der Dialekt
good – gut
correct – korrekt, korrigieren
forget – vergessen

13. *Freizeit und Unterhaltung*

Freizeitbeschäftigung/Interessen
hobby – das Hobby, die Freizeitbeschäftigung
interest – das Interesse
club – der Klub, der Verein
camera – die Kamera, der Fotoapparat

Besuch von Veranstaltungen
applause – der Applaus, der Beifall
applaud – applaudieren, Beifall klatschen
free – frei (freier Eintritt)

Theater, Kino, Konzert usw.
comedy – die Komödie, das Lustspiel
circus – der Zirkus
artist – der/die Artist/in
concert – das Konzert
hymn – die Hymne
orchestra – das Orchester
piano – das Piano, das Klavier
rhythm – der Rhythmus
theatre/theater – das Theater
violin – die Violine, die Geige
film – der Film
music – die Musik
classical music – die klassische Musik
pop music – die Popmusik

opera – die Oper
musical – das Musical, musikalisch
sing – singen
instrument – das Instrument
dance – der Tanz, tanzen
cabaret – das Kabarett
drama – das Drama

Bildende Kunst/Ausstellungen/ Sehenswürdigkeiten
antique – die Antiquität, antik
artiste – der/die Artist/in
gallery – die (Kunst-)Galerie
museum – das Museum
object – das Objekt
sculpture – die Skulptur, die Bildhauerei
portrait – das Porträt, das Bildnis eines Menschen
statue – die Statue, das Standbild
studio – das Studio, das Atelier
photograph – das Foto, die Fotografie

Sport
amateur – der/dieAmateur/in
ball – der Ball
canoe – das Kanu
kayak – das Kajak
gallop – der Galopp, galoppieren
swim – schwimmen
yacht – die Jacht
sport(s) – der Sport
ski – der Ski, Ski fahren
win – gewinnen

Radio/Fernsehen
comment – der Kommentar, kommentieren
interview – das Interview, die Unterredung, interviewen
program(me) – das Programm
radio – das Radio
satellite – der Satellit
serial – die (Fernseh-)Serie
studio – das (Fernseh-)Studio
television – TV, Television, das Fernsehen
film – der Film, die (Fernseh-) Sendung

Lektüre/Presse
article – der (Zeitungs-)Artikel
author – der/die Autor/in
critic – der/die Kritiker/in
criticize – kritisieren
criticism – die Kritik
book – das Buch
journal – das Journal, die Zeitschrift
literature – die Literatur
magazine – das Magazin, die Zeitschrift

press – die Presse
scandal – der Skandal
story – die Story, die Geschichte,
    die Erzählung
title – der Titel

Gesellige Anlässe
ball – der Ball
banquet – das Bankett
ceremony – die Zeremonie, die
    Feierlichkeit
dance – der Tanz, tanzen
formal(ly) – formell, formal,
    förmlich

**Einige Charakterisierungen für
Veranstaltungen, Lektüre usw.**
interesting – interessant
good – gut
comical – komisch

14. *Persönliche Beziehungen und Kontakte*

Art der persönlichen Beziehung
comrade – der/die Kamerad/in
dialogue – der Dialog, das
    Zwiegespräch
friend – der/die Freund/in
intrigue – die Intrige
kiss – der Kuss
monologue – der Monolog
see – sehen

Einladungen/Verabredungen
contact – der Kontakt, kontaktieren
discussion – die Diskussion
discuss – diskutieren

Korrespondenz
correspondence – die Korrespon-
    denz, der Briefwechsel
post – die Post
postcard – die Postkarte

Vereine
club – der Klub, der Verein

15. *Aktualität; Themen von allgemeinem Interesse*

Aktuelles Geschehen
catastrophe – die Katastrophe
committee – das Kommittee, der
    Ausschuss
compromise – der Kompromiss
conference – die Konferenz, die
    Sitzung
conflict – der Konflikt, der Streit,
    die Auseinandersetzung
congress – der Kongress, die Tagung
demonstration – die Demonstration
disaster – das Desaster, das Unglück

information – die Information
inform – informieren
crisis – die Krise
massacre – das Massaker, das
    Blutbad
problem – das Problem
protest – der Protest, protestieren
rebel – der Rebell, rebellieren
reform – die Reform, reformieren
revolution – die Revolution
situation – die Situation
scandal – der Skandal
strike – der Streik, streiken

**Lebensverhältnisse, Wirtschaft,
Soziales**
administration – die Administration,
    die Verwaltung
commerce – der Kommerz, der
    Handel
depot – das Depot, das Lager
export – der Export, die Ausfuhr,
    exportieren
finance – finanzieren
finances – die Finanzen
hospital – das Hospital, das
    Krankenhaus
import – der Import, die Einfuhr,
    importieren
industry – die Industrie
inflation – die Inflation
patent – das Patent
product – das Produkt, das
    Erzeugnis
profit – der Profit, der Gewinn
quality – die Qualität, die Güte
quantity – die Quantität, die Menge
capitalism – der Kapitalismus
communism – der Kommunismus
socialism – der Sozialismus
social – sozial

Politik
admiral – der Admiral
agitator – der/die Agitator/in
army – die Armee, das Heer
blockade – die Blockade
bomb – die Bombe
cabinet – das Kabinett, der
    Ministerrat
cannon – die Kanone
conservative – konservativ, der/die
    Konservative
democracy – die Demokratie
despot – der Despot
legal – legal, gesetzlich
legislative – die Legislative (= ge-
    setzgebende Gewalt)
liberal – liberal, der/die Liberale
military – militärisch
opponent – der/die Opponent/in,
    der/die Gegner/in

parliament – das Parlament
politics – die Politik
president – der/die Präsident/in
proclamation – die Proklamation,
    die Ausrufung
republic – die Republik
win – gewinnen

party – die Partei
opposition – die Opposition
Europe – Europa
America – Amerika
Africa – Afrika
Asia – Asien
Australia – Australien

Anhang 3: Falsche Freunde (falsche Kognaten) – false friends – faux amis

Einige Wörter im Englischen und Deutschen sehen sich geschrieben sehr ähnlich oder sie hören sich gleich an, bedeuten aber Verschiedenes. Von diesen Wörtern stehen einige in der folgenden Liste.

In der 1. Spalte finden Sie die deutschen Wörter, die den englischen in der 3. Spalte sehr ähnlich sind („falsche Freunde"). In der 2. Spalte steht die richtige englische Übersetzung zum deutschen Wort aus der 1. Spalte. Die 4. Spalte bietet die passende deutsche Übersetzung für das englische Wort aus der 3. Spalte.

In dieser Liste finden sich auch Wörter, die bereits in einer der anderen Listen aufgetaucht sind. Das erklärt sich so: Wer das deutsche Wort *Kollege* hört, kann vermuten, dass es dem englischen *colleague* entspricht und hat damit recht. Wer es allerdings nur geschrieben sieht, könnte leicht eine Parallele zu engl. *college* ziehen und hätte damit unrecht: Bei engl. *college* handelt es sich also um einen „false friend" zum deutschen *Kollege*.

Bei einigen Wörtern ist eine einfache Gleichsetzung – meist abhängig vom Thema bzw. einer Teilbedeutung – teilweise falsch: Engl. *argument* hat als eine Teilbedeutung die des deutschen Worts *das Argument*; *das Argument* bedeutet aber nicht auch „der Streit" wie das engl. Wort *argument*!

Deutsches Wort	Englische Übersetzung	Englischer falscher Freund	Deutsche Übersetzung
der Advokat	lawyer, barrister	advocate *n.*	der/die Für-sprecher/in
aktuell	topical, current	actual	tatsächlich, wirklich
die Allee	avenue, road between trees	alley	die schmale Gasse
also	thus, so; therefore	also	auch
die Ambulanz	emergency/ outpatient ward	ambulance	der Kranken-wagen
das Argument	argument	argument	das Argument, *der Streit*
die Art	kind, sort, manner, way	art	die Kunst, das Geschick
der Artist	artiste (in a circus)	artist	der/die Künstler/-in (z. B. Maler/in)
bald	soon	bald(-headed)	glatzköpfig
die (Sitz-)Bank	bench	bank	das Ufer; das Bank(haus)
die Baracke	hut	barracks	die Kaserne
behalten	keep, retain	behold	betrachten, erblicken
bekommen	get	become	werden
besiegen	defeat, conquer	besiege	belagern
(sich/jemanden) blamieren	make a fool of (oneself/someone)	blame	tadeln, die Schuld zuschieben
brav	good, well-behaved	brave	tapfer
der Chef	boss	chef	der Küchenchef
das Christentum	Christianity	Christendom	die Christenheit

Deutsches Wort	Englische Übersetzung	Englischer falscher Freund	Deutsche Übersetzung
die Dame	lady	dame	ugs.: das Weibsbild; poetisch: die Dame
delikat	delicious	delicate	fein, zart
die Diskretion	secrecy	discretion	die Besonnenheit, der Takt
der Dom	cathedral	dome	die Kuppel
eventuell	perhaps, possibly	eventually	schließlich, endlich
die Fabrik	factory, mill, plant	fabric	das Gewebe, der Stoff
famos	excellent	famous	berühmt
flattern	flutter	flatter	schmeicheln
genial	ingenious, gifted	genial	heiter, fröhlich
das Gift	poison	gift	das Geschenk, die Gabe
graziös	graceful	gracious	gütig, gnädig, freundlich
das Gymnasium	secondary/ grammar school	gymnasium	die Turnhalle
hell	fair, light	hell *n.*	die Hölle
die Hochschule	university, college	high school	(USA) Sekundarschule
die Hose	(pair of) trousers	hose	der Schlauch
der Hausmeister	caretaker, janitor	housemaster	der/die Internatsleiter/in
human	humane	human	menschlich
die Kanne	pot, jug	can	die Konservendose
das Kloster	monastery, convent	cloister	der Kreuzgang
das Klosett	toilet	closet	der Wandschrank
(alter) Knabe	(old) boy	knave	der Schurke
der Kollege	colleague	college	Teil einer Universität
der Kompagnon	business partner, associate	companion	der Begleiter, der Kamerad
konkurrieren	compete	concur	zusammentreffen
die Konkurrenz	competition	concurrence	die Übereinstimmung
das Korn	grain, seed, cereal	corn (AE)	der Mais
der Magistrat	town council	magistrate	der Richter
die Mappe	folder	map	die (Land-)Karte
die Marke	make, brand	mark	die Markierung
die Marmelade	jam	marmalade	die (Zitrusfrucht-)Marmelade
die Meinung	opinion, view	meaning	die Bedeutung, der Sinn
der/die Minister/-in	minister, *(politisch)*	minister *(kirchlich)*	der Pfarrer
mittelalterlich	medieval	middle-aged	mittleren Alters

Deutsches Wort	Englische Übersetzung	Englischer falscher Freund	Deutsche Übersetzung
der Mist	dung, manure	mist	der Nebel
der Mörder	murderer	murder	der Mord
der Mondschein	moonlight	moonshine	der Unsinn; illegal gebrauter Schnaps
die Note(n) *(schulisch)*	mark, grade	note	die Notiz, die (Musik-)Note
die Novelle	novella	novel	der Roman
ordinär	vulgar, common, low	ordinary	gewöhnlich, alltäglich
am anderen Tag	the following/next day	the other day	neulich
der Paragraf	section	paragraph	der Absatz/Abschnitt im Text
der Physiker	physicist	physician	der Arzt/die Ärztin
prägnant	precise, to the point	pregnant	schwanger *(Mensch)*, trächtig *(Tier)*
das Präsent	gift	present *n.*	die Gegenwart
professionell	competent	professional	beruflich
der Prospekt	leaflet, prospectus	prospect	die Aussicht auf etwas
die Provision	commission	provision	der Vorrat, die Vorsorge
der Prozess *(juristisch)*	trial, law-suit	process	der Verlauf, das Verfahren
rasch	quick, speedy	rash *adj.*	übereilt, unbesonnen
rasch	quick, speedy	rush *v.*	eilen, rasen
die Rate	instalment	rate	das Maß, das Verhältnis
realisieren	fulfil(l)	realize	erkennen
die Residenz	the prince's residence	residence	der Wohnort, der Wohnsitz
das Rezept	prescription, recipe	receipt	die Quittung
die Rente	pension	rent	die Miete, die Pacht
ringen	wrestle	ring	läuten, klingeln
der Schal	scarf	shawl	das Schultertuch
der Schellfisch	haddock	shellfish	das Schalentier
die (Kranken-)Schwester	nurse	sister	die (Ober-)Schwester
die Schnecke	snail	snake	die Schlange
sensibel	sensitive	sensible	vernünftig
skrupellos	unscrupulous	scrupulous	überängstlich
schmal	narrow	small	klein, gering, niedrig
solide	reliable, steady	solid	fest, dicht, stark

Deutsches Wort	Englische Übersetzung	Englischer falscher Freund	Deutsche Übersetzung
sparen	save	spare	entbehren, übrig haben
der Speck	bacon	speck	der (winzige) Fleck
spenden	give, donate	spend	ausgeben, verbringen
der Spleen	craze	spleen	schlechte Laune; die Milz
das Stadium	stage, phase	stadium	das (Sport-) Stadion
der Stuhl	chair	stool	der Schemel, der Hocker
streng	severe, rigid	strong	stark
sympathisch	congenial, likeable	sympathetic	mitfühlend, einfühlsam
die Technik	technology, technical science	technique	die Art, die Fertig-keit, die Methode
treu	faithful	true	wahr, richtig, aufrichtig
der Trubel	disturbance, bustle	trouble	der Ärger, der Ver-druss, die Sorge
virtuos	masterly	virtuous	tugendhaft
die Wand	wall	wand	der (Zauber-)Stab
wandern	to hike	to wander	ziellos bummeln
das Warenhaus	(department) store	warehouse	das Lagerhaus, der Speicher
der Zirkel	compass	circle	der Kreis

Anhang 4: Umsetzen der L2 (Englisch) im L3-(Deutsch)-Unterricht, Bereich Grammatik

Die Tabelle fasst zusammen, was im Kapitel 7 bereits erklärt und dargestellt ist.

Das hilft:	Da muss man aufpassen:
Morphologie	
• Komparation: vgl. *smart/smarter – klug/klüger* (engl. und dt. mit *-er*) • Präfixe und Suffixe aus dem Lateinischen und Griechischen (z. B. *anti-, de-, dis-, ex-, pre-/prä-, sub-, super; -and, -ion, -tor, -ismus, -ist*) • Zahlmorpheme (*milli-, centi-, maxi-* usw.) • Endmorphem *-er/-or* bei Berufen (vgl. *teacher/Lehrer; doctor/Doktor*) • Endmorphem *-less/-los* (vgl. *countless/zahllos*) • Steigerung: engl. *the ...-est* und dt. *am ...-sten* (*the strongest/am stärksten*)	• Die deutsche Morphologie ist viel formenreicher als die englische (vgl. *write/s – schreibe/st/t/en ...*). • Komparation: vgl. *more interesting – interessanter*
Präpositionen	
• *seit – since, von – from, für – for, bei – by* werden zum größten Teil semantisch vergleichbar verwendet.	• Zahlreiche Verben im Dt./Engl. haben unterschiedliche obligatorische Präpositionen (vgl. *bitten um – ask for; hoffen auf – hope for, warten auf – wait for*).
Verbalgruppe	
• Futurformen (vgl. *ich werde gehen – I will go*) • Präsens (vgl. *ich gehe – I go*) • Form des Perfekts (vgl. *er hat getan – he has done*) • Präteritum (vgl. *er wollte – he wanted*) • Bei einigen engl. und dt. starken Verben ändert sich der Stammvokal auf ähnliche Weise (vgl. *sing/sang/sung – singen/sang/gesungen*).	• Futur I ist häufiger im Engl. als im Dt. (*I'll do it tomorrow. – Ich mache es morgen.*) • Gebrauch des dt. Perfekts entspricht nicht dem des engl. *present perfect* • Genauso beim Präteritum (vgl. *I went = ich ging/ich bin gegangen*) • Passiv (*it is done = es wird/ist gemacht*) • Engl. progressive form (vgl. *he is running – er rennt [gerade]*)
Wortstellung	
• Aussagesätze, insbes. SVO-Wortfolge (vgl. *Er liest das Buch. – He reads the book.*) • Befehlssätze (*Komm her! – Come here!*)	• Englisch hat in Aussagesätzen die SVO-Wortfolge, Deutsch aber nur das Verb in der festen 2. Position. • Wortstellung bei Kausaladverbien und Modaladverbien (**Leider muss ich Englisch lernen.*)

Das hilft:	Da muss man aufpassen:
Wortstellung	
• Einfache w-Fragesätze (*Wo warst du? – Where were you?*) • Entscheidungsfragen mit *be/sein* (*Are you German? – Bist du Deutsche(r)?*) • Komparationssätze (*Cats are cuter than dogs. – Katzen sind niedlicher als Hunde*). • Zweigliedrige Sätze mit *und, aber, oder, denn* (*Er mag Susi, aber sie mag Jakob. – He likes Susi, but she likes Jacob.*)	• Infinitivkonstruktionen • Modalverb + Infinitiv (**sie durfte gehen zur Schule*) • Verneinungen mit *nicht* (**er ist nicht da heute*) • Wortstellung in Relativsätzen (**weil sie mochte die blaue Bluse*) • Wortstellung in Entscheidungsfragen mit *do/tun* (*Do you like Tennis? – *Tust du mögen Tennis?*)
Nominalgruppe	
• Artikelgebrauch in vielen Fällen gleich	• Bei mehreren nominalen Wortfeldern: Gebrauch der Artikelwörter unterschiedlich (vgl. *He is a teacher. – Er ist Lehrer.* [Berufe] *in High Street – in der Hauptstraße* [Straßen, Plätze, Gebäude] *on Tower Bridge – auf der Tower Bridge* [Brücken] usw.)

Arbeitsblatt zum Thema „Regelmäßige/Unregelmäßige Verben"

Regelmäßige/Unregelmäßige Verben

1. *Welche Begriffe aus dem Kasten passen? Notiere.*

drink – drank – drunk   talk – talked – talked

eat – ate – eaten   ask – asked – asked

_____   _____

infinitive	irregular verbs
future tense	regular verbs

2. *Schau dir die Liste mit den deutschen Verben an. Auch im Deutschen gibt es regelmäßige und unregelmäßige Verben. Die regelmäßigen Verben werden nach einer bestimmten Regel gebildet. Welche Formen sind gleich? Markiere.*

fragen	fragte	gefragt
sagen	sagte	gesagt
lesen	las	gelesen
wohnen	wohnte	gewohnt
lernen	lernte	gelernt
gehen	ging	gegangen
machen	machte	gemacht
fliegen	flog	geflogen

3. *Schreibe die Verben aus der Liste in die Tabelle.*

Regelmäßige Verben	Unregelmäßige Verben
fragen – fragte – gefragt	lesen – las – gelesen
Präteritum: Endung _____ Partizip II: _____ _____ _____ Präfix Verbstamm Endung	Partizip II: _____ _____ _____ Präfix Verbstamm Endung Die unregelmäßigen Verbformen kannst du genauso auswendig lernen wie im Englischen – immer alle drei Formen zusammen.

4. *Die drei Verbformen heißen Infinitiv (fragen), Präteritum (fragte) und Partizip II (gefragt): Die Infinitivform kennst du bereits. Die Präteritumform und die Partizip-II-Form benutzen wir, wenn wir über Vergangenes sprechen oder schreiben.*

   Lies die zwei Texte: ein Interview und einen Zeitungsartikel. Markiere darin die Verbformen.

| Interviewer: | Herr Dallenbach, wie hat das Experiment funktioniert? |
| Dallenbach: | Also, wir haben verschiedene Leute in unser Labor geholt. Zuerst haben die Leute viele Silben auswendig gelernt. Dann haben wir zwei Gruppen gebildet. |

Im Jahre 1924 machten zwei amerikanische Wissenschaftler, J.G. Jenkins und K.M. Dallenbach, ein interessantes Experiment. Sie wollten wissen, wie unser Gedächtnis funktioniert. Deshalb holten sie verschiedene Personen in ihr Labor. Zuerst lernten die Leute viele Silben ohne Bedeutung auswendig (z.B. „ber", „zar", „pif", „klag" usw.). Dann bildeten die Wissenschaftler zwei Gruppen.

Funk/Koenig (1998), 23

5. *Besprecht in der Gruppe: Welche Vergangenheitsformen benutzt man im Deutschen bei einem Interview, welche in einem Zeitungsartikel?*

6. *Ergänze die Verbformen in den Tabellen. Nimm ein Wörterbuch zu Hilfe. In welcher Tabelle sind regelmäßige und in welcher unregelmäßige Verben? Notiere.*

Tabelle 1: _____

Infinitiv	Präteritum	Partizip II
fahren	fuhr	gefahren
		gewaschen
	sprach	
	schrieb	
finden		
		gegeben
bleiben		
	flog	

Tabelle 2: _____

Infinitiv	Präteritum	Partizip II
machen	machte	gemacht
	wohnte	
		gewartet
	arbeitete	
suchen		
		gekauft
legen		
	lebte	

7. Schreibe eine ähnliche Tabelle für deinen Partner. Arbeite sowohl mit regelmäßigen als auch mit unregelmäßigen Verben.

Du kannst alle Verben benutzen, die du aus dem Deutschunterricht kennst.

Dein Partner soll die fehlenden Formen ergänzen.

Infinitiv	Präteritum	Partizip II
lernen		

8. Überlegt: Wie kann man die drei Verbformen am besten lernen? Sammelt in der Gruppe Ideen und Beispiele zu euren Ideen.

Vergesst auch die unregelmäßigen Verben nicht!

Hier ein paar Ideen: Kennst du sie schon?

Ich lerne die Verbformen in einer Liste:

lesen – las – gelesen

schreiben – schrieb – geschrieben

Ich lerne am besten mit Kartei-kärtchen:

Auf eine Seite schreibe ich die Infinitivform, auf die andere alle drei Verbformen.

. . .

. . .

Anhang 6: Umsetzen der L2 (Englisch) im L3-(Deutsch-)Unterricht, Bereich: Aussprache/Rechtschreibung

Siehe Kapitel 8, in dem die Regelmäßigkeiten im Bereich der Aussprache und Rechtschreibung dargestellt und erklärt sind. Hier nochmals eine Zusammenfassung.

Das hilft:	Da muss man aufpassen:
Aussprache	
Ähnlichkeiten: • Englisch und Deutsch haben beide einen akzentzählenden Rhythmus (Kontraste zwischen betonten und unbetonten Silben). • Der Wortakzent ist bedeutungsunterscheidend (vgl. *export – export* mit *umfahren – umfahren*). • Der Wortakzent ist festgelegt, liegt aber nicht auf einer abzählbaren Silbe. • Die Vokallänge hat bedeutungsunterscheidende Funktion (vgl. *Stadt – Staat, rid – read*).	• Aussprache von deutschen stimmhaften Konsonanten im Auslaut (*Dialog, Geld*) • Betonung von Kognaten (vgl. *compromise – Kompromiss; international – international*) • Verdeutlichung von unterschiedlichen Phonemen (vgl. *cigarette – Zigarette*) • Aussprache von „w", „v", „st", „j", „s", „z", „th" • Gleich geschriebene Vokale werden oft sehr unterschiedlich ausgesprochen (vgl. engl. *man* – dt. *man, beetle – Beet, wild – wild, rose – Rose, plum – plump*). • Satzmelodie und Bindung zwischen den Wörtern im Satz sind unterschiedlich und müssen besonders geübt werden.
Rechtschreibung	
Bei vielen Wörtern sind deutsche und englische Rechtschreibung nur leicht unterschiedlich; hier könnte auf Regelmäßigkeiten hingewiesen werden: • engl. „c" entspricht oft dt. „k" (*cold/kalt; infection/Infektion*) • engl. „th" entspricht oft dt. „d" (*bath/Bad; three/drei*) • engl. „k" entspricht oft dt. „ch" (*make/machen*) • engl. „t" entspricht oft dt. „s" oder „z" (*water/Wasser; ten/zehn*) • engl. „tw" entspricht oft dt. „zw" (*two/zwei*) • engl. „v" entspricht oft dt. „b"/„f" (*seven/sieben; five/fünf*) • engl. „d" entspricht oft dt. „t" (*drink/trinken*) • engl. „p" entspricht oft dt. „pp" oder „pf" (*apple/Apfel*) • engl. „sh" entspricht oft dt. „sch" (*shoe/Schuh*) Viele zusammengesetzte Substantive: • weekend/Wochenende	Probleme bei Vokalen: • /e/ (z. B. **wacklen* statt *wackeln*) • Substitution von Umlauten „ä, ö, ü" durch Vokale „a, o, u" Probleme bei Konsonanten: • Doppelkonsonanten (z. B. **kontrolieren* statt *kontrollieren*) • „v" wird als „f" verschrieben • „s" wird als „z" verschrieben • „z" wird als „ts" verschrieben Großschreibung: • Substantive mit engl. Kognaten werden oft fälschlich kleingeschrieben (*house/*haus*). • Nationalitätsadjektive (vgl. *a German car – ein*Deutsches/deutsches Auto*) werden oft fälschlich großgeschrieben. • *I* vs. *ich* Zusammengesetzte Substantive: • Falsche Getrenntschreibung (vgl. *computer lab – *Computer Labor/Computerlabor*)

Anhang 7: Übersicht über Lernstrategien und Sprachgebrauchsstrategien

(Nach: Bimmel/Rampillon 2000: *Lernerautonomie und Lernstrategien*, S. 65 – 66)

Lernstrategien:
Direkte Strategien

Gedächtnisstrategien	
Mentale Bezüge herstellen	– Wortgruppen bilden – Assoziationen mit dem Vorwissen verknüpfen – Kontexte erfinden – kombinieren – ...
Bilder und Laute verwenden	– Bilder verwenden – Wort-Igel herstellen – Zwischenwörter verwenden – Lautverwandtschaften nutzen – ...
Regelmäßig und geplant wiederholen	– Vokabelkartei verwenden – ...
Handeln	– Wörter und Ausdrücke schauspielerisch darstellen – ...
Sprachverarbeitungsstrategien	
Strukturieren	– markieren – Notizen machen – Gliederungen erstellen – zusammenfassen – ...
Analysieren und Regeln anwenden	– Wörter und Ausdrücke analysieren – Sprachen miteinander vergleichen – Kenntnisse aus der Muttersprache nutzen – Regelmäßigkeiten entdecken – Regeln anwenden – ...
Üben	– formelhafte Wendungen erkennen und verwenden – Satzmuster erkennen und verwenden – die Fremdsprache kommunikativ gebrauchen – ...
Hilfsmittel anwenden	– Wörterbuch verwenden – in einer Grammatik nachschlagen – ...

Indirekte Lernstrategien

Strategien zur Regulierung des eigenen Lernens	
Sich auf das eigene Lernen konzentrieren	– sich orientieren – Störfaktoren ausschalten – ...
Das eigene Lernen einrichten und planen	– eigene Lernziele bestimmen – eigene Intentionen klären – ermitteln, wie gelernt werden kann

	– organisieren
	– . . .
Das eigene Lernen überwachen und auswerten	– den Lernprozess überwachen
	– das Erreichen der Lernziele kontrollieren
	– Schlüsse für zukünftiges Lernen ziehen
	– . . .

Affektive Strategien

Gefühle registrieren und äußern	– körperliche Signale registrieren
	– eine Checkliste benutzen
	– ein Lerntagebuch führen
	– Gefühle besprechen
	– . . .
Stress reduzieren	– sich entspannen
	– Musik hören
	– lachen
	– . . .
Sich Mut machen	– sich Mut einreden
	– vertretbare Risiken eingehen
	– sich belohnen
	– . . .

Soziale Lernstrategien

Fragen stellen	– um Erklärung bitten
	– fragen, ob Sprachäußerungen korrekt sind
	– um Korrektur bitten
	– . . .
Zusammenarbeiten	– mit Mitschülerinnen und Schülern zusammen lernen
	– bei kompetenten Muttersprachlern Hilfe suchen
	– . . .
Sich in andere hineinversetzen	– Verständnis für die fremde Kultur entwickeln
	– sich Gefühle und Gedanken anderer bewusst machen
	– . . .

Sprachgebrauchsstrategien

Vorwissen nutzen	– Hypothesen bilden und überprüfen
	– Bedeutungen aufgrund sprachlicher Hinweise erraten
	– Bedeutungen aus dem Kontext ableiten
	– . . .
„Mit allen Mitteln wuchern"	– zur Muttersprache wechseln
	– um Hilfe bitten
	– Mimik und Gestik einsetzen
	– Gesprächsthemen vermeiden
	– das Thema wechseln
	– annähernd sagen, was man meint
	– Wörter erfinden
	– „leere" Wörter (*Dingsda*) einsetzen
	– Umschreibungen und Synonyme
	– . . .

Anhang 8: Sieben Schritte zum Lernen neuer Vokabeln

(Nach Rampillon 1987: *Lerntechniken zur Wortschatzarbeit,*
4 – 12)

Ute Rampillon schlägt die folgenden **Schritte zum effizienten Wortschatzlernen** vor:

1. Alle zu lernenden Vokabeln aufschreiben, nicht nur beim Lernen ablesen.
2. Die neuen Vokabeln in unterschiedliche Gruppen zusammenfassen (vgl. Anhang 7).
3. Neue Wörter immer wieder durchgehen und die Wörter markieren, die man noch nicht sicher beherrscht: Einmal lernen ist nicht genug!
4. Sich beim wiederholten Lernen auf die Wörter konzentrieren, die man noch nicht sicher beherrscht.
5. Immer wieder kontrollieren, ob man ein Wort von seinem Inhalt her und in seiner Aussprache beherrscht.
6. Dasselbe Wort auch unter orthografischem Aspekt wiederholen.
7. Selbstkontrolle durch das Schreiben der Vokabeln.

Darüber hinaus macht Rampillon noch folgende Vorschläge :

- Lernen und Wiederholen der Vokabeln in regelmäßigen Abständen.
- Nie mehr als 10 – 12 Vokabeln auf einmal lernen – diese aber gründlich.
- „Mehrkanalig" lernen, z. B. neue Vokabeln nicht nur „stumm" lernen, sondern beim Lernen laut sprechen/Wörter in Beispielsätzen laut lernen/Wörter aufschreiben und dabei laut sprechen.

Anhang 9: Arbeit mit authentischen Texten

Beispiel

27 Airbus
The Airbus

Texte verstehen / A1

Ü 1 Lesen Sie den Titel und Untertitel und sehen Sie sich das Bild an. Worum geht es in dieser Nachricht?

Ü 2 Lesen Sie den ganzen Text und markieren Sie alles, was Sie verstehen.

Mittwoch 27. April 2005, 14:30 Uhr

Airbus sorgt für Euphorie
Der Airbus A380 hat seinen ersten Testflug bestanden. Fast vier Stunden nach dem Start landete das größte Passagierflugzeug der Welt am Mittwoch in Toulouse ohne Probleme.

TOULOUSE (dpa-AFX) – Der Prototyp des Airbus A380 startete am 27. 04. 2005 auf dem Flughafen Toulouse unter dem Beifall von 500 Journalisten, 12 000 Airbus-Mitarbeitern und mehr als 50 000 Besuchern zu seinem Erstflug. An Bord der A380 waren zwei Testpiloten und vier Flugingenieure. Etwa 30 Ingenieure am Boden werteten über Satellit übertragene Mess- und Flugdaten während des Erstfluges aus. Zwei Stunden nach dem Start der Maschine sagte der Testpilot Jacques Rosay per Funk: „Es funktioniert alles absolut perfekt. Der Start war perfekt, die Beschleunigung des Flugzeugs und die Steuerung sind exakt so wie auf dem Simulator."
Der 80 Meter lange Airbus A380 soll in der Standardversion 555 Passagiere auf einer 15 000 Kilometer langen Strecken transportieren können.

Ü 3 Was haben Sie im Text erfahren? Besprechen Sie zu zweit.

Ü 4 Was hat Ihnen geholfen, die markierten Stellen im Text zu verstehen? Ergänzen Sie die Tabelle mit je 4–5 Beispielen aus dem Text.

Ähnlich im Englischen	Ähnlich in meiner Muttersprache	Zahlen	Das kenne ich schon / das war mir schon bekannt
Start		27. April 2005	A380 (im TV)
landete		500 Journalisten	Toulouse (Frankreich)
…	…	…	…

Ü 5 Kontext – welche Wörter kennen Sie noch nicht, die Sie aber im Text verstehen können?

Wort	Kontext	Bedeutung (Muttersprache)
Flughafen	Airbus startete auf dem Flughafen Toulouse	
…	…	…

Deutsch ist easy!   00.1869   © 2006 Max Hueber Verlag

Kursisa/Neuner (2006), 68; Foto: dpa Picture Allianz

13 Lösungsschlüssel

Aufgabe 12

1)

Welche Faktoren sind für den Unterschied verantwortlich?	Wang hat bereits Englisch gelernt, er verfügt über eine „Interlanguage" Englisch.
Welche anderen zusätzlichen Faktoren gibt es für Wangs Lernprozess?	Er hat bereits individuelle und spezifische Fremdsprachenlernerfahrungen gemacht; er weiß, wie er Fremdsprachen lernt, und er hat vielleicht einschlägige eigene Fremdsprachenlernstrategien entwickelt.

2) Grafik zum L3-Lernen

Neurophysiologische Faktoren: Generelle Sprachserwerbsfähigkeit, Alter ...

Lernexterne Faktoren: Lernumwelt(en), Art und Umfang des Inputs, L1-Lerntradition(en) ...

Emotionale Faktoren: Motivation, (Lern-)Angst, Einschätzung der eignen Sprachliteralität, empfundene Nähe/Distanz zwischen den Sprachen, Einstellung(en) zu den Sprachen, zu den zielsprachigen Kulturen, zum Sprachenlernen, individuelle Lebenserfahrungen, Lerntyp ...

Kognitive Faktoren: Sprachbewusstsein, metalinguistisches Bewusstsein, Lernbewusstsein, Lerntyp, Wissen um den eigenen Lerntyp, Lernstrategien, individuelle Lernerfahrungen ...

Fremdsprachenspezifische Faktoren: Individuelle Fremdsprachenlernerfahrungen und Fremdsprachenlernstrategien (z.B. interlinguale Vergleichs-, Transfer- und Rückbezugsfähigkeit), Interlanguage der vorgängigen Fremdsprachen, Interlanguage der jeweiligen Zielfremdsprache ...

Linguistische Faktoren: L1, L2

(L3)

Aufgabe 18

	Deutsch		Deutsch
la tarta (Ital.)	die Torte	el bistec (Span.)	das Steak
apteka (Poln.)	die Apotheke	la confiture (Franz.)	die Marmelade
regal (Poln.)	das Regal	le médecin (Franz.)	der Arzt

Aufgabe 20

Salz – Pfeffer – Tomate – Salat
Winter – Sommer – heiß – kalt
Mund – Hand – Nase – Ohr
schwimmen – Ski fahren
danke – bitte

Aufgabe 23

„Am Bahnhof" erwarten wir Texte wie Fahrplan, Anzeigetafeln, Werbung, Tickets/ Fahrscheine oder Durchsagen.

Bei diesen Beispielen können Sie deutliche Unterschiede in der Aussprache finden.
Diese Unterschiede führen im Unterricht bei Nichtbeachtung immer wieder zu typischen
Aussprachefehlern. Dabei kann es sich sowohl um falsch gesprochene Silben als auch
um einzelne Laute/Buchstaben handeln.

Aufgabe 25

Information – information:
Häufig wird die Aussprache und Betonung der Endung *-ation* im Deutschen und Englischen nicht deutlich genug unterschieden.

Finger – finger:
Im Gegensatz zum Deutschen wird im Englischen das *g* deutlich gesprochen.

waschen – wash:
Das *w* in *waschen* ist mit dem *v* in der englischen geschriebenen und gesprochenen
Sprache vergleichbar. Aufgrund des gleichen Graphems *w* in beiden Wörtern wird
jedoch im Unterricht oft die deutsche Aussprache /v/ mit der englischen Aussprache
/w/ verwechselt.

Ring – ring:
Auch hier muss deutlich zwischen geschriebener und gesprochener Sprache differenziert
werden. Das deutsche /r/ im Anlaut ist für viele Lernende, die vorher Englischunterricht
gehabt haben, ein echtes Problem und erzeugt einen typisch „englischen" Akzent. Beim
Vokabellernen sollte deshalb das deutsche Phonem gleich mittrainiert werden.

Aufgabe 29

1) *Welches englisch-deutsche Grammatikphänomen wird im Arbeitsblatt verglichen?*
   Zahlen 13 – 19, Zahlen 20 – 90

2) *Welche Details müssen zusätzlich präsentiert bzw. erklärt werden?*
   – Unterschiede: *sechs – sechzehn*; *sieben – siebzehn*
   – Ausnahme: *dreißig*
   – *sechzig, siebzig* – ähnlich wie *sechzehn, siebzehn*

Aufgabe 35

1) und 2)

	Englisch	**Deutsch**	**Muttersprache**
sing	*verb*	*Verb*	
brave	*adjektive*	*Adjektiv*	
over there	*adverb*	*Adverb*	
green	*adjektive*	*Adjektiv*	
song	*noun*	*Nomen*	
listen	*verb*	*Verb*	
mine	*pronoun*	*Pronomen*	
house	*noun*	*Nomen*	
usually	*adverb*	*Adverb*	
he	*pronoun*	*Pronomen*	

5)
Nomen: Singular; Artikel; Plural
Verb: Infinitiv; Imperativ; Passiv
Adjektiv: Singular; Komparation; Artikel; Plural
Pronomen: Reflexivpronomen; Personalpronomen

Aufgabe 38

Schon genannt wurden die Muster *pp – pf/ff* (*apple – Apfel*) sowie *c – k* (*cold – kalt*). Weitere Muster aus dem Sprachrad sind:

Englisch	Deutsch	Beispiel
th	*d*	*bath – Bad*
k	*ch*	*book – Buch*
t	*s/z*	*eat – essen; ten – zehn*
v	*f/b*	*five – fünf; give – geben*
tw	*zw*	*two – zwei*
d	*t*	*good – gut* (im Auslaut)

Aufgabe 39

1) Die Lösung dieser Aufgabe und vor allem die Anwendung des neu Gelernten bedarf einer stark kognitiven Vorgehensweise. Lernende müssen schon in der Lage sein, sich sprachliche Regelmäßigkeiten zu merken und umzusetzen. Obwohl es hier nur um acht Phänomene geht, könnte die Aufgabe zu einer Überlastung bei jüngeren Kindern führen. Es spricht nichts dagegen, solche Muster auch bei jüngeren Lernenden anzusprechen – nur müsste die Arbeitsweise dementsprechend geändert werden, z. B. indem nur eine Entsprechung pro Tag besprochen wird und neue Wörter mithilfe von farbigen Kärtchen „gebastelt" werden können. Ältere Jugendliche oder Erwachsene dagegen genießen es oft, die „Logik" der Sprache selbst herauszufinden; sie können also mehrere Entsprechungen gleichzeitig erarbeiten, ohne dass dies zu einer kognitiven Überlastung führt.

2) Die Aufgabe muss nicht in ihrer Gesamtheit und auf einmal präsentiert werden. Sie könnten z. B. Schritt für Schritt die genannten Lautentsprechungen erwähnen, etwa wenn ein passendes Wort (am Anfang des Unterrichts z. B. *zwei*, *zwölf* und *zwanzig*) vorkommt. Ein Verweis darauf reicht, dass das *zw* im Deutschen oft dem englischen *tw* entspricht und dass man damit versuchen kann, das deutsche Wort über das englische zu erschließen. Nach mehreren Unterrichtsstunden mit solchen kleinen „Häppchen" könnte die Aufgabe im Ganzen zur Wiederholung und weiteren Bewusstmachung eingesetzt werden: Die Lernenden haben dann mehrere Entsprechungen und das ganze „System" auf einen Blick.

Aufgabe 40

Wann könnte dieser orthografische Vergleich beim Verstehen helfen?	Hilfreich wäre ein Vergleich beim Erschließen der Bedeutung von Wörtern wie *Schuh, Dschungel, machen.*
Wann kann er zu Interferenzen führen?	Es könnte in der schriftlichen Produktion zu „anglifizierten" Fehlschreibungen kommen wie **House, *Shule, *Velt.*

Aufgabe 41

die wichtigsten Informationen entnehmen	nach ganz bestimmten Informationen im Text suchen	jedes Detail im Text verstehen
Zeitungsbericht Kommentar	*Fahrplan Veranstaltungskalender*	*Kochrezept Bedienungsanleitung*

Aufgabe 42

1) Was könnte das Leseziel bei diesem Text sein?	die wichtigsten Informationen entnehmen; nach ganz bestimmten Informationen suchen
2) Welchen Lesestil würden Sie empfehlen?	globales Lesen oder selektives Lesen
3) Auf welche Lesestrategien sollte man bei diesem Text achten (Wort-, Satz-, Textebene), um das Leseziel zu erreichen?	Layout, Foto, das Eingerahmte; Großschreibung, Zahlen, Anführungszeichen; Internationalismen („gemeinsamer englisch-deutscher Wortschatz")

1) Verstehende Verarbeitung der Texte

2) Vergleichende Erarbeitung der Sprachsysteme des Deutschen unter Nutzung von Muttersprache und gelernten Fremdsprachen

3) Auseinandersetzung mit landeskundlicher Information aus drei sprachlichen Perspektiven (L1, L2, L3)

4) Steigerung der Motivation der Lernenden

...

Aufgabe 43

1) und 5)

Aufgabe 44

1. Wer spielt bei dem Festival?	Lou Reed, Oasis, Pet Shop Boys, The Cure, Iron Maiden, Pearl Jam, Willie Nelson; Techno-Stars; Top-Dejays
2. Wie viele Auftritte gibt es etwa?	etwa 180
3. Was ist neu im Jahr 2000?	Techno-Area mit Installationen und Top-Dejays
4. Wann findet das Festival genau statt?	vom 29. Juni – 2. Juli 2000

1)

A: Ich gratuliere dir, Oma, zum 80. Geburtstag am 27. Juli. Dann musst du etwas backen und ich komme dich besuchen.

B: Yoko Ono hat vor 10 Jahren einen Fonds an der Universität Liverpool eröffnet. Jetzt wird sie ein Terminal am Flughafen einweihen, das auch den Namen von John Lennon tragen wird.

Aufgabe 45

2)

Text A	Text B
Foto (wahrscheinlich Oma mit Enkelin); Zahlen; Wörter: *gratulerer, oldemor, bake, kommer besóker, dagen din* kann man z. B. aus dem Deutschen erschließen.	Vorwissen (Namen, Orte, Foto); Internationalismen; einige Wörter sind Wörtern aus dem Deutschen oder Englischen ähnlich: z. B. *fond, navn, universitetet*.

Aufgabe 47

Text	Ziele	Textsorten/Themen
Authentische Texte mit vielen Anglizismen/Internationalismen	• Globales oder selektives Leseverstehen	Werbung, Elektrotechnik, Konsum, Freizeit, Medien, Musik
Authentische Texte aus Themenbereichen mit einem hohen Grad an deutsch-englischen Entsprechungen im Wortschatzbereich	• Globales oder selektives Leseverstehen • Teilweise detailliertes Leseverstehen • Wortschatzarbeit	Elektrotechnik, Medien, Kultur, Jugendkultur, Musik, Sport, Fächer u. Ä. (z. B. Kalender mit Monatsnamen, Stundenplan)
Synthetische Texte, die auf der Grundlage von englisch-deutschen Analogien im Wortschatz- oder Grammatikbereich erstellt werden	• Entwicklung des globalen, des selektiven und des Detailverstehens • Systematische Erarbeitung des Wortschatzes und der Grammatikstrukturen	Texte zu unterschiedlichen Alltagsbereichen auf der Grundlage des ähnlichen Wortschatzes im Englischen und Deutschen (Wortschatzliste von Hufeisen 1994)

	Arbeitsblatt 1	Arbeitsblatt 2
Authentischer Text	✗	
Synthetischer Text		✗
Ziele:		
• Globales Leseverstehen	✗	✗
• Selektives Leseverstehen	✗	
• Detailliertes Leseverstehen		
• Erarbeitung des Wortschatzes		✗
• Erarbeitung von Grammatikstrukturen		
• Üben der Lesestrategien	✗	
Aufgaben:		
• Mihilfe des Textumfeldes (z. B. Layout, Visualisierungen) und der Internationalismen die Bedeutung des Textes global erfassen	✗	✗
• Hypothesen über den Inhalt bzw. den Zweck des Textes bilden	✗	✗
• Soziokulturelle Phänomene „im Dreieck" L1-L2-L3-Welt auswerten		
• Parallelen im L2- und L3-Wortschatz finden		✗
• Den Text analysieren		✗
• Den Text als Grundlage für das dialogische oder diskursive Sprechen vorbereiten		✗
• ...		

Ideen des Autorenteams zu einem Arbeitsblatt auf der Grundlage des synthetischen Textes „Ich stelle dir meine Familie vor":

Ich stelle dir meine Familie vor

1. Lesen Sie schnell den Text vom Anfang bis zum Ende und notieren Sie, worum es geht:

   im ersten Absatz: ....

   im zweiten Absatz: ....

Ich stelle dir meine Familie vor

Ich bin Frauke. Heute stelle ich dir meine Familie vor. Mein Vater und meine Mutter leben in München. Sie haben ein großes Haus in der Isarstraße 15. Früher habe ich auch dort gelebt. Aber jetzt wohne ich in Berlin. Ich habe einen Bruder. Er heißt Matthias und ist 6 Jahre jünger als ich. Er wohnt noch bei meinen Eltern in München. Leider habe ich keine Schwester. Aber ich habe eine Cousine, sie heißt Brigitte und ist zwei Jahre älter als ich, also 22. Sie studiert an der Uni in München. Ihr Bruder Felix ist schon 26 Jahre alt und hat eine Tochter und einen Sohn, die sind Zwillinge.

Im Sommer machen meine Eltern immer eine große Gartenparty. Da kommt die ganze Familie. Meine Großmutter und mein Großvater wohnen auch in der Isarstraße. Sie helfen meinen Eltern im Garten und in der Küche. Meine Tante Olivia und Onkel Georg, die Eltern von Brigitte, machen Salate und kaufen Saft, Cola, Bier und andere Getränke. Wir grillen Würstchen, Steaks und Fisch und reden über Gott und die Welt. Das Gartenfest ist immer was Besonderes.

2. Lesen Sie den Text noch einmal und ergänzen Sie in der Tabelle zuerst die deutschen Wörter zum Thema „Familie und Verwandtschaft", dann die entsprechenden Wörter Ihrer Muttersprache.

Englisch	Deutsch	meine Muttersprache
family		
father		
mother		
brother		
sister		
parents		
daughter		
son		
cousin		
grandmother		
grandfather		
aunt		
uncle		

3. Besprechen Sie in der Gruppe: Welche Wörter waren leicht und welche schwer zu erkennen? Warum? Wo war Englisch eine echte Hilfe? Vielleicht hat auch Ihre Muttersprache beim Verstehen geholfen? Wo?

4. Notieren Sie fünf interessante Fragen zu Fraukes Familie und zum Gartenfest, z. B.: Wer ist der Onkel von Brigitte? Wie heißt der Cousin von Frauke?

5. Arbeiten Sie jetzt zu zweit: Stellen Sie einander die Fragen und beantworten Sie diese möglichst schnell.

6. Erstellen Sie einen Familien-Stammbaum von Ihrer Familie. Überlegen Sie: Wer gehört zu Ihrer Familie?

7. Diskutieren Sie in der Gruppe: Wer gehört zu Fraukes Familie, wer gehört zu Ihrer Familie? Wie groß ist eine Familie überhaupt?

Aufgabe 52

Wie trainiert man Selbsteinschätzung?	Besonderheiten im Tertiärsprachenunterricht
1. Lernziele definieren, Reflexion einbeziehen	1. Ähnlichkeiten im Wortschatz Englisch–Deutsch helfen beim Verstehen. Reflexion über das Vorwissen zum Thema und über die Lernerfahrung aus dem Unterricht der ersten Fremdsprache einbeziehen.
2. Rückblick auf das Gelernte; individuelle Wiederholungen anbieten	2. Die Muttersprache oder die erste Fremdsprache benutzen; dann gibt es keine sprachlichen Schwierigkeiten bei der Bewertung des Gelernten.

Aufgabe 53

Vorschläge:
zu a)
• An die Zielgruppe denken: Inwieweit ist der Begriff *Jugendherberge* überhaupt bekannt? Kennen die Lernenden Jugendherbergen? Gibt es welche in ihrem eigenen Land? Daher evtl. eine Erklärung des Begriffs *vor* dem Lesen des Textes anbieten.

- Fragen für die Mitschüler erstellen und auswerten, welche Informationen aus dem Text sonst noch wichtig bzw. interessant sein könnten.
- Reflexion darüber, worauf man in diesem Text insbesondere achten muss.
- Anschließend die Schwierigkeiten beim Verstehen des Textes hervorheben; gemeinsam Tipps überlegen, wie man diese Schwierigkeiten reduzieren kann.

Zu b)
- Als Alternative ein paar Beispiele auf Englisch oder in der Muttersprache anbieten.
- Den Text als Dialog (ist realitätsnäher!) anbieten.
- Die Schüler dazu motivieren, einen ähnlichen Text für ihre Mitschüler zu erstellen, entweder mit denselben Wörtern *Uhr* und *Stunde* oder mit anderen Wörtern aus ähnlichen Kategorien.
- Anschließend über die Schwierigkeiten sprechen; von den Lernenden festlegen lassen, ob und was wiederholt werden müsste.

Aufgabe 55

Zu 1) Wie bekommen Sie hierzu die nötigen Informationen?	Stellen Sie einen Fragebogen zusammen, in dem Sie die Lernenden auf einfache Weise fragen, wie (mit welchen Techniken) sie persönlich am besten lernen. Beziehen Sie sich dabei auf bereits gelernte Fremdsprachen und den Fremdsprachenunterricht. Bieten Sie verschiedene Lernstrategien und -techniken an, kenntlich durch die Aufgabenstellung/ Überschrift. Fragen Sie dann, was bereits bekannt oder auch neu ist, was individuell gewünscht wird oder Spaß macht.
Zu 2) Wie/Mit welchen Materialien würden Sie kulturelle Distanz überbrücken? Wie würden Sie vorgehen, um das vorhandene Vorwissen bei kultureller Nähe in den Unterricht einzubauen?	Gedacht ist hier vor allem an Filme/Videosequenzen und audiovisuelle Materialien. Auch einzelne Übungen könnten so angelegt werden, dass die Lernenden mit ihren Assoziationen, Ideen und Bildern einsteigen können.
Zu 3) Wie könnten interkulturelle Fragestellungen thematisiert werden?	Authentische Texte (v. a. aus Zeitungen und aktuellen Printmedien), geeignetes Videomaterial, Bilder (Karikaturen) können als Anstoß zur Diskussion und thematischen Auseinandersetzung mit der fremden Kultur dienen. Wichtig ist es, hier auf „Brennpunktthemen" einzugehen und nicht bei ganz allgemeinen Themenfeldern stehen zu bleiben.
Zu 4) Vorwissen: Welche Situationen finden Sie vor und wie reagieren Sie darauf?	Über Gespräche im Lehrerkollegium, Umfrageinitiativen- und -projekte (die von den Lernenden selbst durchgeführt werden können) und die eigene Sensibilisierung bezüglich der Vermittlung des „Deutschland-Österreich-Schweiz-Bildes" können zum Vorwissen der Schüler ausreichend Informationen gesammelt werden.
Zu 5) Notieren Sie einige Ideen, wie Sie eine positive Einstellung zur deutschen Sprache bzw. zu deutschsprachigen Ländern wecken könnten.	Der Schwerpunkt sollte hier auf der Vielfältigkeit von Informationsangeboten liegen, d. h. auf einem möglichst breiten Spektrum von Aufgabenstellungen und Informationsvermittlung, um die Lernenden auf allen möglichen Ebenen anzusprechen und ihnen die Möglichkeit zu geben, sich selbst ein Bild zu machen.

Beispiel zu 2. „**Wortpuzzles lösen**":

a) Lassen Sie die folgenden Wörter als Puzzleteile auf kleine Kärtchen schreiben, z. B.:

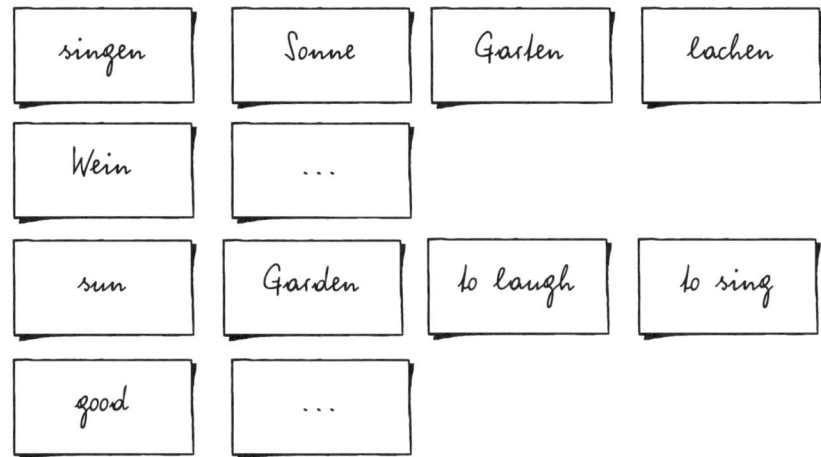

b) Lassen Sie die Puzzleteile dann zu Wortpaaren ordnen.

Beispiel zu 11. „**Wortgedichte entwerfen**":

Cat comes into the sun	Katze kommt in die Sonne
Elefant comes into the sun	Elefant kommt in die Sonne
Bear comes into the sun	Bär kommt in die Sonne
Mouse comes into the sun	Maus kommt in die Sonne
Man comes into the sun	Mann kommt in die Sonne
Who is in the moon?	Wer ist im Mond?

Man könnte z. B. den Kasten aus Übungsschritt 2. im Beispiel „Made in Germany" durch eine Collage von Original-Markenschriftzügen ersetzen lassen. Dann könnten die Lernenden mehr deutsche Markenzeichen zusammentragen oder in einer Zeitschrift/ Zeitung die Werbung danach untersuchen.

14 Glossar

affektiv (S. 52): Damit sind Komponenten gemeint, die beim Sprachenlernen durch das Ansprechen von Emotionen positiv wirken. „Eselsbrücken" für schwierige Wörter können z. B. mit positiv belegten Erlebnissen verbunden werden. Als affektiv werden auch Lernstrategien bezeichnet, die darauf abzielen, dass Lernende sich ihrer Emotionen beim Lernen bewusst werden, z. B. durch das tägliche Notieren eigener Lernerfahrungen, und daraus Konsequenzen für ihr Lernen ziehen (Motivierendes fördern, Angstbesetztes reduzieren).

Bilinguale/Monolinguale/Mehrsprachige (Pl.) (S. 19, 31): Als monolingual werden Personen bezeichnet, die in nur einer Sprache über sprachliche Handlungskompetenz verfügen. Verfügt jemand über sprachliche Handlungskompetenz in zwei Sprachen, so bezeichnet man diese Person als bilingual; hat sie Handlungskompetenz in mehr als zwei Sprachen, gilt eine Person als mehrsprachig.

Input, der/das (S. 25): Damit ist hier die Gesamtheit dessen gemeint, was ein Kind an sprachlichen Informationen von Eltern, Geschwistern, anderen Kindern oder Erwachsenen hören, lesen, sehen und erfahren kann.

Interlanguage/Interimssprache/Intersprache, die (S. 27): Bezeichnung für die individuelle Sprachvariante einer Fremdsprache zu einem bestimmten Zeitpunkt, die ein Lernender auf dem Weg von seiner Muttersprache zur neuen Zielsprache hin beherrscht. Wenngleich man inzwischen weiß, dass sie sich systematisch entwickelt, verändert sich die Interlanguage doch zugleich auch ständig: Sie zeigt Brüche, sprunghafte Verbesserungen und hat stark dynamische Aspekte.

Lerntechniken und Lernstrategien (Pl.) (S. 34): „Wir verstehen unter **Lerntechniken** Verfahren, die von den Lernenden ausgehen und die von ihnen absichtlich und planvoll angewandt werden, um das fremdsprachliche Lernen vorzubereiten, zu steuern und zu kontrollieren." (Rampillon 1995, 14).

Lerntechniken können z. B. sein: das Wörterbuch benutzen, eine Vokabelkartei führen, Visualisierungstechniken anwenden, Gliederungen anfertigen, auswendig lernen, Notizen anfertigen, eine Fehlerstatistik führen.

Lerntechniken bilden Komponenten von Lernstrategien: „Unter **Lernstrategien** wird (...) eine Folge von Operationen verstanden, bei denen unterschiedliche Lerntechniken zusammenwirken, um das Lernen synergetisch zu fördern." (Rampillon 1995, 15).

Man unterscheidet grundsätzlich zwischen **Lernstrategien** und **Sprachgebrauchsstrategien**. Bei den Lernstrategien unterscheidet man zwischen direkten (kognitiven) und indirekten Lernstrategien. (Vgl. die Auflistung der Strategien von Bimmel/Rampillon [2000] im Anhang 7, S. 156f.).

Bei der Entwicklung von Lernstrategien wird zunächst ein Lernziel und dann der adäquate Lernweg festgelegt. Zu diesem Zweck entwickelt man einen Handlungsplan, der die folgenden Elemente umfasst:

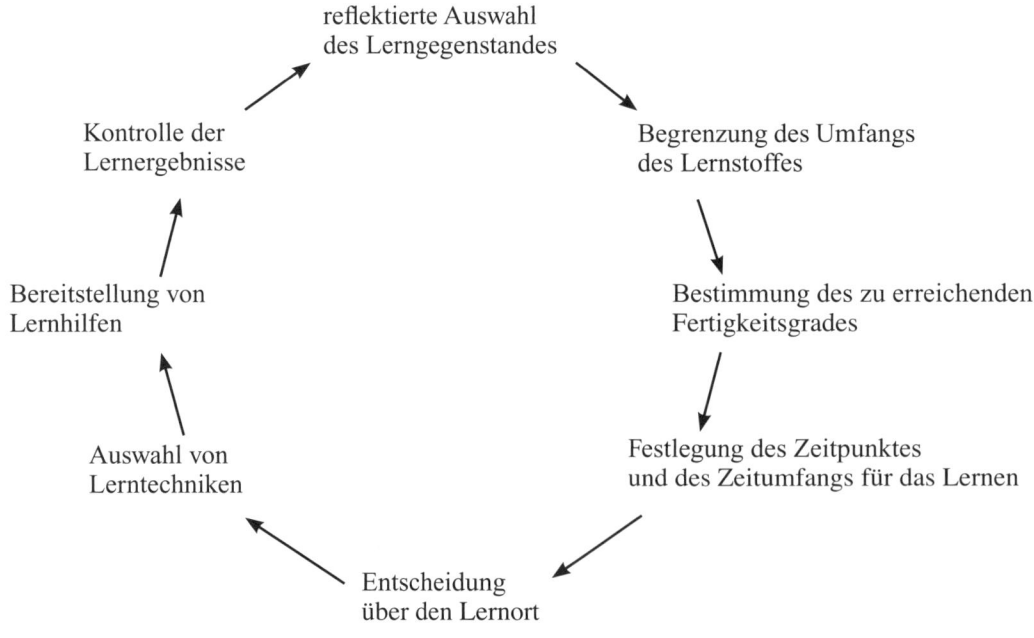

Rampillon (1995), 14

mentales Lexikon, das (S. 28): Der Speicher bzw. die Speicherung von lexikalischen Einheiten im sprachverarbeitenden Gehirn. Man vermutet, dass die lexikalischen Einheiten mehrfach abgespeichert sind: als semantische Informationen und als morphologische Teile; die semantischen und grammatischen Informationen verschiedener Einträge im mentalen Lexikon sind miteinander vernetzt.

Motivation, die (S. 26): Sprachlernmotivation ist die Lust und das Interesse daran, eine Sprache zu lernen. Man nimmt an, dass die **intrinsische** Motivation (also das Interesse aus sich selbst heraus) diejenige ist, die das Sprachenlernen leicht macht. Aber auch die instrumentelle Motivation (z. B. jemand braucht eine Fremdsprache für den Auslandsaufenthalt) kann eine fördernde Wirkung haben.

subjektiver oder objektiver Schwierigkeitsgrad einer Sprache, der (S. 25): Auch wenn zwei Sprachen etymologisch nah verwandt sind, kann es sein, dass Lernende diese Sprachen als völlig unterschiedlich wahrnehmen. Subjektiv wird die neue Sprache als schwierig empfunden, objektiv gibt es jedoch vielleicht viele Möglichkeiten des Transfers und des Ableitens. Für Babys ist jede Sprache erst einmal gleich leicht oder schwierig: Sie benötigen ein erstes Medium der Verständigung und erlernen es deshalb meist ohne Probleme.

Übergeneralisierung, die (S. 31): Ein sprachliches Element oder eine Regel wird verallgemeinert und deshalb unangemessen angewandt. So wird z. B. -*te* als Morphem für das Imperfekt bei den regelmäßigen Verben oft von Lernenden verallgemeinernd auf ein unregelmäßiges Verb übertragen: *kommen* → **er kommte*. Durch Übergeneralisierung entstehen also in der Regel inkorrekte sprachliche Formen bzw. Äußerungen.

15 Literaturhinweise

Zitierte Fernstudieneinheiten sind mit einem * vor dem Namen gekennzeichnet.

AGAFONOVA, Lydia (1997): *Zur Frage des Lehrens und Lernens vom Deutschen als zweiter Fremdsprache nach dem Englischen in den neuen Schultypen in Rußland (Oberstufe)*. In: *Zeitschrift für Interkulturellen Fremdsprachenunterricht* [Online] 2 (3). http://www.ualberta.ca/~german/ejournal/ejournal.html

AGUADO, Karin (2001): *Typen von Lernern und Lerntypen*. In: HELBIG, Gerhard u. a. (Hrsg.): *Deutsch als Fremdsprache. Ein internationales Handbuch*. Band 1. Berlin: Walter de Gruyter, S. 751 – 760.

*APELTAUER, Ernst (1997): *Grundlagen des Erst- und Fremdsprachenerwerbs*. Fernstudieneinheit 15. Berlin/München: Langenscheidt.

ARONIN, Larissa/Ó LAOIRE, Muiris (2001): *Exploring multilingualism in cultural contexts: Towards a notion of multilinguality*. Sektionsvortrag auf der Third International Conference on Third Language Acquisition. September 2001. Leeuwarden, NL.

BAHR, Andreas u. a. (1996): *Forschungsgegenstand Tertiärsprachenunterricht. Ergebnisse und Perspektiven eines empirischen Projekts*. Bochum: Universitätsverlag Dr. Norbert Brockmeyer (Manuskripte zur Sprachlehrforschung 37).

BALDEGGER, Markus/MÜLLER, Martin/SCHNEIDER, Günther (1981): *Kontaktschwelle Deutsch als Fremdsprache*. München: Langenscheidt.

BAUSCH, Karl-Richard (1990): *Zur Erhellung der Frage nach den Spezifika des Lehr- und Lernbereichs „Deutsch als Fremdsprache"*. In: BAUSCH, Karl-Richard/HEID, Manfred (Hrsg.): *Das Lehren und Lernen von Deutsch als zweiter oder weiterer Fremdsprache: Spezifika, Probleme, Perspektiven*. Bochum: Brockmeyer, S. 19 – 29.

BAUSCH, Karl-Richard (1995): *Erwerb weiterer Fremdsprachen im Sekundarschulalter*. In: BAUSCH, Karl-Richard u. a. (Hrsg.): *Handbuch Fremdsprachenunterricht*. Tübingen: Francke (UTB Große Reihe), S. 446 – 451.

BAUSCH, Karl-Richard/HEID, Manfred (Hrsg.) (1990): *Das Lehren und Lernen von Deutsch als zweiter oder weiterer Fremdsprache: Spezifika, Probleme, Perspektiven*. Bochum: Brockmeyer (Manuskripte zur Sprachlehrforschung 32).

BEACCO, Jean-Claude/BYRAM, Michael (2002): *Guide for the Development of Language Education Policies in Europe. From Linguistic Diversity to Plurilingual Education*. Executive Version, Draft 1, September 2002. Strasbourg: Council of Europe Language Policy Division.

BERGER, Maria Cristina/COLUCCI, Alfredo (1999): *Übungsvorschläge für „Deutsch nach Englisch"*. In: *Fremdsprache Deutsch*, H. 1/1999, S. 22 – 25.

*BIMMEL, Peter/RAMPILLON, Ute (2000): *Lernerautonomie und Lernstrategien*. Fernstudieneinheit 23. Berlin/München: Langenscheidt.

*BOHN, Rainer (2000): *Probleme der Wortschatzarbeit*. Fernstudieneinheit 22. Berlin/München: Langenscheidt.

BRAUN, Peter (1999): *Internationalismen und Europäismen: Eine lexikologische Analyse*. In: *Sprachreport*, H. 4/1999, S. 20 – 25.

BROOKS, Nelson (1960): *Language and Language Learning. Theory and practice*. New York u.a.: Harcourt, Brace & World.

BUBNER, Friedrich (2000): *Transparente Landeskunde*. Bonn: Inter Nationes.

CARSTENSEN, Broder/BUSSE, Ulrich (1996): *Anglizismen-Wörterbuch. Der Einfluß des Englischen auf den deutschen Wortschatz nach 1945*. 3 Bände, 3.Aufl. Berlin: Walter de Gruyter.

CHRIST, Herbert (2001): *Wie das Postulat der Erziehung zur Mehrsprachigkeit den Fremdsprachenunterricht insgesamt verändert*. Fachverband Moderne Fremdsprachen, Landesverband Niedersachsen, Mitteilungsblatt 2, S. 2 – 9.

CUMMINS, Jim (1984): *Zweisprachigkeit und Schulerfolg. Zum Zusammenwirken von linguistischen, soziokulturellen und schulischen Faktoren auf das zweisprachige Kind*. In: *Die Deutsche Schule* 76/1984, S. 187 – 198.

DENTLER, Sigrid (2000): *Deutsch und Englisch – das gibt immer Krieg*. In: DENTLER, Sigrid u. a. (Hrsg.): *Tertiär- und Drittsprachen. Projekte und empirische Untersuchungen*. Tübingen: Stauffenburg, S. 77 – 97.

DENTLER, Sigrid u. a. (Hrsg.) (2000): *Tertiär- und Drittsprachen. Projekte und empirische Untersuchungen*. Tübingen: Stauffenburg.

DEUTSCHER INSTITUTS-VERLAG (1988): Umfrage 30/1988.

*DIELING, Helga/HIRSCHFELD, Ursula (2000): *Phonetik lehren und lernen*. Fernstudieneinheit 21. Berlin/München: Langenscheidt.

DIKOVA, Venzislava u. a. (2001): *Curriculum für Deutsch als zweite Fremdsprache in der Bulgarischen allgemeinbildenden Oberschule*. In: *Zeitschrift für Interkulturellen Fremdsprachenunterricht* [Online] 5:3. http://www.ualberta.ca/~german/ejournal/dikova.htm

DÜRSCH, Barbara u. a. (1998): *Von der Ostsee bis zum Bodensee, Jugendliche vor dem Mikro*. Bonn: Inter Nationes.

*EHLERS, Swantje (1992): *Lesen als Verstehen. Zum Verstehen fremdsprachlicher literarischer Texte und zu ihrer Didaktik*. Fernstudieneinheit 2. Berlin/München: Langenscheidt.

EUROPARAT (Hrsg.) (2002): *Guide for the Development of Language Education Policies in Europe*. Strasbourg.

FRANCHESCHINI, Rita/HUFEISEN, Britta/JESSNER, Ulrike/LÜDI, Georges (Hrsg.) (2003): *Gehirn und Sprache: Psycho- und neurolinguistische Ansätze*. Bulletin vals-asla 78.

Fremdsprache Deutsch (1993): Themenheft 8 „Lerntechniken".

Fremdsprache Deutsch (1999): Themenheft 1 „Deutsch als zweite Fremdsprache".

*FUNK, Hermann/KOENIG, Michael (1991): *Grammatik lehren und lernen*. Fernstudieneinheit 1. Berlin/München: Langenscheidt.

GEIST, Hanne (1998): *Anforderungsprofil für einen guten Schüler. Selbstevaluation als gemeinsame Reflexion von Lehrenden und Lernenden*. In: *Fremdsprache Deutsch*, H. 2/1998, S. 32 – 35.

GLABONIAT, Manuela u. a. (2005): *Profile deutsch. Gemeinsamer europäischer Referenzrahmen: Lernzielbestimmungen, Kannbeschreibungen, kommunikative Mittel Niveau A1 – A2, B1 – B2, C1 – C2*. Berlin/München: Langenscheidt.

Goethe-Institut/Deutsches Institut für Erwachsenenbildung u. a. (Hrsg.) (1999): *Zertifikat Deutsch: Lernziele und Testformat*. Frankfurt a. M. (Reihe: Materialien des Goethe-Instituts).

GRASSO, Mario (1990): *Wörterschatz. Spiele und Bilder mit Wörtern A – Z*. Weinheim/Basel: Beltz.

GROSEVA, Maria (1998): *Dient das L2-System als ein Fremdsprachenlernmodell?* In: HUFEISEN, Britta/LINDEMANN, Beate (Hrsg.): *Tertiärsprachen. Theorien. Modelle. Methoden*. Tübingen: Stauffenburg, S. 21 – 30.

HAGEGE, Claude (1996): *Welche Sprache für Europa? Verständigung in der Vielfalt*. Frankfurt/Main: Campus.

HAMMARBERG, Björn (2001): *Roles of L1 and L2 in L3 production and acquisition*. In: CENOZ, Jasone u. a. (Hrsg.): *Cross-Linguistic Influence in Third Language Acquisition. Psycholinguistic Perspectives*. Clevedon, Avon: Multilingual Matters, S. 21 – 41.

HERDINA, Philip/JESSNER, Ulrike (2002): *A dynamic model of multilingualism. Perspectives of change in psycholinguistics*. Clevedon, Avon: Multilingual Matters.

HUFEISEN, Britta (1991): *Englisch als erste und Deutsch als zweite Fremdsprache. Empirische Untersuchung zur fremdsprachlichen Interaktion*. Frankfurt/Main: Peter Lang.

HUFEISEN, Britta (1993): *DaF-Unterricht bei Lernenden mit Englisch als erster Fremdsprache*. In: *Neusprachliche Mitteilungen*, H. 3/1993, S. 167 – 174.

HUFEISEN, Britta (1994): *Englisch im Unterricht Deutsch als Fremdsprache*. München: Klett Edition Deutsch (Kleine Reihe DaF).

HUFEISEN, Britta (2000a): *A European perspective – Tertiary languages with a focus on German as L3*. In: ROSENTHAL, Judith W. (Hrsg.): *Handbook of undergraduate second language education: English as a second language, bilingual, and foreign language instruction for a multilingual world*. Mahwah, N.J.: Lawrence Erlbaum, S. 209 – 229.

HUFEISEN, Britta (2000b): *Dritt- und Tertiärsprachenforschung*. Flensburg: Flensburger Papiere zur Mehrsprachigkeit und Kulturenvielfalt im Unterricht, Bd. 26.

HUFEISEN, Britta (2001): *Deutsch als Tertiärsprache*. In: HELBIG, Gerhard u. a. (Hrsg.): *Deutsch als Fremdsprache Ein internationales Handbuch*. Band 1. Berlin: Walter de Gruyter, S. 648 – 653.

HUFEISEN, Britta/LINDEMANN, Beate (Hrsg.) (1998): *Tertiärsprachen. Theorien, Modelle, Methoden.* Tübingen: Stauffenburg.

HUFEISEN, Britta/NEUNER, Gerhard with Maria Cristina Berger and Ljubov Mavrodieva (2001): *Mehr als eine Fremdsprache effizient lernen in Europa. Beispiel: Deutsch nach Englisch.* Bericht für das Fremdsprachenzentrum des Europarats in Graz und das Goethe-Institut, München (Projekt 1.1.2., www.ecml.at).

KLEIN, Elaine C. (1995): *Second versus third language acquisition: Is there a difference?* In: *Language Learning,* H. 3/1995, S. 419 – 465.

KOENIG, Michael (2000): *Testen mit „sowieso": ein Handbuch mit Beispieltests.* Berlin/München: Langenscheidt.

KRUMM, Hans-Jürgen (1994): *Mehrsprachigkeit und interkulturelles Lernen.* In: *Jahrbuch DaF,* 20, S. 13 – 36.

KRUMM, Hans-Jürgen (1995): *Das Erlernen einer zweiten oder dritten Fremdsprache im Rahmen von Mehrsprachigkeitskonzepten.* In: WODAK, Ruth/de CILLIA, Rudolf: *Sprachenpolitik in Mittel- und Osteuropa.* Wien: Passagen-Verlag, S. 196 – 208.

KRUMM, Hans-Jürgen (1996a): *Deutsch als Fremdsprache im Rahmen von Mehrsprachigkeit.* In: FUNK, Hermann/ NEUNER, Gerhard (Hrsg.): *Verstehen und Verständigung in Europa.* Berlin: Cornelsen, S. 206 – 212.

KRUMM, Hans-Jürgen (1996b): *Deutsch als zweite oder dritte Fremdsprache – Grundlagen für einen handlungsorientierten Sprachunterricht.* In: *Deutsch lernen,* H. 3/1996, S. 209 – 217.

KRUMM, Hans-Jürgen (Hrsg.) (2001): *Kinder und ihre Sprache – lebendige Mehrsprachigkeit: Sprachenporträts.* Wien: Eviva.

KURSISA, Anta/NEUNER, Gerhard (2006): *Deutsch ist easy! Lehrerhandreichungen und Kopiervorlagen „Deutsch nach Englisch" für den Anfangsunterricht.* Ismaning: Hueber.

LADO, Robert (1964): *Language Teaching.* New York u. a.: McGraw-Hill.

LANDESINSTITUT FÜR SCHULE UND WEITERBILDUNG NRW (Hrsg.) (1998): *Auf der Suche nach dem Sprachlernabenteuer.* Soest.

LINDEMANN, Beate (2000): *Zum Einfluß der L1 und L2 bei der Rezeption von L3-Texten.* In: *Zeitschrift für interkulturellen Fremdsprachenunterricht* [Online], 1, http://www.ualberta.ca/~german/ejournal/lindemann.html

MACKEY, W. F./SAVARD, Jean-Guy. (1967): *The Indices of Coverage: A New Dimension in Lexicometrics.* In: *International Review of Applied Linguistics,* H. 2 – 3/1967, S. 71 – 121.

MARX, Nicole (2001): *„Es war auf einmal ...". Die Einflüsse des Englischen als erster Fremdsprache auf schriftliche Leistungen im Deutschen als zweiter Fremdsprache.* In: *Theorie und Praxis. Österreichische Beiträge zu Deutsch als Fremdsprache,* H. 5/2001, S. 182 – 210.

MAZZA, Elisabetta (1997): *Anfang gut, alles gut – Internationalismen im Fremdsprachenunterricht.* In: *Neusprachliche Mitteilungen,* H. 4/1997, S. 211 – 213.

McLAUGHLIN, Barry/NAYAK, Nandini (1989): *Processing a New Language: Does Knowing Other Languages Make a Difference?* In: DECHERT, Hans W. / RAUPACH, Manfred (Hrsg.): *Interlingual Processes.* Tübingen: Narr, S. 5 – 16.

MEISSNER, Franz-Joseph (1999): *Das mentale Lexikon aus der Sicht der Mehrsprachigkeitsdidaktik.* In: *Grenzgänge,* H. 6/1999, S. 62 – 80.

MEISSNER, Franz-Joseph (2000): *Zwischensprachliche Netzwerke. Mehrsprachigkeitsdidaktische Überlegungen zur Wortschatzarbeit.* In: *Französisch heute,* H. 1/2000, S. 55 – 67.

MÜLLER, Andreas (1999): *Vergleichsweise einfach.* In: *Praxis,* H. 46/1999, S. 117 – 122.

*MÜLLER, Bernd-Dietrich (1994): *Wortschatzarbeit und Bedeutungsvermittlung.* Fernstudieneinheit 8. Berlin/München: Langenscheidt.

MÜLLER-LANCÉ, Johannes (2001): *Besonderheiten der Wortfindung im tertiärsprachlichen Bereich.* In: SCHECKER, Michael (Hrsg.): *Wortfindung und Wortfindungsstörungen.* Tübingen: Narr (cognitio 11).

NEBE, Ursula (1991): *Zur Progression von allgemeinsprachlichen Lesetexten im studienvorbereitenden Unterricht „Deutsch als Fremdsprache".* Frankfurt/Main: Peter Lang.

NEUNER, Gerhard (1984): *Überlegungen zur Didaktik und Methodik des Textverständnisses im Unterricht Deutsch als Fremdsprache.* In: *Zielsprache Deutsch,* H. 1/1984, S. 6 – 27.

NEUNER, Gerhard (1990): *„Texte auf dem Prüfstand" – welcher Text eignet sich für den DaF-Unterricht?* In: *Fremdsprache Deutsch*, H. 2/1990, S. 16 – 19.

NEUNER, Gerhard (1991): *Lernerorientierte Wortschatzauswahl und -vermittlung*. In: *Deutsch als Fremdsprache*, H. 2/1991, S. 76 – 83.

NEUNER, Gerhard (1996): *Deutsch als zweite Fremdsprache nach Englisch. Überlegungen zur Didaktik und Methodik und zur Lehrmaterialentwicklung für die „Drittsprache Deutsch"*. In: *Deutsch als Fremdsprache*, H. 4, S. 211 – 217.

NEUNER, Gerhard (1999): *„Deutsch nach Englisch". Übungen und Aufgaben für den Anfangsunterricht*. In: *Fremdsprache Deutsch*, H. 1/1999, S. 15 – 21.

*NEUNER, Gerhard/HUNFELD, Hans (1993): *Methoden des fremdsprachlichen Deutschunterrichts*. Fernstudieneinheit 4. Berlin/München: Langenscheidt.

PIEPHO, Hans-Eberhard (1998): *Wie lerne ich am besten? Fremdbewertung und Selbsteinschätzung im Deutschunterricht*. In: *Fremdsprache Deutsch*, H. 2/1998, S. 27 – 31.

PILLER, Barbara (2001): *„Der Angel gibt Kuss zu der Frau". Englisch als erste und Deutsch als zweite Fremdsprache. Eine empirische Untersuchung zur fremdsprachlichen Interaktion*. In: *Theorie und Praxis. Österreichische Beiträge zu Deutsch als Fremdsprache*, H. 5/2001, S. 146 – 181.

RAASCH, Albert (1997): *Was leisten die Selbsteinschätzungstests?* In: GARDENGHI, Monika/O'CONNELL, Mary (Hrsg.): *Prüfen, Testen, Bewerten im modernen Fremdsprachenunterricht*. Frankfurt/Main: Peter Lang, S. 37 – 48.

RAMPILLON, Ute (1985): *Lerntechniken im Fremdsprachenunterricht*. München: Hueber.

RAMPILLON, Ute (1987): *Lerntechniken zur Wortschatzarbeit*. In: *Fragezeichen*, H. 1/1987, S. 4 – 12.

RAMPILLON, Ute (1995): *Lernen leichter machen – Deutsch als Fremdsprache*. Ismaning: Hueber.

RAUPACH, Manfred (1995): *Mehrsprachigkeit*. In: BAUSCH, Karl-Richard u. a. (Hrsg.): *Handbuch Fremdsprachenunterricht*. Tübingen: Francke (UTB Große Reihe), 3. Aufl., S. 470 – 475.

RIEMER, Claudia (1997): *Individuelle Unterschiede im Fremdsprachenerwerb*. Hohengehren: Schneider Verlag.

SAVARD, Jean-Guy (1970): *La valence lexicale*. Paris: Didier u. a. (Centre International de Recherches sur le Bilinguisme. Université Laval Québec.

SCHILD, Wolfgang (1993): *Englisch als zweite Fremdsprache*. In: *Praxis des neusprachlichen Unterrichts*, H. 4/1993, S. 349 – 353.

SCHNEIDER, Günther (1996): *Selbstevaluation lernen lassen*. In: *Fremdsprache Deutsch*, Sonderheft, S. 16 – 23.

SPITZER, Manfred (2006): *Lernen. Gehirnforschung und die Schule des Lebens*. Heidelberg: Spektrum.

Standard Eurobarometer 54, Februar 2001.

STEDJE, Astrid (1976): *Interferenz von Muttersprache und Zweitsprache auf eine dritte Sprache beim freien Sprechen – ein Vergleich*. In: *Zielsprache Deutsch*, H. 1/1976, S. 15 – 21.

STÖRIG, Hans Joachim (1987): *Abenteuer Sprache. Ein Streifzug durch die Sprachen der Erde*. Berlin/München: dtv.

SZAGUN, Gisela (2006): *Sprachentwicklung beim Kind*. 2. Aufl. Weinheim/Basel: Beltz.

TERASSI, Elisabetta (1999): *Das Schweizer Sprachenportfolio. Ein Pass für Mehrsprachigkeit*. In: *Fremdsprache Deutsch*, H. 1/1999, S. 41 – 45.

Thesen und Empfehlungen zu den Besonderheiten des Lehrens und Lernens von Deutsch als zweiter Fremdsprache. (1995):. In: *Fremdsprache Deutsch*, H. 2/1995, S. 58 – 59 (auch abgedruckt in BAUSCH/HEID 1990).

THOMAS, Jacqueline (1988): *The role played by metalinguistic awareness in second and third language learning*. In: *Journal of Multilingual and Multicultural Development* 9, S. 235 – 47.

TRIM, John/NORTH, Brian/COSTE, Daniel (2001): *Gemeinsamer europäischer Referenzrahmen für Sprachen: lernen, lehren, beurteilen*. Berlin/München: Langenscheidt.

VOGEL, Thomas (1992): *„Englisch und Deutsch gibt es immer Krieg", Sprachverarbeitungsprozesse beim Erwerb des Deutschen als Drittsprache*. In: *Zielsprache Deutsch*, H. 2/1992, S. 95 – 99.

WANDRUSZKA, Mario (1979): *Die Mehrsprachigkeit des Menschen*. München: Piper.

WANDRUSZKA, Mario (1990): *Die europäische Sprachengemeinschaft. Deutsch – Französisch – Englisch – Italienisch – Spanisch im Vergleich.* Tübingen: Francke.

WANDRUSZKA, Mario (1991): *„ Wer fremde Sprachen nicht kennt ... " Das Bild des Menschen in Europas Sprachen.* München/Zürich: Piper.

WELGE, Pieter K. (1987): *Deutsch nach Englisch. Deutsch als dritte Sprache.* In: EHLERS, Swantje/KARCHER, Günther L. (Hrsg.): *Regionale Aspekte des Grundstudiums Germanistik.* München: Iudicium, S. 189 – 225.

WESKAMP, Ralf (1995): *Üben und Übungen. Zur Notwendigkeit eines Paradigmenwechsels im Fremdsprachenunterricht.* In: *Praxis des neusprachlichen Unterrichts*, H. 2/1995, S. 121 – 126.

WESKAMP, Ralf (1996): *Selbstevaluation: Ein zentraler Aspekt schülerorientierten Fremdsprachenunterrichts.* In: *Der fremdsprachliche Unterricht*, H. 6/1996, S. 406 – 411.

*WESTHOFF, Gerard (1997): *Fertigkeit Lesen.* Fernstudieneinheit 17. Berlin/München: Langenscheidt.

ZAPP, Franz Joseph (1983): *Sprachbetrachtung im lexikalisch-semantischen Bereich: eine Hilfe im Zweit- und Drittsprachenerwerb.* In: *Der fremdsprachliche Unterricht*, H. 17/1983, S. 193 – 199.

16 Quellenangaben

AMEROPA-REISEN (2000): *Tanzzüge.* In: *DB mobil,* Ausgabe Oktober/November. 2000.

BALDEGGER, Markus/MÜLLER, Martin/SCHNEIDER, Günther (1981): *Kontaktschwelle Deutsch als Fremdsprache.* München: Langenscheidt, S. 169 ff.

BERGER, Maria Cristina (2003): *Lerneinheit 2: Ich und meine Freizeit.* In: *per voi. Eine Zeitschrift für Deutschlehrerinnen und Deutschlehrer in Italien,* H. Januar bis Juni/2003, S. 19.

BERGER, Maria Cristina/COLUCCI, Alfredo (1999): *Übungsvorschläge für „Deutsch nach Englisch".* In: *Fremdsprache Deutsch,* H. 1/1999, S. 24 – 25. © Max Hueber Verlag.

BIMMEL, Peter/RAMPILLON, Ute (2000): *Lernerautonomie und Lernstrategien.* Fernstudieneinheit 23. Berlin/München: Langenscheidt, S. 65 – 66.

Bravo, Nr. 39 vom 18.09.2002, S. 3.

DEUTSCHE POST (2000): *Ticket. Das Event-Magazin.* Auslage KW 22–30, S. 9, 13.

dpa (2002): *Radiopreis für das Lebenswerk.*

ELFVING VOGEL, Margot/RYDEN, Kerstin/MERTENS, Harriet (1998): *Lust auf Deutsch.* Band 1, Lehrbuch. Stockholm: Bonnier Utbilding AB, S. 7.

ERLENWEIN, Sabine: Fotografien, S. 131.

FUHRMANN, Eike u. a. (1988): *Sprachbrücke 1.* Arbeitsheft. München: Klett Edition Deutsch, S. 47.

FUNK, Hermann/KOENIG, Michael (1996): *Eurolingua Deutsch 1.* Berlin: Cornelsen, S. 40.

FUNK, Hermann/KOENIG, Michael (1998): *Eurolingua Deutsch 2.* Berlin: Cornelsen, S. 23.

FUNK, Hermann/KOENIG, Michael/SCHERLING, Theo/NEUNER, Gerd (1994): *sowieso. Deutsch als Fremdsprache für Jugendliche.* Band 1, Kursbuch. Berlin/München: Langenscheidt, S. 9.

GLABONIAT, Manuela u. a. (2005): *Profile deutsch. Gemeinsamer europäischer Referenzrahmen: Lernzielbestimmungen, Kannbeschreibungen, kommunikative Mittel, Niveau A1 – A2, B1 – B2, C1 – C2* (CD-ROM). Berlin/München: Langenscheidt.

HECK-SAAL, Elisabeth/MÜHLENWEG, Regina (1990): *Deutsch 1.* Buenos Aires: Goethe-Institut, S. 228.

KURSISA, Anta/NEUNER, Gerhard (2006): *Deutsch ist easy! Lehrerhandreichungen und Kopiervorlagen „Deutsch nach Englisch" für den Anfangsunterricht.* Ismaning: Hueber, S. 14, 30, 34, 68. Foto: Airbus A380. dpa Picture-Alliance 2005, Foto 8501414.

LINDEMANN, Beate (1999): *Deutsch als zweite Fremdsprache und Lehrbücher.* In: Fremdsprache Deutsch, H. 2/1999, S. 38. © Max Hueber Verlag.

NEBE, Ursula (1991): *Zur Progression von allgemeinsprachlichen Lesetexten im studienvorbereitenden Unterricht „Deutsch als Fremdsprache".* Frankfurt/Main: Peter Lang, S. 7.

NEUNER, Gerhard (1984): *Überlegungen der Didaktik und Methodik des Textverständnisses im Unterricht Deutsch als Fremdsprache.* In: *Zielsprache Deutsch,* H. 1/1984, S. 25.

NEUNER, Gerhard (1991): *Lernerorientierte Wortschatzauswahl und -vermittlung.* In: *Deutsch als Fremdsprache,* H. 2/1991, S. 78 – 79.

NEUNER, Gerhard (1999): *„Deutsch nach Englisch". Übungen und Aufgaben für den Anfangsunterricht.* In: *Fremdsprache Deutsch,* H. 1/1999, S. 18, 20. © Max Hueber Verlag.

Norsk Ukeblad, Nr. 30 vom 24.07.2001, S. 20, 91.

OLSCHEWSKI, Uli: Zeichnungen/Illustrationen nach Vorlagen; Foto, S. 125.

RAMPILLON, Ute (1995): *Lernen leichter machen – Deutsch als Fremdsprache.* Ismaning: Max Hueber Verlag, S. 14.

STÖRIG, Hans Joachim (1987): *Abenteuer Sprache. Ein Streifzug durch die Sprachen der Erde.* München: Langenscheidt, S. 49.

Angaben zu den Autoren

Gerhard Neuner: Professor für Deutsch als Fremdsprache an der Universität Kassel. Er ist mit der Aus- und Fortbildung von Lehrenden im Bereich DaF beauftragt.

Arbeitsschwerpunkte: Lehrmaterialentwicklung und -analyse, Curriculumentwicklung, kommunikativer Ansatz, fertigkeitsorientierte Didaktik und Methodik, Interkulturelles Lernen, Tertiärsprachenforschung.

Britta Hufeisen: Inhaberin des Lehrstuhls für Mehrsprachigkeitsforschung und Deutsch als Fremd- und Zweitsprache und Leiterin des Sprachzentrums der Technischen Universität Darmstadt; zuvor Tätigkeiten als Wissenschaftliche Mitarbeiterin im Fernstudienprojekt und dreieinhalbjährige Professur für Angewandte Linguistik an der University of Alberta, Edmonton/Kanada.

Arbeitsschwerpunkte: Mehrsprachigkeitsforschung und Textkompetenz.

Anta Kursiša: Forschungs- und Lehrtätigkeiten an der Technischen Universität Darmstadt und der Universität Kassel; zuvor dort Lehrmaterialentwicklung für den Bereich Deutsch als Fremdsprache.

Arbeitsschwerpunkte: Tertiärsprachenforschung und Tertiärsprachendidaktik/-methodik, insbesondere Arbeit mit Lesetexten und Lesestrategien im Unterricht Deutsch als zweite Fremdsprache, außerdem Phonetik, Lernberatung, wissenschaftliches Arbeiten.

Nicole Marx: Professorin für Sprachlehrforschung/Deutsch als Fremdsprache an der Universität Paderborn. Sie war als DaF-Lehrkraft in den USA und Deutschland sowie als Dozentin für Sprachwissenschaft an den Universitäten Darmstadt und Münster tätig.

Arbeitsschwerpunkte: Fremd- und Tertiärsprachenlernen, Mehrsprachigkeitskonzepte, Sprachförderung in Deutsch als Zweitsprache und neue Medien im Fremdsprachenunterricht. Deutsch ist auch für sie eine Tertiärsprache.

Ute Koithan: Mitarbeiterin im Fernstudienprojekt und Lehrbeauftragte im Fachgebiet Deutsch als Fremd- und Zweitsprache an der Universität Kassel.

Arbeitsschwerpunkte: Lehrmaterialentwicklung, Lehren und Lernen mit Medien, Konzeption von Weiterbildungsangeboten.
Lehrbuchautorin für unterschiedliche Zielgruppen im Bereich Deutsch als Fremdsprache.

Sabine Erlenwein: Referentin für Literatur und Übersetzungsförderung am Goethe-Institut/Zentrale in München; Entwicklung didaktischer Materialien (Handreichungen und Videofilme) für die Deutschlehrerfortbildung; Mitarbeit an verschiedenen Fernstudieneinheiten; Lehrtätigkeit als festangestellte Referentin des Goethe-Instituts am GI Murnau; Institutsleitertätigkeiten in Pune/Indien und in Windhoek/Namibia.